ENDLERS NEUER OPERNVERFÜHRER

Wien · München · Zürich
Verlag Kremayr & Scheriau

ISBN 3-218-00680-5
Copyright © 2000 by Verlag Kremayr & Scheriau, Wien – München
Alle Rechte vorbehalten
Einband: Zembsch' Werkstatt, München
Satz: Zehetner Ges. m. b. H., A-2105 Oberrohrbach
Druck und Bindung: Tlačiarne, Slowakei

Gesetzt nach den Regeln der neuen deutschen Rechtschreibung

Inhalt

Vorwort 9
Adolphe Adam
    Le Postillon de Lonjumau / Der Postillon von Lonjumau 13
Eugen d'Albert
    Tiefland 14
Daniel François Esprit Auber
    Fra Diavolo oder Das Gasthaus in Terracina. 16
Béla Bartók
    Herzog Blaubarts Burg. 18
Ludwig van Beehoven
    Fidelio 20
Vinzenco Bellini
    Norma. 22
Alban Berg
    Wozzeck 24
    Lulu 27
Louis Hector Berlioz
    Les Troyens 29
Leonard Bernstein
    A Quiet Place 31
    West Side Story 32
Georges Bizet
    Carmen 34
Arrigo Boîto
    Mefistofele 36
Benjamin Britten
    Peter Grimes. 37
    Billy Budd 39
Alfredo Catalani
    La Wally / Die Geierwally 41
Gaetano Donizetti
    L'elisir d'amore / Der Liebestrank 43
    Lucia di Lamermoor. 45
    La fille du régiment / Die Regimentstochter. 47
    Don Pasquale 49
Antonin Dvořák
    Rusalka. 51
Gottfied von Einem
    Dantons Tod 53
    Der Besuch der alten Dame 54

Friedrich von Flotow
    Martha oder Der Markt von Richmond 56
George Gershwin
    Porgy and Bess 58
Umberto Giordano
    Andrea Chénier 60
    Fedora 63
Christoph Willibald Gluck
    Orpheus und Eurydike 65
Charles Gounod
    Faust / Margarethe 67
Jacques Fromental Élie Halévy
    La Juive / Die Jüdin 69
Paul Hindemith
    Cardillac 71
    Mathis der Maler 73
Engelbert Humperdinck
    Hänsel und Gretel 76
Leoš Janáček
    Jenufa 77
    Katá Kavanová / Katja Kabanowa 79
    Die Sache Makropulos 81
    Aus einem Totenhaus 83
Wilhelm Kienzl
    Der Evangelimann 85
Erich Wolfgang Korngold
    Die tote Stadt 87
Ernst Krenek
    Jonny spielt auf 89
Ruggiero Leoncavallo
    I Pagliacci / Der Bajazzo 91
György Ligeti
    La grand macabre 92
Albert Lortzing
    Zar und Zimmermann 95
    Der Wildschütz 97
Pietro Mascagni
    Cavalleria rusticana 99
Jule Massenet
    Manon 100
    Werther 102
Gian Carlo Menotti
    Der Konsul 104

Claudio Monteverdi
　L'Orfeo / Orpheus 106
Wolfgang Amadeus Mozart
　Idomeneo 107
　Die Entführung aus dem Serail 108
　Le nozze di Figaro / Die Hochzeit des Figaro 110
　Don Giovanni 113
　Così fan tutte 116
　Die Zauberflöte 118
Modest Petrowitsch Mussorgski
　Boris Godunow 122
Otto Nicolai
　Die lustigen Weiber von Windsor 125
Jacques Offenbach
　Les Contes d'Hoffmann / Hoffmanns Erzählungen 127
Hans Pfitzner
　Palestrina 130
Giacomo Puccini
　Manon Lescaut 133
　La Bohème 134
　Tosca 136
　Madama Butterfly 139
　Gianni Schicchi 141
　Turandot 143
Maurice Ravel
　L'Heure espagnole / Die spanische Stunde 145
Gioacchino Rossini
　Il barbiere di Siviglia / Der Barbier von Sevilla 146
　La Cenerentola 149
Camille Saint-Saëns
　Samson et Dalila / Samson und Dalila 150
Arnold Schönberg
　Moses und Aron 152
Bedřich Smetana
　Die verkaufte Braut 154
Johann Strauss (Sohn)
　Die Fledermaus 157
　Der Zigeunerbaron 159
Richard Strauss
　Salome 161
　Elektra 163
　Der Rosenkavalier 165
　Ariadne auf Naxos 169

    Die Frau ohne Schatten … 171
    Arabella … 173
    Die schweigsame Frau … 176
    Daphne … 178
    Capriccio … 180
Igor Strawinsky
    L'histoire du soldat / Die Geschichte vom Soldaten … 182
    The Rake's Progress … 183
Peter I. Tschaikowski
    Eugen Onegin … 185
    Pique Dame … 187
Giuseppe Verdi
    Nabucco … 189
    Macbeth … 191
    Rigoletto … 193
    Il trovatore / Der Troubadour … 195
    La traviata … 197
    Simone Boccanegra … 199
    Un ballo in maschera / Maskenball … 202
    La forza del destino / Die Macht des Schicksals … 204
    Don Carlos … 207
    Aida … 210
    Otello … 212
    Falstaff … 215
Richard Wagner
    Rienzi, der Letzte der Tribunen … 218
    Der fliegende Holländer … 220
    Tannhäuser und der Sängerkrieg auf der Wartburg … 222
    Lohengrin … 225
    Tristan und Isolde … 227
    Die Meistersinger von Nürnberg … 229
    Der Ring des Nibelungen: Das Rheingold … 232
    Die Walküre … 234
    Siegfried … 237
    Götterdämmerung … 239
    Parsifal … 241
Carl Maria von Weber
    Der Freischütz … 243
Nachwort … 247

Vorwort

Vor zwanzig Jahren war mein erster „Opernführer" eine heiter erdachte Ergänzung zu allen bereits vorhandenen Lexika. Nicht wirklich notwendig, Opernfreunde konnten sich auch durch den Besuch einer Opernaufführung über Inhalt und Qualität eines Werkes informieren.
Heute ist die dank meines Verlegers – und ich schulde ihm wahrhaftig großen Dank – vorgelegte erweiterte Neufassung eine dem Publikum geradezu notwendige Erklärung aller oder beinahe aller auf europäischen Opernbühnen stattfindenden Stücke. Und zwar sowohl der preisgekrönten als auch deren Imitate, wie man sie allerorten hört und erlebt.
Wer schon einmal eine Opernaufführung gesehen (und gehört) hat, wird einige seltsame Erscheinungen gehabt haben: Die groben Unterschiede zwischen den vorläufig meist noch korrekt gesungenen Texten und dem, was die handelnden Personen auf der Bühne tun, wollen angeblich nicht irritieren, sondern werden als zeitgemäße Deutungen bezeichnet. Sie zeigen uns, wird erklärt, was die eine oder andere Oper uns heute noch zu sagen hat. Nicht die Oper selbst.
Wer daran denkt, erstmals zu erleben, was ein Opernhaus zu bieten hat, muss sich auf mehrere Schocks gefasst machen oder zumindest wissen, worauf er sich einlässt: Selbstverständlich haben Textautoren und Komponisten, die vor Jahrzehnten oder Jahrhunderten eine Geschichte erzählen und in Musik setzen wollten, auch sehr genau gewusst, was sie wie darstellen wollten. Das belegen nicht nur die erhaltenen Bemerkungen von Wolfgang Amadeus Mozart, Giuseppe Verdi oder Richard Strauss, nicht nur die unzähligen theoretischen Abhandlungen von Richard Wagner.
Einige Generationen lang haben die Autoren sogar präzise Bedingungen festgelegt, unter denen man „Aida" oder „Der Rosenkavalier" aufführen sollte oder durfte. Ganz ähnlich wie erfolgreiche Musical-Produktionen unserer Tage weltweit wegen eines herabfallenden Kronleuchters oder einer ausschließlich auf Rollschuhen agierenden Truppe wegen berühmt und erfolgreich wurden, sorgten sich Giuseppe Verdi oder Richard Strauss um die nach ihren lange und oft viel diskutierten Ideen erfolgte Darstellung ihrer Opern. Und in der Tat erstreckt sich das Urheberrecht nicht nur auf Libretti und Partituren, sondern auch auf szenische Anweisungen. Der

Verlag der Opern von Richard Strauss zum Beispiel könnte weiterhin jede „Rosenkavalier"-Aufführung, die nicht in den Bühnenbildern und Kostümen von Alfred Roller produziert wird, verbieten. Dass der Verlag – und mit ihm die Erben – dies nicht tut, hat zwei einfache Erklärungen. Man fürchtet den Verlust von Tantiemen und man will sich nicht dem Vorwurf aussetzen, altmodisch zu sein.

Seit in aller Welt, vor allem aber auf europäischen Bühnen von den vielen tausenden komponierten Werken nur noch – ich übertreibe – zweihundert Opern auf dem Spielplan stehen, will man das Interesse des Publikums, das ja weiterhin an die Kasse kommen soll, durch immer neue Deutungen des immer schmäler werdenden Repertoires kitzeln.

Man – das sind nicht nur Regisseure, die gemeinsam mit ihren Kollegen vom Bühnenbild nach Premieren vor dem Vorhang regelmäßig mit heftiger Ablehnung belohnt werden. Das sind auch Dirigenten, die lange vorher schon die Pläne der Regisseure gekannt hatten und nichts gegen die Arbeit ihrer Kollegen einwenden. Und Direktoren, die schon beim Einstellungsgespräch erfahren, welche neuen Ideen diesmal auf ihr Publikum zukommen und nichts dagegen unternehmen. Weil ja auch sie nicht altmodisch, sondern lieber revolutionär sein wollen.

Zwei oder drei Beispiele?

Der Direktor der Wiener Staatsoper ist außer dem verewigten Spaßmacher und Tenor Leo Slezak der einzige Opernkenner, der laut behauptet, den Inhalt von Giuseppe Verdis „Il Trovatore" kaum nacherzählen zu können. Es wundert niemanden, der zur Jahrhundertwende die in Wien gezeigte Inszenierung sieht. Sie siedelt das Drama teils in der von Fliegerbomben zerstörten Oper, teils in oder bei Flaktürmen an. Warum? Der Regisseur ging durch das zerbombte Nachkriegs-Budapest, als er erstmals aus einem Radio Verdi hörte …

Wenn in „Così fan tutte" zwei junge Männer zwei junge Frauen einer albernen Wette wegen völlig aus dem Gleis gebracht haben und niemand mehr weiß, wen er eigentlich liebt, dann endet die Oper überraschend mit zwei Hochzeiten. Jedermann im Publikum kann sich vorstellen, dass diese, vor allem diese beiden Ehen nicht ins Paradies führen werden. Lorenzo da Ponte und Wolfgang Amadeus Mozart wussten dies auch, wollten aber, dass ihre Oper heiter ausklingt. Kein Opernhaus der Welt wagt es noch, das heiter komponierte Finale ohne den – szenischen – Hinweis auf die Tragödie am Tag danach

aufzuführen. Mit dem Holzhammer wird dem Publikum gezeigt, was es sich ja auch selbst denken könnte.
Und ein heiterer Amerikaner, der die Verwechslungskomödie der Seelen in einem US-Beisel unserer Tage ansiedelte, wird vom künstlerischen Leiter der Salzburger Festspiele dafür hinter der vorgehaltenen Hand getadelt, in offiziellen Interviews aber seines neuen Zugangs zu Mozart wegen gelobt.
Giuseppe Verdi hat „Macbeth" frei nach Shakespeare komponiert. Der nachhaltigste Erfolg der letzten Jahre (nicht beim Publikum in Graz, sondern bei den deutschen Kritikern, die zur Premiere kamen) war eine Deutung, in der nicht der Feldherr Macbeth auf eine Schar seltsamer, unheimlicher Hexen trifft, die ihm sein Schicksal vorhersagen: Eine Schar von Putzfrauen in einer Küche erklärte einem Bier trinkenden Söldner, er werde König von Schottland. Die szenische hatte freilich in der Kleinstadt Graz leider auch eine musikalische Pointe. Verdis Oper klang aus, indem man den Hexen das Finale über ein kleines tragbares Radio in ihre Küche übertrug.
Hugo von Hofmannsthal und Richard Strauss lassen ihren „Rosenkavalier" enden, indem eine Feldmarschallin einem erst vor kurzem geadelten Bürgerlichen anträgt, er könne mit ihr in ihrem Wagen heimfahren. Der so ausgezeichnete Mann soll mit dieser noblen Geste günstig gestimmt werden. Und sein Töchterl einem jungen Grafen zur Frau geben. In einer als genial bezeichneten Inszenierung wurde das zwar gesungen, die Feldmarschallin aber und der Herr von Faninal bestiegen unmittelbar darauf zwei Fiaker und entfernten sich in entgegengesetzte Richtungen.
Und so weiter.
Ich weiß, dass in wiederum zwanzig Jahren dieser „Opernführer" nicht veraltet, aber nicht mehr von besonderem Nutzen sein wird. Das Pendel wird in die andere Richtung ausschlagen und jedermann wird ohne meine Hilfe erkennen, was Mozart und Verdi und Wagner und Strauss komponiert haben.
In dieser Hoffnung widme ich mein Buch meinen Töchtern Katharina und Franziska und wünsche ihnen, dass wenigstens sie das noch erleben …
Ich bin beinahe sicher, dass sie es erleben. Denn: Irgendwann wird nicht nur das Publikum, werden auch die Direktoren, Dirigenten, vielleicht sogar die Regisseure begreifen, dass es einen niemals zu sprengenden Zusammenhang zwischen der Handlung einer Oper und der Musik der Oper gibt: In welcher „Zeit" sich eine Tragödie oder Komödie ereignet, ist zweifel-

los nicht wirklich wesentlich, die großen tragischen und heiteren Themen gibt's in jedem Menschenzeitalter. Aber die Musik eines Monteverdi ist zu einer nie mehr wiederkehrenden Zeit geschrieben und was Verdi revolutionär machte, lässt sich nicht mit gegenwärtig revolutionär geltenden Mitteln darstellen.

Mit einem einzigen Satz: Ich glaube an die Kraft der Musik, die uns sehr viele Opern „erhalten" wird.

PS: Die „Gliederung" dieses Führers sollte ohne weitere Erklärung verständlich sein. Zuerst gibt es den Titel, den Namen des Librettisten und das Datum der Uraufführung, dann ein Personenverzeichnis mit Hinweisen auf die Stimmlagen. Dann wird unbekümmert und etwas heiterer als in anderen „Führern" Akt für Akt nacherzählt. Und manchmal auf eine wichtige Arie, einen heiklen Spitzenton oder eine markante „Stelle" hingewiesen. Nach einigen Opern kann ich es nicht lassen und setze noch erklärende Bemerkungen hinzu. Dass man nichts über die Freimaurerei wissen muss, um Mozarts „Zauberflöte" zu verstehen, zum Beispiel.

Ich danke sämtlichen klugen Autoren, die in Programmheften und Opernlexika ihre gelehrten Anregungen für meine Arbeit versteckt haben. Und auch denjenigen, die als Saboteure heutiger Intendanten, Dirigenten und Regisseure in ihren „Inhaltsangaben" unbeirrt weiter das angeben, was sie der Lektüre des Librettos und des Klavierauszuges entnehmen. Dass auch sie dann auf der Bühne nicht hören und sehen, wovon sie geschrieben haben, dürfte sie nicht enttäuschen, sie sind ja Fixangestellte in einem Opernhaus.

Vor allem aber danke ich den Lesern meines ersten „Opernführer". Sie haben immer wieder gesagt, der habe ihnen geholfen. Der zweite soll das noch viel deutlicher.

Franz Endler

ADOLPHE ADAM

* 24. 7. 1803 in Paris, † 3. 5. 1856 in Paris

Le Postillon de Lonjumeau / Der Postillon von Lonjumau

Libretto: *Léon-Lévy Brunswick und Adolphe de Leuven*
Uraufführung: *13. 10. 1836 in Paris*
Personen/Stimmen: *Chapelou* Postillon, später *Saint-Phar* Sänger (Tenor) – *Madeleine* Wirtin, später *Madame de Latour* (Sopran) – *Bijou* Schmied, später *Alcindor* Sänger (Bass) – *Marquis de Corcy* Theaterintendant (Tenor) – *Bourdon* Chorsänger (Bass) – *Rose* Kammerzofe (Sopran)

Manchmal gibt es auch auf der Bühne Geschichten über Karrieren von Opernsängern, die unwahrscheinlich erscheinen – jeder Opernfreund aber weiß, dass man vor nicht allzu langer Zeit in der Tischlerei einer Musikakademie einen später berühmt gewordenen Tenor entdeckt hat.

Warum also soll's nicht passieren: Ein Postillon in Lonjumeau namens Chapelou feiert Hochzeit. Singt dabei selbstverständlich. Und wird von einem durchreisenden Pariser Marquis „entdeckt", lässt sich über die Chancen eines großen Sängers erzählen – und verlässt noch in der Hochzeitsnacht seine junge Frau, das einfache Dorf, sein bisher simples Leben.

Zehn Jahre später heißt er Saint-Phar und ist der Tenor-Star der Opéra. Er schwärmt für Madame de Latour – und weiß nicht, dass diese seine von ihm schmählich verlassene Madeleine ist. Denn auch das gibt es: Sie hat Titel und Geld geerbt und will jetzt ihren angetrauten Mann zurückgewinnen.

Der ahnt so gut wie nichts, schließlich ist er Tenor. Er glaubt aber, ein sicheres Mittel gefunden zu haben, wie er die bedeutende Madame de Latour für sich gewinnen kann. Er trägt ihr die Ehe an und engagiert, schließlich ist er ja längst verheiratet, einen alten Freund als „falschen" Priester.

Jetzt geht es turbulent zu: Der immer noch mitspielende Marquis, der nicht nur einen Tenor entdeckt, sondern sich auch in Madeleine verliebt hat, verrät dieser die böse Absicht seines Schützlings. Madeleine weiß Rat und lässt einfach einen „echten" Priester kommen ...

Er hieß Kerl Terkal und ist den Wienern unvergessen.

Da geht's weit über das hohe C, trotzdem darf da nur ein gestandener Tenor antreten.

Kaum hat der die Zeremonie vollzogen, gerät die allgemeine Verwirrung in ein allgemeines Tohuwabohu: Der einstige Postillon erfährt, dass er (abermals) kirchlich getraut wurde und ist also, glaubt er, Bigamist. Die Polizei rückt an, um ihn als solchen festzunehmen. Nur: Seine zweite Frau – zehn Jahre haben sie anscheinend ein wenig verändert, aber ganz und gar nicht uninteressant gemacht – hilft ihm. Sie haben nichts weiter angestellt, nur noch einmal geheiratet. Und das kann ja der Polizei gleichgültig sein. Solange es sich um einen berühmten Tenor handelt, der weiter bis weit über das hohe C hinaus zu schmettern beliebt …

Die Oper hört und sieht man sicher kaum noch. Aber die gewisse Arie wird man immer hören. Von berühmten Interpreten. Und vielleicht auch einmal von einem gut gelaunten neuen Tenor?

EUGEN D'ALBERT

* 10. 4. 1864 in Glasgow, † 13. 3. 1932 in Riga

Tiefland

Libretto: *Rudolf Lothar*
Uraufführung: *15. 11. 1903 in Prag*
Personen/Stimmen: *Sebastiano* reicher Grundbesitzer (Bariton) – *Tommaso* Gemeindeältester (Bass) – *Moruccio* Mühlknecht (Bariton/Bass) – *Martha* Sebastianos Geliebte (Sopran) – *Nuri* Magd (Sopran) – *Pepa* Dorfbewohnerin (Sopran) – *Antonia* Dorfbewohnerin (Mezzosopran) – *Rosalia* Dorfbewohnerin (Alt) – *Pedro* Hirte (Tenor) – *Nando* Hirte (Tenor) – *Pfarrer* (stumme Rolle)

An sich werden die Gegenden, in denen man Schafe oder Ziegen hütet, einmal im Jahr ins Tal kommt und von der großen weiten Welt so wenig weiß wie vom Leben im nächsten großen Ort, immer rarer. Aber vergleichsweise lässt es sich schon noch erleben: Wären da nicht die Fernsehantennen, die heute überall auch auf der kleinsten Almhütte kleben, dann gäbe es sogar in unseren Breiten noch naive, von und mit der Natur lebende Hirten. Wirklich, nur das Fernsehen hindert uns, den Hirten Pedro zu verstehen.

Pedro steht im Dienst des reichen Mannes Sebastiano. Ist einsam, allerdings ein Mann – und deshalb mit all der Sehnsucht nach einer Frau, die jeden Mann kennzeichnet.

Wundert's wen, dass er aufgeregt ist, als sein Herr selbst zu ihm ins Gebirge kommt und ihm mitteilt, Pedro solle ins Dorf hinunter und die schöne junge Martha heiraten? Der Hirt weiß nicht, dass diese Martha ein Findelkind ist und die Geliebte des reichen Sebastiano. Weiß auch nicht, dass er selbst nichts weiter werden soll als eine Art dummer Bursche, der seinem Herrn dient.

Im Dorf weiß man das alles und lacht. Martha ist als einzige entsetzt. Sie hat immer Sebastiano gehört. Und der will sie nun verschachern? – Er muss es wohl, es geht ihm finanziell nicht so gut, wie man meinen möchte, er will eine so genannte gute Partie machen. Da muss Ordnung ins Leben einkehren – wie heutzutage auch noch, denn selbst die einflussreichsten Männer heiraten, wenn man ihnen sagt, dann erst könnten sie Minister werden.

> „An der offenen Kirchentüre wartet schon die Braut", heißt es und wird höhnisch oft gesungen.

Martha ist entsetzt. Sie begreift das alles und begreift nur nicht, dass Pedro nichts davon weiß. Sie denkt, da hat sich einer kaufen lassen.

Nach der Hochzeit ist sie alles andere als nett zu ihrem Mann. Der aber, voll Glück, schenkt ihr alles, was er besitzt – es ist ein Taler, den er bekommen hat, weil er einen gefährlichen grauen Wolf mit bloßen Händen erwürgt hat.

> Die berühmte Erzählung vom „Grauen Wolf" ist das Paradestück, weshalb deutsche Tenöre diese Oper lieben.

Da begreift Martha, was gespielt wird. Und sieht in diesem Moment Licht in ihrem Zimmer. Sebastiano ist gekommen. Nicht einmal in der Hochzeitsnacht will er auf seinen Spaß verzichten.

Am folgenden Tag ist man allgemein unglücklich. Pedro vertraut seine Geschichte der kleinen Magd Nuri an. Martha hat den alten Tommaso – die beiden Ansprechpartner kennen vor allem die Geschichte Marthas. Und der Gemeindeälteste Tommaso rät, die Jungverheiratete möge doch ihrem Mann beichten.

Der Rat erweist sich zumindest als etwas, was den Stein ins Rollen bringt. Pedro versteht nur zur Hälfte. Er glaubt, Martha habe ihn einfach betrogen, weil der reiche Sebastiano mit Geld gewinkt hat. Er zieht sein Messer, wild, wie er ist. Und er begreift, dass er geliebt wird, unschuldig wie er ist.

Also bleibt für ihn nur ein Ausweg. Rasch sollen sie weg vom

Dorf, von der Gemeinschaft der Sünder. Hinauf in die Berge, wo er auf sich allein gestellt ist und jetzt also für sich und für Martha sorgen wird.

Da kommt Sebastiano, gefühllos und roh. Martha soll für ihn tanzen. Pedro lässt er einfach aus dem Haus werfen. Er ist ja der Herr.

Tommaso aber hat nicht nur Martha einen Rat gegeben. Er hat sich außerdem auf den Weg gemacht und dem reichen Vater der Braut des Sebastiano erzählt, was sich so abspielt. Von Hochzeit kann jetzt keine Rede mehr sein.

Sebastiano ist wütend und gierig zugleich. Wenn ihm schon alle Chancen schwinden, sein Hab und Gut wieder zu mehren, will er wenigstens Martha behalten, die er ja immerhin als sein Eigentum ansieht.

Martha schreit um Hilfe. Pedro hört es und stellt sich mit bloßen Händen Sebastiano. Er erwürgt ihn, wie er es droben in den Bergen mit dem grauen Wolf getan hat. Er wartet nicht, dass die irdische Gerechtigkeit ihn holt und einsperrt, sondern geht mit Martha – hofft er, hofft sie – in die bessere Welt.

Keine Frage, man wird sie einholen, und das Urteil für Mord oder Totschlag ist in Spanien die Todesstrafe. – Oder wird man den Hirten Pedro nicht finden?

„Tiefland" hat schon lange nicht mehr Saison. Allerdings – es muss nur ein strahlender deutscher Tenor kommen und den Pedro singen wollen. Dann ändert sich die Situation rasch.

> „Hinauf in die Berge" ist Nummer zwei für Tenöre. Und diese Pointe kann ich nicht lassen: Der Wiener Musikverlag Universal Edition hatte mehrere Opern des Komponisten verlegt, wollte aber wegen deren Erfolglosigkeit nicht auch noch „Tiefland" riskieren. Ein anderer Verleger kassierte daher Tantiemen, und Tantiemen …

DANIEL FRANÇOIS ESPRIT AUBER

* 29. 1. 1782 in Caen, † 12./13. 5. 1871 in Paris

Fra Diavolo
oder Das Gasthaus in Terracina

Libretto: Eugène Scribe
Uraufführung: 28. 1. 1830 in Paris
Personen/Stimmen: *Fra Diavolo* Räuberhauptmann (Tenor) – *Lord Kokbourg* reisender Engländer (Bariton) – *Lady Pamela* seine Gemalin (Mezzosopran) – *Lorenzo* römischer Dragoner-

offizier (Tenor) – *Mathéo* Gastwirt (Baß) – *Zerline* seine Tochter (Sopran) – *Beppo* Bandit (Tenor) – *Giacomo* Bandit (Baß)

Und noch einmal, oder zum ersten Mal: Wir müssen uns hier und da Märchen oder Geschichten erzählen lassen und an Räuber glauben und an reiche Engländer, die von diesen in Gasthäusern ihrer Habe wegen überfallen werden.
In der einen oder anderen Art geht's heute nicht viel anders zu, nur reisen nicht nur reiche Engländer. Aber diejenigen, die nach Mallorca fliegen, haben manchmal auch vom Verlust ihrer Kreditkarten zu erzählen. Nur ist das dann halt nicht so unterhaltsam wie zu den Zeiten Fra Diavolos. Oder?
Zu Terracina steht ein Gasthaus, der Wirt heißt Mathéo und ist sonst nicht besonders wichtig. Seine Gäste aber, die muss man kennen. Da sind einmal Dragoner auf der Suche nach dem gefährlichen und berühmten Räuber Fra Diavolo – ihr Anführer heißt Lorenzo, würde gerne heiraten, ist aber als Soldat alles andere als eine gute Partie. Fände er den Räuber, wäre alles ganz anders.
Weiters sind Lord und Lady Kokbourg, reiche reisende Engländer, bereits im Wald von Fra Diavolo überfallen, aber gottlob nicht zur Gänze ausgeraubt worden. Sie können sich die Unterkunft bei Mathéo leisten.
Und dann ist da der Marquis von San Marco, so kann eigentlich auch ein fescher Tenor nicht heißen, wer nicht sofort erkennt, dass es sich beim Marquis um Fra Diavolo selbst handelt; der ist entweder dumm oder hat noch nie eine Illustrierte gelesen ...
In der Nacht gibt es mehr als Verwirrung im Gasthaus: Lord Kokbourg und der Offizier ertappen den vermeintlichen Marquis in fremden Zimmern. Der aber hat mehr als eine Ausrede parat. Einmal will er einfach ein Abenteuer mit der Lady suchen, dem Offizier erzählt er, er habe sich mit dessen Verlobter treffen wollen. Die beiden Ausreden sind nur auf den ersten Blick seltsam. Dann merkt man: Fra Diavolo sucht eine Möglichkeit, die beiden gefährlichen Gegner im Duell zu töten. Das wäre ehrenhaft und ganz und gar nichts, was auf einen Räuber schließen ließe.
Wären da nicht einfache Banditen, Giacomo und Beppo, die zu dem großen Räuber gehören, aber halt dümmlich sind, die Geschichte ginge ganz anders aus: Die beiden aber lassen sich einen Plan ihres Chefs rauben. Der will die Heirat der hübschen Zerline mit dem reichen Bauern nützen, um während

der Zeremonie in Ruhe die Habseligkeiten der englischen Reisenden an sich zu bringen. Ein einfacher Plan, der einfach zu durchkreuzen ist. Giacomo muss im falschen Moment das Zeichen mit der Glocke geben, die Luft ist alles andere als „rein", Fra Diavolo erscheint, wird festgenommen – und mit der finanziellen Belohnung, die auf seine Festnahme ausgesetzt wird, kann jetzt der tapfere Offizier das Mädchen heiraten. Und alle sind zufrieden, weil ein Räuber gefangen und ein Liebespaar verheiratet ist. So einfach ist die Geschichte in Terracina.

Von der Ouvertüre weg ist da Auber eine Reihe von Melodien eingefallen, die man auch kennt, wenn man nie in „Fra Diavolo" war. Das und die wenigen, aber dankbaren Rollen könnte immer wieder ein Opernhaus reizen, das Werk in den Spielplan zu nehmen. Vielleicht ...

BÉLA BARTÓK

* 25. 3. 1881, † 26. 9. 1945

Herzog Blaubarts Burg

Libretto: *Béla Balász*
Uraufführung: *24. 5. 1918 in Budapest*
Personen/Stimmen: *Herzog Blaubart* (Bariton) – *Judith* (Sopran/Mezzosopran) – *Blaubarts frühere Frauen* (stumme Rollen) – *Barde* (Sprechrolle)

Um keine Missverständnisse aufkommen zu lassen, zitiere ich ausnahmsweise aus einer Vorrede an das p.t. Publikum, die manchmal gesprochen und manchmal vergessen wird. Die aber wichtig ist, denn sie sagt, wann und wo man sich das Geschehen vorzustellen hat.
„Dies begab sich einst, Ihr müsst nicht wissen wann, auch nicht den Ort, da es geschah." Das ist im Ungarischen wahrscheinlich gereimt, und in einfachem Deutsch hieße es, man möge weder Herzog Blaubarts Burg suchen noch sich daran stoßen, wenn er manchmal nicht mit Schwert und blauem Bart auf der Bühne erscheine.

Der Herzog jedenfalls ist reich, attraktiv und das, was man früher einmal viril genannt hat. Eine junge Frau, Judith, ist in Liebe zu ihm entbrannt und betritt mit ihm einen Saal in seinem Schloss. Was immer sie vorher gehabt hat, Familie, Bräutigam, sie hat es aufgegeben, um dem Herzog zu folgen.
Im Saal finden sich sieben verschlossene Türen – es ist dunkel und feucht, und Judith glaubt, sie könne durch ihre Anwesenheit Licht und Wärme in das Schloss (die Burg, wenn man genau sein will) bringen.
Der Herzog erklärt Judith, die sieben Türen hätten geschlossen zu bleiben. Er warnt sie sehr, sie zu öffnen.
Judith widersetzt sich dieser Warnung, die sie auch neugierig gemacht hat: Der Reihe nach muss sie sehen: Einen Raum voll Folterwerkzeugen, eine Waffenkammer; eine Schatzkammer, versteht sich. Dann einen Zaubergarten. Weiters, als wäre es auch nur ein Raum, das ganze Reich, über das der Herzog herrscht. Hinter der sechsten Tür verbirgt sich ein See aus Tränen.
Und die siebente Tür? Blaubart warnt Judith, auch diese öffnen zu wollen. Er will, versteht man, ein Geheimnis haben und Judith nicht verlieren. Sie dagegen lässt auch diese siebente Türe öffnen. Sie möchte, begreift man, den ganzen schrecklichen Mann kennen lernen.
Aus der siebenten Türe treten die drei früheren Frauen Blaubarts. Er hat sie, erklärt er ruhig und jetzt mit dem bevorstehenden Schicksal einverstanden, am frühen Morgen, gegen Mittag, am Abend getroffen. Judith aber ist in der Nacht zu ihm gekommen ...
Die Türen sind wieder geschlossen, Judith ist durch die siebente Tür getreten. Um Herzog Blaubart, der resigniert, wird es für immer dunkel. Er weiß es, er singt es.

Die Fabel vom Herzog Blaubart und seinen vielen Frauen allein ist es nicht, die fasziniert. Das Wunder dieses Einakters offenbart sich, wenn man die Farben hört, mit denen Bartók symbolische Innenräume offenbart. Welche andere Oper man am gleichen Abend zu diesem „Blaubart" gibt, bleibt dem richtigen Gefühl eines Direktors überlassen.

Judith und der Herzog sollten immer ungarisch singen, aber auch in den Übersetzungen bleibt der ungarische Duktus erhalten.

Unfassbar schön malt der Komponist im Orchester die Bilder, die sich hinter den Türen verbergen. Niemand kann sich in diesem statischen Stück der Wirkung der Musik entziehen. Auch nicht die beiden Protagonisten.

LUDWIG VAN BEETHOVEN

* 16. 12. 1770 in Bonn, † 26. 3. 1827 in Wien

Fidelio

Libretto: *Joseph Ferdinand von Sonnleithner und Georg Friedrich Treitschke*
Uraufführung: *20. 11. 1805 in Wien*
Personen/Stimmen: *Don Fernando Minister (Bariton) – Don Pizarro Gouverneur eines Staatsgefängnisses (Bariton) – Florestan Gefangener (Tenor) – Leonore dessen Gemahlin, „Fidelio" (Sopran) – Rocco Kerkermeister (Bass) – Marzelline dessen Tochter (Sopran) – Jaquino Pförtner (Tenor)*

Auf die eine oder andere Art gibt's nur zwei Landschaften, in denen sich die großen Menschheitsdramen ereignen. Griechenland und Spanien sind der Schauplatz aller über Jahrhunderte bewegenden Ereignisse. Wundert es da jemanden, wenn ein Staatsgefängnis unweit von Sevilla für uns zum Symbol aller Kerker geworden ist?

Lassen wir die Zeit weg, in der in diesem Kerker Regimegegner und Gegner einzelner Herrschender dahinsiechen. Nehmen wir nicht wichtig, in welchem Jahrhundert das geschieht. Wir wissen schon, es geschieht immer und auch heute noch.

In einem Staatsgefängnis unweit von Sevilla ist Rocco der Kerkermeister, Marzelline seine Tochter, Jaquino der erste Gehilfe des Rocco. Und ein junger Mann, der sich Fidelio nennt, hat wenigstens die drei tief beeindruckt. Rocco kann sich keine bessere Hilfe vorstellen, Marzelline hat sich in ihn verliebt, Jaquino findet ihn demgemäß unsympathisch.

Fidelio ist zutiefst glücklich, in dem Gefängnis die richtige Aufnahme gefunden zu haben. Schließlich ist er eine Frau, heißt Leonore und ist auf der Suche nach dem eigenen Mann, der verhaftet wurde und unbekannten Aufenthalts ist.

Warum sucht Fidelio ausgerechnet in diesem Gefängnis?

Die Frage ist rasch beantwortet. Don Pizarro ist der Gouverneur dieser Anstalt, und er war ein erbitterter Gegner des Verschwundenen. Was liegt näher, als ihn in der Gewalt Pizarros zu vermuten?

Ein Quartett „Mir ist so wunderbar" erklärt die Situation; und wehe, ein Regisseur verlangt da heftig „Handlung". Still stehen und singen, das müssen die vier ...

Der Plan der tapferen, offensichtlich noch jungen Frau, über Roccos Vertrauen in die Kerker zu gelangen, gelingt – einem möglichen Schwiegersohn hilft Rocco gern.
Er ist, nennen wir ihn einmal so: lebensbejahend. Er hat keinen leichten Beruf. Aber er liebt das Glück – und das Glück hat man nur, wenn man Geld hat. Eine einfache Lebenseinsicht. Für einen Staatsdiener, für einen Kerkermeister, für einen, dessen Vorgesetzter ein Verbrecher sein kann.
Don Pizarro ist das. Er hat erfahren, dass eine Inspektionstour des Vorgesetzten, des Ministers, droht. Er muss die schlimmsten Fälle von Ungesetzlichkeit wegschaffen. Das heißt, er muss den eingekerkerten Florestan töten lassen. Dazu braucht er Rocco.
Und einen raschen Entschluss. Ein ständiger Wachdienst muss auf die Ankunft des Ministers warten. Bevor es zu spät ist, muss wenigstens Florestan verscharrt sein.
Für Rocco ist das tragisch, aber auch eine Gelegenheit, Geld zu machen.
Für Fidelio ist allein die erste Begegnung mit dem Todfeind der Ansporn, jetzt erst recht die Insassen des Gefängnisses zu sehen.
Sie, Marzelline und Jaquino – und der auf seine Art kluge Rocco – gestatten den Gefangenen eine Art Freigang. Einmal dürfen sie in den Hof, dürfen aus ihren Zellen. Florestan ist nicht unter ihnen.
Rocco aber nimmt den Schwiegersohn in spe in die tiefsten Gewölbe des Hauses. Ein Grab ist zu graben. Für einen Gefangenen, den niemand gesehen hat, den niemand sehen soll. Nie mehr.
Leonore gräbt und gibt dem Gefangenen – er ist nicht zu erkennen, aber er ist selbstverständlich Florestan – Wasser und Brot und Zuspruch. Er soll wissen, dass er nicht allein ist.
Don Pizarro kommt, ihn zu töten. Aber auch er hat einen Wunsch. Florestan soll wissen, wer ihn gefangen gesetzt hat, wer ihn jetzt töten wird.
Zu spät. Der junge Fidelio wirft sich dazwischen. Gibt sich als Florestans Frau zu erkennen. Und – tief in den Keller dringt das Signal, dass Hilfe naht. Der Minister ist eingetroffen.
Rocco kann die bessere Seite seiner Existenz hervorkehren, Florestan und dessen Frau ins Freie führen.
Lassen wir die Zeit, in der das Drama einen guten Ausgang findet, ruhigen Gewissens außer Acht. Der Minister straft seinen

Manchmal streicht man dem Rocco die „Goldarie". Das bedeutet dann, ein Regisseur hat es eilig und will von Idylle nichts wissen. Schade.

Don Pizzaro ist – nach der des Escamillo aus „Carmen" – eine mörderische Partie. Zu tief für einen Bariton, und immer gegen ein volles Orchester ankämpfend.

Die erste große Leonoren-Arie endet manchmal in Verzweiflung, auch der Interpretin. Eine Bewährungsprobe …

Der Gefangenen-Chor ist der berühmteste der deutschen Oper, nur vergleichbar mit jenem aus Verdis „Nabucco". Und die kurzen Passagen zweier Solo-Gefangener sind wichtig, da kann man nur erste Kräfte einsetzen. Oder man ist kein gutes Opernhaus.

Untergebenen, umarmt seinen Freund Florestan und verbeugt sich vor dessen heldenmütiger Frau. Und deren Lob wird allgemein gesungen.

> Wie immer bei Beethoven: Da wird die ganze Welt umarmt, und viele Regisseure meinen, es ginge um die IX. Symphonie. Irrtum: das Hohelied der Gattenliebe wird gesungen – nach einer atemberaubenden Pause, in der Leonoe ihrem Florestan die Ketten abgenommen und fallen gelassen hat.

Wieder einmal ein Kurzkurs? Die „Leonore" Ludwig van Beethovens war wenig erfolgreich. Erst die Drittfassung ist als „Fidelio" weltberühmt und missbraucht worden – eine „Freiheitsoper", in der jedes denkbare totalitäre Regime gegeißelt wurde. Und kein Opernfreund muss die insgesamt vier Ouvertüren auseinander kennen – dass eine von ihnen traditionsgemäß nach dem Bild im Kerker und vor dem Schlussjubel gespielt wird, hat Gustav Mahler eingeführt. Um keine „Umbaupause" mehr zu haben, in der die Spannung nachlässt. Nach allem, wozu man heute auf der Bühne fähig ist, gibt es außer liebgewordener Gewohnheit wenig Grund, die „Leonoren"-Ouvertüre innerhalb der Oper aufzuführen. In Wien geschieht es trotzdem.

Vinzenzo Bellini

3. 11. 1801 in Catania/Sizilien, † 23. 9. 1835 in Puteaux/Paris

Norma

Libretto: *Felice Romani*
Uraufführung: *26. 12. 1831 in Mailand*
Personen/Stimmen: *Pollione* römischer Prokonsul in Gallien (Tenor) – *Oroveso* Haupt der Druiden (Bass) – *Norma* Oberpriesterin der Druiden, Orovesos Tochter (Sopran) – *Adalgisa* Novizin (Sopran) – *Clotilde* Normas Vertraute (Mezzosopran) – *Flavio* Freund Polliones (Tenor) – *Zwei Kinder* Normas und Polliones (stumme Rollen)

Unsere Welt ist, jeder weiß es, ein wenig aus den Angeln. Niemanden kann man noch schrecken, wenn man ihm von den Sorgen eines Priesters berichtet, der Vater geworden ist. Und wenn man so gut wie nichts über verliebte Nonnen hört, dann ist das ziemlich einfach zu erklären – es nehmen immer weniger Mädchen oder Frauen den Schleier.
Um die Verzweiflung einer Priesterin zu verstehen, die Kinder

hat – von einem hohen Vertreter einer ihr Volk unterdrückenden Besatzungsmacht, muss man schon sehr weit in die Vergangenheit zurückblicken.
Die Liebe zu einem Offizier einer Besatzungsmacht, das ist vorstellbar, auch für uns. Aber die bloße Existenz einer Priesterin, mit der haben wir unsere Schwierigkeiten. Gehen wir also tief in die Geschichte zurück ... Etwa ins Jahr 100 nach Christus.
Pollione ist der Prokonsul, den die Römer über die Gallier eingesetzt haben, und Norma ist Druidin, mehr noch, die Tochter des Oberhaupts der Druiden, also des höchsten Priesters der von Römern unterjochten Gallier.
Dass sie Kinder von Pollione hat, verstehen wir wieder, immerhin hat sie sich ihm hingegeben. Jetzt aber spürt sie, dass ihr der Vater der Kinder, der Liebhaber, der Römer, abhanden zu kommen droht. Frauen haben dafür einen Sinn. Und Norma weiß in dieser Situation nur einen Ausweg, der freilich einen hochpolitischen Sinn hat: Sie zeigt sich ihrem Volk als Priesterin und Seherin und verkündet den Untergang Roms. Das heißt für sie: die Vernichtung des ungetreuen Geliebten.

> „Casta Diva", die große Arie an die Mondgöttin, ist das begehrte Juwel für Primadonnen – seit der Callas singen sie es wieder. Und lassen völlig vergessen, dass es in dieser Oper auch einen Tenor gibt.

Pollione – er hat selbstverständlich bereits getan, was Norma ahnte – will seine neue Geliebte, die junge Priesterin Adalgisa, zur Flucht nach Rom bewegen. Feldherr und Mann, der er ist, ahnt er nicht, was er anrichtet: Adalgisa will mit ihm gehen, sie vertraut sich aber ihrer mütterlichen Freundin Norma an. Einen Römer will sie haben ...

> Adalgisa war lange Sopran, dann verlangten die Normas dieser Opernwelt einen Mezzo als Partnerin! Riccardo Muti, der Originalfanatiker, hat's abgestellt. Jetzt darf auch sie wieder brillieren.

Norma, die aus eigener Erfahrung weiß, dass so etwas geschieht, will ihrer jungen Freundin alle Gewissensbisse ersparen und verspricht, sie würde sie aus dem Priesteramt entlassen. Minuten später begreift sie, was ihr bevorsteht: Der Römer, mit dem ihre junge Adalgisa in die Ferne ziehen will, ist jener Pollione, dem sie zwei Kinder geschenkt hat. Auch Adalgisa begreift das sofort – und Pollione steht allein.
In der Verzweiflung über all das Missgeschick, das über Frauen hereinbrechen kann, will Norma großmütig sein: Sie wird ihre Kinder nicht töten, Adalgisa soll sie aufnehmen und mit Pollione nach Rom gehen. Ihre junge Freundin ist nicht bereit, auf dem Unglück der Norma ihr jetzt nicht mehr denkbares Glück aufzubauen – im Gegenteil, sie denkt daran, Pollione mit Norma zu versöhnen.
Norma – in der Verzweiflung können offenbar auch die klügs-

ten Frauen nicht mehr denken – erwartet von der Aussprache Adalgisas mit Pollione dessen Wiederkehr. Doch nichts geschieht, Pollione hat nicht nur falsch, sondern wahrhaft wahnwitzig reagiert: Als Norma in ihrer ganz persönlichen Wut die Gallier aufruft, den lang ersehnten Feldzug gegen Rom zu beginnen, muss sie erfahren, dass ein Römer den Tempel der Druiden geschändet hat.

Ein Römer? Es war Pollione, den man vor die Priesterin führt. Die jetzt in Raserei verfällt und Todesurteile verkündet. Pollione, Adalgisa und auch die aus einer verbotenen Beziehung hervorgegangenen Kinder sollen sterben. Sterben sollen sie alle, alle. Und sie selbst wird mit in die Flammen gehen.

Pollione bewundert die Größe Normas, das genau ist die Gallierin, die er geliebt, mit der er Kinder gezeugt hat.

Diese Bewunderung wieder rührt Norma. Was sie bisher verzweifelt verschwiegen hat, bricht aus ihr heraus. Ihrem Vater erklärt sie, wer in dieser Verstrickung die Sünderin ist. Übergibt ihm die Kinder und stirbt gemeinsam mit dem geliebten Feind, der ihr Geliebter war.

In jüngster Zeit haben sich Tenöre und Soprane wieder dieser Oper erinnert, die wenigstens zwei große Arien verspricht. Schwierig wird freilich, ihnen heutzutage Kostüme der Gallier und Römer anzubieten und uns zu erklären, was eine Priesterin ist.

ALBAN BERG

* 9. 2. 1885 in Wien, † 24. 12. 1935 in Wien

Wozzeck

Libretto: *Alban Berg (nach G. Büchner)*
Uraufführung: *14. 12. 1925 in Berlin*
Personen/Stimmen: *Wozzeck* (Bariton) – *Tambourmajor* (Tenor) – *Andres* (Tenor) – *Hauptmann* (Tenor) – *Doktor* (Bass) – *Erster Handwerksbursch* (Bass) – *Zweiter Handwerksbursch* (Bariton/Tenor) – *Der Narr* (Tenor) – *Marie* (Sopran) – *Margret* (Mezzosopran/Alt) – *Mariens Knabe* (Kindersopran) – *Ein Soldat* (Tenor)

Es gibt Tragödien, die sich in großer Ausführlichkeit darstellen oder nacherzählen lassen. Der Dichter aber entscheidet sich anders und zeigt uns nicht die ganze Geschichte, sondern nur knappe Augenblicke, in denen wir spüren sollen, was sich vorher und nachher ereignet. Denn es ist manchmal richtig, sich auf die eine oder andere Momentaufnahme selbst einen Reim zu machen. Richtig und, wenn man dafür aufnahmefähig ist, erschütternd.

Wozzeck ist Soldat. Er rasiert seinen Hauptmann. Das bringt ein paar Groschen täglich.

Wozzeck muss sich sagen lassen, er solle langsam sein. Und moralisch.

Er antwortet, obgleich ihm so was nicht zusteht. Moral? Das ist etwas für Herren. Die können sich Moral leisten. Er hat seiner Marie ein Kind gemacht, und er rasiert, um Geld für dieses Kind zu haben. Moral kann er sich nicht leisten.

Nicht weit von der Stadt entfernt schneidet Wozzeck mit seinem Freund Andres Stöcke im Gebüsch. Die Sonne geht unter, die beiden Soldaten reagieren ganz verschieden. Andres weiß, dass er jetzt in die Kaserne muss. Wozzeck meint, die Welt sei tot.

Wozzecks Marie ist mit dem Kind allein. Die Militärmusik zieht vorüber, an der Spitze der eitle Tambourmajor. Marie bekommt große Augen. Nicht mehr. Mehr kann sie sich nicht leisten. Sie hat ein kleines uneheliches Kind.

Wozzeck, auf dem Weg in die Kaserne, ist immer noch gefangen von der Vision einer untergehenden Welt. Sein Kind merkt er gar nicht. Marie wiederum begreift den Vater ihres Buben nicht.

Wozzeck dient für ein paar Groschen auch dem Doktor. Er hält sich an dessen seltsame Essensvorschriften und lässt sich beobachten. Für wenig Geld liegt er quasi unter dem Mikroskop eines Narren.

Der Tambourmajor hat begriffen, welchen Eindruck er auf Marie gemacht hat. Er nützt die Gelegenheit und nimmt sie sich.

Marie hat Geschenke von ihm bekommen. Wozzeck, der heimkehrt, um sein Geld abzuliefern, begreift: Noch nie hat jemand zwei Ohrringe im Rinnstein gefunden. Aber was soll er tun? Er ist zu arm, um Marie für sich allein zu haben.

Hauptmann und Doktor, die einander nicht leiden können, haben immerhin einen Soldaten zur Hand, um ihre Laune

„Wir armen Leut'" ist eines der Grundthemen Alban Bergs. Und Wozzeck, oft von einem „Singschauspieler" gegeben, sollte ein gestandener Bariton sein. Dann erst ist er gefährlich – denn es handelt sich um eine Oper.

Der Tambourmajor ist aller Regel nach ein Heldentenor, der seinen Zenith überschritten hat. Er muss so aussehen und singen. Selbstverständlich ist die Marie ein dochdramatischer Sopran, aber nur, wenn sie auch leise, lyrische Passagen meistern kann.

an ihm auszulassen. Sie deuten Wozzeck an, es gäbe da den flotten Tambourmajor.

Wozzeck begreift endgültig und weiß doch nicht, was er unternehmen soll. Hauptmann und Doktor finden das normal. Er ist ja nur ein gemeiner Soldat.

Wozzeck will Marie fragen. Und will sie schlagen dafür, was sie ihm angetan hat. Sie aber hält ihn mit einem Wort zurück. Lieber ein Messer im Leib als eine Hand auf ihr.

Ein Gegenstück zum Finale des ersten Aktes „Don Giovanni" – Musik auf der Bühne, ein Gegensatz zum Orchester.

Im Wirtshausgarten muss Wozzeck sehen, woran er ist. Marie tanzt mit dem Tambourmajor. Rund um Wozzecks Elend sieht man das Leben. Handwerksburschen, den Freund Andres, einen Narren. Wozzeck sieht nur Marie mit einem anderen.

Das Stöhnen der Soldaten im Schlaf beherrscht die Szene und ist faszinierend komponiert. Kasernenmief, in Musik gesetzt.

In der Kaserne findet Wozzeck keinen Schlaf. Der Tambourmajor, der betrunken in den Schlafsaal dröhnt, hat keine Schwierigkeiten, Wozzeck zu verprügeln. Was bin ich für ein Mann, brüstet er sich. Und Wozzeck denkt darüber nach, was für ein Mann er selbst ist.

Marie spürt, dass die Katastrophe auf sie zukommt. Sie liest ihrem Kind aus der Bibel vor. Die Sünderin Magdalena ist ihr Vorbild.

Wozzeck hat Marie an einen Teich im Wald geführt. Er sagt ihr ihr Verbrechen auf den Kopf zu und tötet sie.

Auf den Tod der Marie reagiert das Orchester mit einem anschwellenden Unisono-Akkord, der an den Nerven der Zuhörer zerrt. Ein geialer Einfall.

In einer Schenke entdeckt man an Wozzeck Blut.

Wozzeck ist zurück am Ort seiner Tat. Er sucht nach dem Messer, mit dem er Marie getötet hat. Er findet es und wirft es weit in das Wasser. Geht ihm nach und ertrinkt. Doktor und Hauptmann gehen vorüber und hören sein letztes Stöhnen. Kinder spielen mit dem Knaben von Wozzeck und Marie vor dem Haus. Da kommt die Nachricht. Marie ist beim Teich gefunden worden. Tot. Der Bub begreift gar nichts, sondern reitet weiter auf seinem Steckenpferd.

Der kleine Bub, der „Hopp-Hopp" zu singen hatte, kommt leicht aus dem Takt. Karl Böhm, immerhin mit Berg befreundet, leistete es sich, mit dem Orchester dem Buben nachzugeben. Heute sind Dirigenten nicht mehr so freundlich. Sie haben zwar Berg nicht gekannt, wollen ihn aber „korrekt" wiedergeben.

Über diese „Fünfzehn Szenen", die Alban Berg nach dem Drama von Georg Büchner komponiert hat, lässt sich nicht anders schreiben. Was zwischen den Zeilen ist, ist die Musik. Die hört man mit steigender Fassungslosigkeit und begreift, dass sie ein Meisterwerk ist.

Lulu

Libretto: *Alban Berg nach F. Wedekind*
Uraufführung: *2. 6. 1937 in Zürich*
Personen/Stimmen: *Lulu* (Sopran) – *Gräfin Geschwitz* (Mezzosopran) – *Theatergarderobiere/Mutter* (Alt) – *Gymnasiast/Groom* (Alt) – *Medizinalrat, Professor* (Sprechrolle oder Bariton) – *Maler/Neger* (Tenor) – *Dr. Schön/Jack the Ripper* (Bariton) – *Alwa* Dr. Schöns Sohn (Tenor) – *Tierbändiger/Athlet* (Bariton) – *Schigolch* (Bass)

Der Name Lulu bedeutet ein Fabelwesen. Eine junge Frau, deren Herkunft keiner kennt, deren Wirkung auf Männer man als tödlich bezeichnen muss. Einer nennt sie ein „schönes, wildes Tier" und meint damit genau das, was man sonst niemals von einer Frau behaupten darf. Lulu ist nach unseren – auch noch nach unseren aufgeklärten – Maßstäben unschuldig und verdorben zugleich.
Sage mir keiner, er habe in seiner näheren Bekanntschaft ein Wesen, das auch eine unfassbare Ausstrahlung hat. Das ist es nicht. Es ist mehr.
Denn Lulu ist eben ein Fabelwesen. Ist die reine Erfindung einer Männerwelt.
Und deshalb, genau genommen, auch nicht mehr zeitgemäß. Wir sehen Lulu „in Aktion", wie man es nennen könnte. Sie ist die Frau eines Medizinalrats, zugleich die Geliebte eines Zeitungsbesitzers, zugleich die Angebetete eines Malers – und ein Wesen, zu dem ein verlotterter alter Mann namens Schigolch eine seltsame Beziehung hat. Man glaubt, er sei ihr Vater, er selbst aber erklärt, er kenne sie länger als jeder andere Mann.
Wem sie begegnet, dem bringt sie zuletzt den Tod.
Ihr Medizinalrat stirbt, als er sie im Atelier des Malers – sie steht ihm Modell – in den Armen des Malers findet.
Der Maler bringt sich um, als er begreift, dass seine Frau – Lulu wird von ihm Eva genannt – zugleich die Geliebte des mächtigen Zeitungsbesitzers Dr. Schön ist.
Und auch Dr. Schön stirbt. Als er sich von Lulu trennen will, um endlich angesehen bürgerlich zu heiraten, will er mit Selbstmord enden, kann es nicht und bittet Lulu, ihn zu erschießen. Sie tut es selbstverständlich.
Alwa Schön, der Sohn, kommt mit dem Leben davon. Selbstverständlich verfällt er Lulu wie alle anderen Männer. Und

In der Partitur dieser Oper ist ein geheimes „Programm" enthalten, jetzt ist es auch enträtselt. Trotzdem muss es der Hörer nicht kennen. Auch, weil Alban Bergs Witwe ihren Mann nie als den Liebhaber gesehen haben wollte, der er war. Vor allem aber, weil Berg immer der Ansicht war, die „Konstruktion" seiner Partitur müsse man nur spüren, nicht erkennen.

Einmal aufpassen: Igor Strawinsky hat die Oper hoch geschätzt, jedoch das Xylophon – für Telefonklingeln eingesetzt – nicht ausgehalten. Er hat sehr verächtlich davon geschrieben.

flieht mit ihr, der nach dem Mord die Polizei auf den Fersen ist. Er setzt dabei freilich Zeit und sein Leben ein – gemeinsam mit einer Lesbierin lanciert er, die als Mörderin seines Vaters inhaftierte Person sei gestorben.

Der alte Mann, Schigolch, überlebt sie auch. Er kommt mit auf die Flucht, Lulu war und ist das Wesen, von dem er immer wieder Geld einforderte und erhielt.

Die Gräfin Geschwitz, Lesbierin und Lulu so verfallen wie ein Mann, muss allerdings auch sterben wie ein Mann.

In London, wo Lulu die primitivste Stufe ihres Daseins erreicht hat und als Prostituierte arbeitet, taucht Jack the Ripper bei ihr auf. Er nimmt, was ihm geboten wird. Und tötet lautlos und gespenstisch Lulu und die Geschwitz.

Die letzten Liebesrufe der Geschwitz erschüttern – vor allem, wenn sie in der Ur-Fassung nach dem großen symphonischen Zwischenspiel das Drama enden.

Auf die simpelste Art atmet man als Betrachter schließlich auf. Das mörderische Wesen ist tot. Die Welt – ob männlich oder weiblich – läuft nicht mehr Gefahr, ohne jede Chance dieses gefährlichen, dabei aber unschuldigen Tieres wegen aus dem Gleis zu laufen.

Die Moral kann wieder funktionieren. Nach so vielen Toten.

Alban Berg hat von den drei geplanten Akten seiner Oper nur zwei vollendet und vom dritten Akt die Schlussszene vollständig komponiert. Nach seinem Tod war seine Witwe nicht bereit, die Skizzen – wie vollständig sie auch immer den musikalischen Ablauf des dritten Aktes zeigten – dem Verlag zu überlassen. Ganz Europa kannte die so genannte zweiaktige Fassung, als Helene Berg starb und der Wiener Komponist Friedrich Cerha den Auftrag annahm, den dritten Akt „zu erstellen". Seither werden beide Fassungen aufgeführt. Die ausführlichere heißt „integrale Fassung". Sie enthält eindeutig Noten, die nicht von Berg stammen.

LOUIS HECTOR BERLIOZ

* 11. 12. 1803 in La Côte Saint-André/Isere, † 8. 3. 1869 in Paris

Les Troyens

Libretto: Hector Berlioz
Uraufführung: 4. 11. 1863 in Paris
Personen/Stimmen: Enée/Äneas trojanischer Held (Tenor) – *Chorèbe* asiatischer Prinz (Bariton) – *Panthée* trojanischer Priester (Bass) – *Narbal* Minister der Didon (Bass) – *Iopas* lyrischer Poet am Hof der Didon (Tenor) – *Ascagne* Sohn des Enée (Sopran) – *Cassandre/Kassandra* Tochter des Priamus (Sopran/Mezzosopran) – *Didon/Dido* König von Karthago (Mezzosopran) – *Anna* Schwester der Didon (Alt) – *Hylas* phrygischer Matrose (Tenor oder Alt) – *Priam/Priamus* König von Troja (Bass) – *Griechischer Heerführer* (Bass) – *Der Schatten des Hector* (Bass) – *Hélénus* trojanischer Priester, Sohn des Priam (Tenor) – *Zwei trojanische Soldaten* (Bässe) – *Mercure/Merkur* (Bariton oder Bass) – *Priester Plutos* (Bass) – *Polyxene* Schwester der Cassandre (Sopran) – *Hécube/Hekuba* trojanische Königin (Sopran) – *Andromaque/Andromache* Hectors Witwe (stumme Rolle) – *Astyanax* ihr achtjähriger Sohn (stumme Rolle)

Wie und warum erzählt man vom trojanischen Krieg und den Heldentaten aus längst vergangenen Tagen?
Doch gewiss, um uns daran zu erinnern, dass auch in den Anfängen der abendländischen Kultur bereits alles geschah, was sich in immer neuen Variationen bis auf den heutigen Tag wiederholt.
Kassandra ist die erste Hauptfigur, die wir uns vorzustellen haben. Da ist ganz Troja in heller Begeisterung, weil die Griechen ihren Kampf um die Stadt eingestellt, ja sogar noch ein riesiges Pferd aus Holz als Geschenk vor der Stadt zurückgelassen haben. Und niemand, niemand außer Kassandra will wahrhaben, dass der Fall Trojas bevorsteht.
Nicht ihr Geliebter Choroebus, nicht König Priamus, nur Kassandra sagt die furchtbare Zukunft voraus. Und der Priester Laokoon, der seinen Speer gegen das Pferd werfen wollte, wurde von Meeresschlangen erwürgt.

Obgleich Kassandra die Hauptfigur ist, beeindrucken doch vor allem die Chormassen, die Berlioz aufbietet. Und dann erst ein Duett Kassandra–Choroebus, letzterer ein Tenor, der meist gegen seine Partnerin nicht aufkommen kann.

> „Italie" ist der seherische Ruf, der bis zum Ende immer wieder erklingt und uns im Unklaren lässt: Ist der Aufstieg oder der Fall Roms gemeint?

Es geschieht, was Kassandra vorhergesagt hat. Das in die Stadt geholte Pferd speit Krieger aus, die die Tore öffnen und weitere Krieger einlassen. Troja geht unter. Freilich – Äneas hat mit den Götterbildern und dem Goldschatz die Stadt noch verlassen können. „Italien", ruft sie noch seherisch und meint, Äneas werde ein neues Reich gründen.

Karthago ist der Schauplatz der zweiten Tragödie. Dido feiert ihr segensreiches Wirken und wird gefeiert. Sie hat Karthago gegründet und befestigt und blühen lassen.

Kaum hat man ihr die Ankunft einer gestrandeten Flotte gemeldet – Äneas und seine Trojaner wollen unter dem Schutz Didos rasten – und kaum hat Dido Gastfreundschaft gewährt, da wird ein Überfall gemeldet. Der numidische König Iarbas will gegen Karthago kämpfen. Äneas aber zieht mit seinen Trojanern zum Kampf für die Königin. Und siegt.

> Das ist eine groß angelegte musikalische Pantomime, manchmal wird sie vertanzt, dann wieder hilft man sich mit Projektionen – Berlioz hat da die schönste Musik seiner Oper geschrieben.

Dido und Äneas sind nicht mehr voneinander zu trennen. Auf einer Jagd haben sie, von einem Unwetter überrascht, in einer Grotte einander ihre Liebe gestanden. Und weder die Karthager noch die Trojaner sind dieser neuen Verbindung wegen unglücklich. Nur die Götter, die haben es anders gewollt. Äneas erscheinen die toten Helden – und Kassandra. Und alle rufen sie ihm in Erinnerung, dass er aus Troja gerettet wurde, um „Italien" zu gründen, nicht, um in den Armen Didos seine große Aufgabe zu vergessen.

Äneas begreift, er hat mit seiner Flotte gen Italien zu fahren.

Dido erfährt zu spät, dass Äneas sich ihr entzogen hat. Ihr bleibt nur noch die böse, böse Rache. Sie lässt alle Gegenstände, die an Äneas erinnern, auf einen Scheiterhaufen legen. Sie ersticht sich mit dem Schwert des Äneas und ruft im Augenblick ihres Todes „Rom, Rom, unsterblich!"

Wir wissen, was sie sagen will. Rom und sein Aufstieg sind nicht zu verhindern. Aber: Auch Rom wird eines Tages untergehen. Auch das weiß Dido bereits.

Die fünfaktige Oper, die Hector Berlioz zu seinen Lebzeiten nicht aufführen lassen konnte, hat in der jüngsten Vergangenheit so etwas wie Konjunktur. Man will sie als ein gewaltiges Beispiel für ein Genre sehen und will nachholen, was Generationen an Dirigenten und Operndirektoren versäumt haben. Anders ist nicht zu erklären, warum das aufwendige Werk jetzt plötzlich „ins Repertoire" kommt.

LEONARD BERNSTEIN

* 25. 8. 1918 in Lawrence/Mass., † 14. 10. 1990 in New York

A Quiet Place

Libretto: *Stephen Wadsworth*
Uraufführung: *17. 6. 1983 in Houston/Texas*
Personen/Stimmen: *Old Sam* Dinahs Mann (Bariton) – *Dede* Dinahs Tochter (Sopran) – *Junior* Dinahs Sohn (Bariton) – *François* Mann von Dede (Tenor) – *Susie* Dinahs Freundin (Mezzosopran) – *Bill* Dinahs Bruder (Bariton) – *Doc* Dinahs Arzt (Bass) – *Mrs. Doc* dessen Frau (Mezzosopran/Alt) – *Bestattungs-Unternehmer* (Bassbariton) – *Analytiker* (Tenor) „Trouble in Tahiti": *Young Sam* (Bariton) – *Dinah* (Mezzosopran) – *Ein Trio* (Sopran, Tenor, Bariton)

Wirklich aufregend sind Fortsetzungen von Geschichten, wenn man diese Geschichten kennt. Manchmal aber geht's auch so, dass man beide zugleich kennen lernt. Manchmal ...
Die Mutter einer sehr amerikanischen Familie ist gestorben. An ihrem Sarg versammelt sich – nach langer Zeit endlich wieder – die Familie. Ihr Bruder und ihr Psychiater – wir sind in den USA, versteht sich. Ihr Mann, aber auch die Kinder. Junior und Dede.
Am Sarg der Mutter trauert man, erinnert sich der Vergangenheit und damit auch der einstigen, der ursprünglichen Geschichte.
Sie war nicht aufregend. Sie bestand im Grunde nur daraus, dass eine schon damals typische amerikanische Familie keine Zeit für einander hatte, dass Mann und Frau sich auseinander lebten, die Kinder vernachlässigten, zuletzt aber alle ihre Träume vom Ausbruch in exotische, wilde Abenteuer wieder in den Alltag zurückfanden. Und nichts mit „Trouble in Tahiti" mehr im Kopf hatten, sondern wieder ihren guten, normalen, amerikanischen Alltag ...
Freilich sind dreißig Jahre seit jener Zeit vergangen, wenigstens ein Familienmitglied hat sich ein Abenteuer geleistet: Junior. Er wurde homosexuell und leistete sich ausgerechnet den Mann seiner Schwester als Geliebten. Das gibt er am Sarg der Mutter zu – er ist nicht „geheilt", aber er trägt seine besondere Liebesfähigkeit jetzt ruhig und lässt seiner Schwester

„Trouble in Tahiti" hatte noch viele populäre Anklänge, sie sind Bernstein nicht zuwider, aber zu wenig für die Oper, die er noch schreiben wollte. Trotzdem, man hört sie wieder ...

wieder ihren Mann. Und erhofft sich von seinem Vater Verständnis.
Und? Dreißig Jahre nachher begreift der Vater, dass sich die Zeiten geändert haben, dass es keinen Sinn hat, einfach darauf zu bestehen, nach guten amerikanischen Maßstäben glücklich zu sein.
Am Sarg der Mutter finden sich die Hinterbliebenen. Und finden sich miteinander ab. Und mit dem Leben.

Leonard Bernstein war mit „Trouble in Tahiti" durchaus erfolgreich, wollte aber außer einem heiteren Sittenbild auch eine Oper schreiben. Spät in seinem Leben fand er – seine Frau war tot, und er selbst bekannte sich offen zu seiner Homosexualität – die „Rahmenhandlung". An der Mailänder Scala und an der Wiener Staatsoper wurde „A Quiet Place" zu seinen Lebzeiten aufgeführt.

West Side Story

Libretto: *Arthur Laurents (nach Jerome Robbins) und Stephen Sondheim (Liedertexte)*
Uraufführung: *26. 9. 1957 in New York*
Personen/Stimmen: *The Jets: Riff der Boss – Tony sein Freund (Tenor) – Action – A-Rab – Baby John – Snowboy – Big Deal – Diesel – Gee-Tac – Mouthpiece – Tiger. Ihre Mädels: Graziella – Velma – Minnie – Clarice – Pauline – Anybody.*
The Sharks: Bernardo der Boss – Maria seine Schwester (Sopran) – Anita sein Mädel – Chino sein Freund – Pepe – Indio – Luis – Anxious – Nibbels – Juarno – Toro – Moose. Ihre Mädels: Rosalia – Consuelo – Teresita – Francisca – Estella – Margarita.
Die Erwachsenen: Doc – Schrank – Krupke – Glad Hand

Dieser Versuch, eine amerikanische Oper zu schreiben, ist für immer mit dem Choreographen George Balanchine verbunden. Die Auseinandersetzungen auf Hinterhöfen werden, auch in der Musik, vor allem getanzt!

Es ist selbstverständlich schon „Geschichte", denn New York mag weiter als ein so genannter Schmelztiegel gelten, die Nationalitäten oder Rassen aber, die da zu verschmelzen hätten, haben sich wieder verändert.
Einmal, vor nicht zu langer Zeit, waren es die sozusagen eingesessenen weißen New Yorker und die „Latinos", die aus Puertorico kamen und in der Stadt ein armes, aber glückliches Leben führten.
Vor allem die Jungen. Sie waren rasch auf der Straße unterwegs, hatten ihre Reviere und ihre Feindschaften, die sie

untereinander austrugen und von denen sie einen Polizisten oder gar einen Detektiv nichts wissen lassen wollten. Denn gegen die Obrigkeit waren sie alle, die weißen und die mit der wunderbaren dunkleren Hautfarbe, versteht sich.
Was es mit „Romeo und Julia" auf sich hat, hätten sie nicht gewusst. Da gab es einen Burschen Tony, der sich in ein Mädchen Maria verknallte. Er weiß, sie apart dunkelhäutig. Und beide viel zu jung für etwas anderes als eine Liebelei unter einem Haustor. Beide auch ihrer Herkunft verpflichtet – also hätten sie wirklich nicht einmal unter einem Haustor miteinander reden dürfen. Taten es aber, wenn Zeit dazu war, und waren heimlich glücklich und meinten, die Unterschiede zwischen den – nennen wir's ruhig so – Volksgruppen würden nicht ewig anhalten.
Und irrten.
Denn immer wieder zogen die beiden „Gangs" gegeneinander aus und hatten ihre Auseinandersetzungen, die hart an die Grenze von Totschlag gingen. Bis sie eines Tages auch diese Grenze überschritten.
Es gab, was nicht einmal die bösesten Buben auf der einen oder anderen Seite wollten, einen Toten. Und damit war die Liebe vorüber, denn Maria hatte keinen Geliebten mehr. Und die beiden „Gangs" waren, wenigstens für kurze Zeit, versöhnt. In der großen Stadt New York, in der es immer heiß hergehen kann und immer wieder heiß hergehen wird.

Leonard Bernsteins populärstes Werk ist ein „Musical", aber so aufregend wie eine Oper von Johann Strauß, weshalb es hier erwähnt sein muss. Freilich, es ist nur aufzuführen, wenn man junge singende Tänzer zur Verfügung hat. Auf CD kann man „Stars" hören, auf der Bühne müssen es junge, energiegeladene Menschen sein. Sonst funktioniert die Geschichte sicher nicht.

Der Hauptschlager ist wohl „Maria" und eine Schnulze. Aber eine, die auf der Opernbühne standhalten kann.

GEORGES BIZET

* 25. 10. 1838 in Paris, † 3. 6. 1875 in Bougival/Paris

Carmen

Libretto: *Henri Meilhac und Ludovic Halévy*
Uraufführung: *3. 3. 1875 in Paris*
Personen/Stimmen: *Zuniga* Leutnant (Bass) – *Don José* Sergeant (Tenor) – *Moralès* Sergeant (Bariton) – *Escamillo* Stierkämpfer (Bariton oder Bass) – *Dancaïro* Schmuggler (Tenor oder Bariton) – *Remendado* Schmuggler (Tenor) – *Lillas Pastia* Schankwirt (Sprechrolle) – *Carmen* Zigarettenarbeiterin (Mezzosopran) – *Micaëla* Bauernmädchen (Sopran) – *Frasquita* Freundin Carmens (Sopran) – *Mercédès* Zigeunerin (Sopran)

Sevilla ist eine ideale Stadt für Opern. Warum, weiß ich wirklich nicht. Aber so viele können offenbar nur in Sevilla und Umgebung wirklich in aller gebotenen Leidenschaft „spielen". So auch die des ungleichen Paares, von dem wir gleich erfahren werden.

Da ist ein junger zu den Soldaten gesteckter Mann, der es immerhin zu einem Unterführer gebracht hat. Don José. Er hat noch seine Mutter, und ein junges Mädchen, Micaëla, das ihm treu ist. Er dient in Sevilla, das Militär ist zugleich die Ordnungsmacht in der Stadt, viel gibt es nicht zu tun.

Und da ist Carmen, eine wilde junge Frau, die zeitweilig Zigarettendreherin in einer Fabrik ist, die halbe Stadt weiß von ihrer Schönheit und ihrem Temperament, sie hat Verbindungen zur Unterwelt, sie ist eine Persönlichkeit.

An einem drückend heißen Tag treffen die beiden jungen Menschen aufeinander. Carmen war in eine kleine Messerstecherei verwickelt, Don José muss sie verhaften – überstellt sie aber nicht, wie ihm befohlen, ins Gefängnis, denn sie hat ihn mit einem einzigen Lied überzeugt, dass sie der Freiheit bedarf und es nicht anderswo aushält als unter ihren Leuten ...

Beim Militär schadet so etwas, Don José verliert seine Epauletten, ist degradiert. Während seiner Gefängnisstrafe denkt er nicht an die Mutter, nicht an Micaëla, er denkt nur an Carmen.

Diese ist „untergetaucht", also nicht mehr in der Fabrik, son-

Lange nach den in der Ouvertüre anklingenden „Schlager" und nach dem Kinderchor der Wachablöse kommen gleich zwei große Nummern der Carmen: Ihr Auftritt und die sogenannte „Habanera". Für diese braucht man zwar Stimme, vor allem Erotik.

dern bei einem Wirt, dessen Schenke gleichzeitig Treffpunkt für Schmuggler ist. Und ein Lokal, in dem sich auch das Militär – ohne besondere Scheu vor Schmugglern – unterhält. Der Leutnant, der Don José ins Gefängnis geschickt hatte, verkehrt selbstverständlich auch hier. Und ein Torero schaut auf seiner Werbetour für seinen nächsten Auftritt in der Arena vorbei und lässt Reklamezettel verteilen.

Dass alle Männer vor allem Carmens wegen kommen, versteht sich. Hat sie etwas mit einer Messerstecherei zu tun gehabt? Niemand denkt da noch dran.

Jedermann geht seiner Passion nach. Escamillo, der Torero, zieht weiter, nachdem er Carmen Avancen gemacht hat. Der Leutnant verabschiedet sich, er will allerdings nach der Sperrstunde wiederkommen. Die Gäste werden heimgeschickt, die Schmuggler versammeln sich. Carmen und ihre Gefährtinnen erhalten ihre Aufträge.

Halt. Carmen will nicht mit. Sie wartet auf Don José, der seine Strafe abgebüßt hat und zweifellos kommen wird. Und kommt. Und sich so verliebt zeigt wie auch Carmen. Und der trotzdem gleich wieder weg will – man hört aus der Kaserne die Trompeten blasen, er muss zurück, ein einfacher Soldat hat keinen Ausgang.

Carmen aber will ihn. Und bekommt ihn. Denn der zurückkehrende Leutnant will sich mit Don José duellieren. Das geht alles ganz rasch. Es bleibt dem Bauernburschen, der nie mehr zu den Soldaten kann, gar nichts anderes als: Er ist Carmens anerkannter Geliebter und ein Schmuggler.

Welch eine Veränderung für Don José, der das „freie" Leben weder kennt noch schätzt. Ist Carmen treu? Wo ist die Ordnung, in der er immer gelebt hat? Wie kommandieren plötzlich Verbrecher mit ihm herum?

Es muss zu einer Explosion kommen: Mitten im heftigsten Schmuggeln prallen alle Emotionen aufeinander. Micaëla sucht Don José, dessen neue Existenz sich herumgesprochen hat. Der Torero sucht Carmen, der seiner Ansicht nach ein Deserteur auf Dauer langweilig sein muss. Und die beiden bringen Aufruhr. Denn Escamillo trifft auf Don José, und wieder ist ein Zweikampf fällig. Micaëla wird entdeckt und berichtet, Don Josés Mutter liege im Sterben.

Also verlässt der jetzt aus der legalen wie der illegalen Welt ausgestoßene Bauernbursch seine große Liebe und droht: Er werde wiederkommen, dann werde er Carmen allein besitzen.

Escamillo tritt auf und versagt – in der Regel, denn es ist mörderisch für einen Bariton, die zwei Strophen zu singen, die in der Ouvertüre vorbereitet wurden und jetzt plötzlich richtig „klingen" sollen. Unzählige Interpreten sind da schon gescheitert.

Was für eine Szene: Zuerst tanzt Carmen, und hinter der Bühne müssen Trompeten „rein" blasen. Und dann hat Don José seine große Arie, die nicht auf einem Spitzenton endet, sondern auch vor allem richtig intoniert werden muss. Das hohe b selbst gelingt beinahe jedem Tenor.

In deutscher Übersetzung singen die Schmuggler „Ein falscher Tritt zum Abgrund führt", und auf kleinen Opernbühnen hält sich der Scherz „Ein falscher Grund zum Abtritt führt". Direktoren kennen ihn immer noch.

Micaela, an sich eine blasse Gestalt in der Oper, singt viel, das nicht von Bizet ist, sondern vom „Vollender" des Werkes Guiraud. Auch ihre Arie in der Schlucht …

Welch ein Irrtum. Carmen ist längst für Escamillo bestimmt, vor der Stierkampf-Arena präsentiert sie sich schon als seine Geliebte. Große Leidenschaft ist wieder einmal angesagt. Und großes Unheil droht, wieder einmal.
Denn Don José ist zurück und will – ja, was eigentlich? Er will Carmen zurück, die Frau, die ihn um Existenz und Verstand gebracht hat.
Die aber ist verliebt.
Ob sie erstmals die wirkliche Liebe erfahren hat oder nur mit ihrem ganzen Stolz eine einmal aufgegebene Verbindung als abgetan empfindet?
Es hilft niemandem. Carmen läuft Don José in das offene Messer und stirbt. Für sie – und für ihn – ist aus einer kurzen Liebe der Tod geworden.

> Manchmal sparen die Opernhäuser am Finale und lassen Chöre weg, manchmal prunken sie mit Ballett-Einlagen. Wichtig – für die Wirkung – bleibt nur noch einmal der Torero-Marsch, die wenigen Liebesworte zwischen Escamillo und Carmen und das rasende Finale.
>
> Der Legende nach haben eitle Tenöre ihre Partie mit einem Zusatz versehen. „Carmen" in die Höhe! An wirklichen Opernhäusern aber hat man es noch nie gehört.

ARRIGO BOÎTO

* 24. 2. 1842 in Padua, † 10 6. 1918 in Mailand

Mefistofele

Libretto: *Arrigo Boîto*
Uraufführung: *5. 3. 1868 in Mailand*
Personen/Stimmen: *Mefistofele* (Bass) – *Faust* (Tenor) – *Margherita* (Sopran) – *Marta* (Alt) – *Wagner* (Tenor) – *Elena* (Sopran) – *Pantalis* (Alt) – *Nerèo* (Tenor)

Oper in einem Prolog, vier Akten und einem Epilog nennt man das, wenn ein Komponist noch einmal nach dem berühmtesten Stoff der Literaturgeschichte greift und also aus Goethes „Faust" eine Oper machen will.
Immerhin, im speziellen Fall kann man dem geneigten Opernbesucher einige Kenntnis des Inhalts zumuten und muss ihn nur darauf hinweisen, dass diese Oper nicht „Faust" heißt und auch nicht „Margarethe", sondern dass das leibhaftige Böse im Mittelpunkt des Interesses stehen soll.
Deshalb also der Prolog im Himmel – Mefistofele spottet über die englischen Heerscharen und lässt sich mit Gott auf eine Wette ein; das ist wichtig.
Dann Mefistofele als Franziskanermönch, hinter dem sich

> Man kann es sich vorstellen: Mefistofeles muss ein sowohl profunder als auch „rascher" Bass sein. Man spielt diese Oper nur, wenn man einen Samuel Ramey zur Verfügung hat. Oder dessen Nachfolger.

immer kleine Nebelschwaden bilden – Faust wird so auf ihn aufmerksam und nimmt den allseits bekannten Pakt gerne an. Dem, der sich selbst als Geist, der stets verneint, vorstellt, verkauft er seine Seele.
Schließlich die Tragödie des Gretchen, uns allen wohlbekannt – Mefistofele aber nimmt die kleine Liebesgeschichte nicht wichtig, holt Faust zum Blocksberg.
Als dieser sich doch wieder Gretchen zuwendet, passiert genau das, was Goethe uns erklärt hat. Gretchen wird von Engeln in den Himmel aufgenommen.
Faust aber wird von Mefistofele ins antike Griechenland versetzt, Helena selbst wird seine Geliebte.
Und Mefistofele hat wiederum kein Glück, denn Faust vertraut ihm an, er habe immer noch nicht den Augenblick erlebt, zu dem er sein „Verweile" rufen könnte. In einer Art Vision allerdings geschieht es: Faust sieht sich als Wohltäter der Menschheit, die himmlischen Heerscharen nahen sich auch ihm. Da endlich ruft er „Verweile doch, du bist so schön", meint damit allerdings schon seinen Einzug in den Himmel.
Mefistofele? Er kann nur rasen. Das Finale, die Erlösung, gehört wiederum Faust, einer Seele Gottes.

BENJAMIN BRITTEN

* 22. 11. 1913 in Lowestoft, Suffolk, † 4. 12. 1976 in Aldeburgh

Peter Grimes

Libretto: *Montague Slater*
Uraufführung: *7. 6. 1945 in London*
Personen/Stimmen: *Peter Grimes* ein Fischer (Tenor) – *John* sein Gehilfe (Knabe, stumme Rolle) – *Ellen Orford* Witwe, Lehrerin (Sopran) – *Balstrode* ehemaliger Kapitän (Bariton) – *Auntie* Wirtin (Alt) – *Bob Boles* Fischer und Methodist (Tenor) – *Swallow* Rechtsanwalt (Bass) – *Mrs. Sedley* Rentnerin (Mezzosopran) – *Reverend Adams* Pfarrer (Tenor) – *Ned Keene* Apotheker (Bariton) – *Hobson* Fuhrmann und Amtsdiener (Bass)

Benjamin Britten soll, erklären uns Regisseure, den Außenseiter immer als ein Symbol für seine eigene Homosexualität gezeigt haben. So einfach aber sollte man es sich nicht machen. Die Gesellschaft hat auch heute ganz andere „Typen", die sie als Außenseiter ansieht. Peter Grimes selbst ist eine Partie für einen klugen Tenor – das ist kein wirklich reich besetztes Fach – und hat im ersten Akt eine beinahe könnte man es Arie nennen, in der er seine eigene Sehnsucht preiszugeben hat. Er gibt sie aber nicht preis – und der kleine Bub, der als stumme Rolle höchst wichtig ist, erfährt nie, was von ihm verlangt wird.

Peter Grimes ist ein Einzelgänger, ist Fischer in einem kleinen Ort. Arm und von der Gemeinschaft ausgeschlossen. Er hat einen Waisenknaben „gekauft" und als Hilfe beim Fischfang verwendet. Der Bub ist gestorben. Grimes wird nicht der Prozess gemacht, er wird vom gesamten Dorf verachtet.

Selbstverständlich, er hat den Tod des Buben nicht herbeigeführt, das Kind ist an Erschöpfung gestorben, und Grimes sollte sich einen kräftigeren Helfer engagieren. Vor allem aber will man mit ihm nichts zu tun haben. Er passt so gar nicht zu den anderen.

Die Witwe Ellen Orford, jung und attraktiv, ist beinahe der einzige Mensch im Dorf, der Grimes versteht. Und Grimes ist in sie verliebt, versteht sich.

Grimes hat einen neuen Buben gekauft, wieder einen aus dem Waisenhaus, eine teurere Hilfskraft kann er sich nicht leisten. Und alle Anregungen, doch in die Welt zu ziehen, sein Glück als Seemann zu versuchen, weist er ab. Er bleibt ein Außenseiter. Aber er hängt zugleich an dem Dorf am Meer. Auch wenn das ganze Dorf ihn ablehnt, ihm nicht beisteht.

Er ist ein manischer Mensch. Man kann ihn nicht von seinen Plänen abbringen. Er will Fischer sein, den großen Fang machen, reich werden und die Witwe Ellen heiraten.

Was er mit seinem neuen Helfer anstellt, geht niemanden was an. Er hat seine völlig eigene Beziehung zu dem Kind, er misshandelt es, weil er selbst auch misshandelt wird. Er beschützt es, weil er beschützt werden will. Er nützt es aus, weil er es immerhin gekauft hat.

Die Dorfbewohner wollen das Kind aus Peter Grimes' Händen befreien. Der aber befiehlt dem Buben, von einem Kliff aus in das Boot zu springen. Das ist das jähe Ende des Kleinen. Peter Grimes läuft dem Buben nach, ihm wieder folgt einer der wenigen Dorfbewohner, der ihm noch gut gesinnt ist.

Aber: Von dem Kind und Peter Grimes findet sich keine Spur.

Erst Tage später entdeckt man das leere Boot, und die Witwe Ellen findet auch einen Pullover, den sie für den offenbar ertrunkenen Knaben gestrickt hat. Das Dorf ist erneut in Aufruhr. Die Polizei ist aufgerufen, den verbrecherischen Fischer zu suchen. Mit Peter Grimes soll es zu Ende gehen.

Und es geht mit ihm zu Ende. Freilich anders, als die Dorfbewohner wollen. Der unglückliche Fischer ist am Strand, hört durch den Nebel, wie man nach ihm sucht. Sein einziger

Freund und die Witwe Ellen kommen und raten ihm, das Boot, seinen einzigen Besitz, hinaus auf das Meer zu bringen und untergehen zu lassen.
Und Grimes tut das. Die Dorfgemeinschaft erfährt, dass draußen das Boot mit Peter Grimes untergegangen ist. Ein Außenseiter weniger.

Benjamin Britten wird unterstellt, er habe mit Peter Grimes und seiner Rolle als Außenseiter auch sein – damals – eigenes Schicksal darstellen wollen. Als bekennender Homosexueller hätte auch er außerhalb der Gesellschaft stehen können. Unwichtig. Geblieben ist die Oper, geblieben sind die „symphonischen Zwischenspiele", die Britten nicht als Verwandlungsmusik, sondern als essenziellen Bestandteil dieser Oper komponiert hat.

Billy Budd

Libretto: *Edward Morgan Forster und Eric Crozier*
Uraufführung: *1. 12. 1951 in London*
Personen/Stimmen: *Edward Fairfax Vere* Kapitän der „Indomitable" (Tenor) – *Billy Budd* Vortoppmann (Bariton) – *John Claggart* Schiffsprofos (Bass) – *Mr. Redburn* Erster Leutnant (Bariton) – *Mr. Flint* Navigationsoffizier (Bassbariton) – *Ratcliffe* Leutnant (Bariton) – *Red Whiskers* zwangsrekrutierter Seemann (Tenor) – *Donald* Matrose (Bariton) – *Dansker* alter Seemann (Bass) – *Neuling* (Tenor) – *Squeak* Schiffskorporal (Tenor) – *Bosun* (Bariton) – *Erster und zweiter Maat* (Baritone) – *Maintop* (Tenor) – *Freund des Neulings* (Bariton) – *Arthur Jones* zwangsrekrutierter Seemann (Bariton)

Heutzutage hat man dafür einen modischen, aber allgemein verstandenen Ausdruck: Mobbing. Einen oder mehrere Mitarbeiter in einem Betrieb durch ständiges Misstrauen, durch gezielte Nadelstiche einfach zu ruinieren, ihnen allen Mut und Lebenswillen zu nehmen.
Mobbing richtet sich, versteht sich, gegen eher schwache oder gutmütige Menschen. Mobbing betreiben, selbstverständlich, herrische und überhebliche Menschen.
Zur Zeit nach der Französischen Revolution kannte man den Ausdruck nicht. Und selbstverständlich nicht in der britischen Marine …

Kapitän Edward Fairfax Vere von der „Indomitable" erinnert sich da einer Geschichte extremen Mobbings, die er im englisch-französischen Seekrieg erlebt hat:

Drei Matrosen, zwangsrekrutiert, kamen an Bord, einer von ihnen hieß Billy Budd und war, im Gegensatz zu seinen Kollegen, ein zufriedener Seemann. Eine kleine Eigenheit hatte freilich auch er, er stotterte, wenn er in Erregung fiel und konnte sich dann nicht verständlich machen.

Derjenige, der Mobbing an dem heiteren Billy Budd betrieb, war John Claggart, seines Zeichens Schiffsprofos, also der für Disziplin und für Disziplinarstrafen verantwortliche Offizier. Niemand weiß weshalb, aber er wollte vom ersten Moment an Billy Budd in die Verzweiflung treiben. Die Mannschaft merkte es, nur Billy Budd nicht ...

Die Offiziere, alten Zeiten nachtrauernd, waren ziemlich einig, der Seemann Budd gehörte zur guten Kategorie von Menschen, war alles andere als ein Meuterer. Gäbe es doch mehr von seiner Sorte.

Im Quartier der Mannschaft ging's rauer zu. Da wurde Billy Budds Gepäck durchsucht, da wollte man ihn zur Meuterei verleiten – der erregt stotternde Matrose freilich dachte gar nicht daran, er war ja zufrieden auf dem Schiff und mit seinem Los.

Trotzdem – nach einem kurzen Gefecht, das wenig Auswirkungen auf die „Indomitable" hatte, wurde Budd dem Kapitän vorgeführt. Claggart beschuldigte ihn der Meuterei. Und der überhaupt nicht überzeugte Kapitän wollte dem Matrosen Gelegenheit geben, sich zu verteidigen. Der aber stotterte nur ...

Und holte, weil er nicht reden konnte, zu einem einfachen Verteidigungsschlag aus – und erschlug dabei den Schiffsprofos.

Das war eine unweigerlich zu starke Reaktion aufs so genannte, damals nicht so genannte Mobbing. Die Folgen traten ebenso unweigerlich ein. Ein Kriegsgericht verurteilte Billy Budd zum Tod.

Mannschaft und Kapitän wussten, dass der Matrose kein Mörder, sondern ein unglücklicher, in die Enge getriebener Mensch war. Sie alle waren der Ansicht, da sei kein Todesurteil zu vollstrecken. Billy Budd selbst aber bestand darauf, der simplen Gerechtigkeit ihren Lauf zu lassen und ließ sich hinrichten – mit einem Hoch auf den Kapitän auf den Lippen.

Dem blieben für sein Leben Zweifel. Er hatte nach dem Gesetz gehandelt. Aber gerecht?
Wie hätte er heutzutage gehandelt?
Mobbing ist beliebt. Und Vorgesetzte kommen immer noch zu spät drauf, dass sie sich vielleicht zu Handlangern von Üblem haben machen lassen. Zu spät.

ALFREDO CATALANI

* 19. 6. 1854 in Lucca, † 7. 8. 1893 in Mailand

La Wally / Die Geierwally

Libretto: *Luigi Illica*
Uraufführung: *20. 1. 1892 in Mailand*
Personen/Stimmen: *Stromminger* Gutsherr (Bass) – *Wally* seine Tochter (Sopran) – *Giuseppe Hagenbach* Jäger aus Sölden (Tenor) – *Vincenzo Gellner aus Hochstoff* Gutsverwalter (Bariton) – *Walter* Balladensänger und Zitherspieler (Sopran) – *Afra* Wirtin aus Sölden (Mezzosopran) – *Alter Soldat* (Bass)

Manchmal sind Ortsangaben wichtig. Wir befinden uns in Hochstoff in Tirol, unweit von Sölden. Knorrige Männer und Frauen, die mit diesen Männern zu leben verstehen, sind unsere Heldinnen und Helden und auf ihre Art so voll Ehrgefühl und Rachedurst wie die Bäuerinnen und Bauern, die wir aus Leoš Janàčeks Tragödien kennen. Nur halt auf Tirolisch ...
Des alten Gutsherrn Stromminger siebzigster Geburtstag geht nicht vorüber ohne Rangelei – der eiserne Tiroler beginnt Streit mit dem jungen Jäger Hagenbach, dem Sohn seines Todfeindes. Strommingers Tochter Wally, die den Streit schlichten will (sie liebt den jungen Hagenbach, wird aber vom Verwalter Gellner selbst angebetet), ist bald Mittelpunkt aller Leidenschaften. Denn Gellner öffnet dem Vater die Augen, der wieder seine Tochter rasch verheiraten will, um sie nur ja nicht nach Sölden in die Familie seines Feindes zu lassen. Wally aber lehnt sich auf und wird vom Vater verstoßen: Sie will lieber auf einer Hütte leben als gegen ihren Willen heira-

ten. Wally ist eine der starken Frauen, die sich gegen starke Männer auflehnen.

Jahre darauf ist der Teufel in Sölden los. Der alte Stromminger ist tot, Wally jetzt reiche Bäuerin. Sie will nach Hagenbach sehen, den ihr nun niemand mehr verwehren kann. Aber – sie trifft wieder auf Gellner, der ihr noch immer nachstellt und, als das nichts nutzt, erklärt, die Hochzeit des jungen Hagenbach mit der Wirtin Afra sei doch längst beschlossen …

Auch der Söldener, der gar nicht daran denkt, die Wirtin zu heiraten, ist ein recht eigensinniger Tiroler. Er wettet mit seinen Freunden, er werde der reichen Wally „einen Kuss rauben", und das gelingt ihm unschwer, denn schließlich ist sie ja bis über beide Ohren in ihn verliebt.

Als sie freilich begreift, dass sie zum Gegenstand einer Wette geworden ist, bricht bei ihr das Stromminger'sche hervor. Sie verspricht dem intriganten Verwalter Gellner die Ehe. Er muss ihr nur einen Gefallen tun, nämlich den Jäger Hagenbach töten. Dann wird sie ihm gehören.

Sie wird ihm, wir wissen es längst, nicht gehören.

Denn das Drama spielt sich ganz anders ab, als wir es erwarten. Gellner stürzt den unglücklichen Hagenbach in eine Schlucht. Wally begreift, dass sie einen Mord angestiftet hat, Gellner begreift, dass er einen Mord begangen hat. Wally, tapfer und tüchtig, wie man's von einem Bergkind erwartet, birgt den armen Hagenbach aus der Schlucht, überlässt ihn samt ihrem Vermögen der Afra und geht zurück. Zurück in die Berge, die ihr Leben sind – ein Stadtmensch kann sich das schwer vorstellen, aber zugleich hat er eine sehr bestimmte Vorstellung von den Geschöpfen, die er ihrer Verbundenheit mit der Natur wegen verehrt.

Die aber gibt's nur ganz, ganz selten.

Arturo Toscanini liebte diese Oper. Seither nimmt man sie immer wieder einmal einer Sängerin wegen in den Spielplan. Oder vergisst sie wieder. Die Opernhäuser sind samt ihren Direktoren schwer erklärbar.

GAETANO DONIZETTI

* 29. 11. 1797 in Bergamo, † 8. 4. 1848 in Bergamo

L'elisir d'amore / Der Liebestrank

Libretto: *Felice Romani*
Uraufführung: *12. 5. 1832 in Mailand*
Personen/Stimmen: *Adina* reiche und launische Pächterin (Sopran) – *Nemorino* einfältiger junger Bauer, in Adina verliebt (Tenor) – *Belcore* im Dorf einquartierter Sergeant (Bariton) – *Dulcamara* reisender Quacksalber (Bass) – *Giannetta* Bauernmädchen (Sopran/auch Mezzosopran)

Manchmal kann es nichts geben, das heiterer und trauriger zugleich ist als eine kleine Liebesgeschichte. Vor allem, wenn sie zuletzt doch noch gut ausgeht.

Heiter und leicht ist sie auch zu erzählen: Adina, eine junge, reiche und dazu auch noch kluge Pächterin eines Gutes irgendwo, wo es sonnig ist und man auch Orangen anbaut, liebt es, ihrem Gesinde aus alten Büchern vorzulesen. Ob die Mägde und Knechte das wirklich mögen?

Sie müssen sich immerhin die Geschichte von Tristan und Isolde und den verheerenden Wirkungen eines Liebestrankes anhören. An einem sonnigen Tag in ihrer Arbeitspause. Damit sie gebildet werden …

Einem im Hof gefällt die Geschichte sehr. Aber wahrscheinlich auch nur, weil ihm die junge Erzieherin mehr als gefällt. Der junge Bauer Nemorino ist über beide Ohren in sie verliebt. Ob Adina das merkt? Ob sie es ernst nimmt?

Was sie sofort merkt, weil der es ihr unverblümt sagt, ist die Zuneigung eines bieder frischen Sergeanten Belcore. Er quartiert sich mit einem Trupp Soldaten ein und wirft, wie man zu sagen pflegt, ein Auge auf die junge Pächterin. Wie sollte sie einem Prachtkerl von einem Soldaten widerstehen können? Nemorino ist anderer Ansicht, aber Adina nimmt weder den sich plusternden Soldaten noch den jungen Bauern wirklich ernst.

Und Hilfe naht. Dulcamara, wir müssen ihn gleich einmal einen Quacksalber nennen, fährt mit seinem Karren in den Hof und preist seine alle Krankheiten heilende Medizin an. Er hat, sagt er, in ganz Europa mit ihr geheilt, was man nur heilen

Der Nemorino war lange Zeit die letzte große Partie des großen Luciano Pavarotti – und seine kleinen Einwürfe im ersten Bild waren meisterhaft. Neuerdings hört man wieder einfach Tenöre.

Bis ins hohe Alter können Bässe, die Mozart gesungen haben, mit dem Dulcamara punkten. Kein schwerer Ton, sehr viele heitere Phrasen – immer wieder gibt es die Panerais und die Taddeis, die in dieser Partie nie Abschied nehmen müssen.

kann. Seine Medizin, in Flaschen abgefüllt und günstig zu haben, macht alles wieder gut.

Auch die Liebeskrankheit? Nemorino befragt Dulcamara und erklärt ihm, es gäbe ja den bewussten Liebestrank, den einst Tristan und Isolde getrunken hätten. Hat der reisende Doktor den auch?

Dulcamara hat ihn. Es ist zwar nur ein – zum überhöhten Preis, versteht sich, angebotener – guter Bordeaux, aber das muss ein kluger Doktor seinem dummen Patienten ja nicht auf die Nase binden. Ein guter Bordeaux kann durchaus Liebesgefühle aufkommen lassen. Oder nicht?

Um die genaue Antwort darauf nicht selbst miterleben zu müssen, sagt Dulcamara vorsichtshalber, das Mittel wirke erst vierundzwanzig Stunden nach der Einnahme. Also nach seiner Abreise.

Nemorino trinkt. Die Wirkung stellt sich auf der Stelle ein. Er weiß jetzt, dass Adina ihn erhören wird, also kann er ihr entgegentreten und erklären, in vierundzwanzig Stunden würden alle seine Probleme gelöst sein.

Adina, die nichts von Dulcamara und einem Zaubertrank weiß, ist verwundert. Nemorino ist nicht mehr in sie verschossen?

Das will sie aber genau wissen. Sie ruft ihre Mägde und Knechte zusammen und erklärt, sie werde sich mit dem feschen Sergeanten verloben. Mehr noch, sie werde noch heute heiraten.

Das darf nicht sein, der Liebestrank tut seine Wirkung ja erst in vielen, vielen Stunden. Nemorino braucht rasch eine weitere Dosis. Und Dulcamara hat sie – allerdings nur gegen Bargeld, das Nemorino ausgegangen ist.

Als letzte verzweifelte Möglichkeit gibt es nur noch eine: Er lässt sich von dem Nebenbuhler zum Militär anwerben und investiert das „Werbegeld" in die nächste Flasche Liebestrank.

Und die wirkt. Plötzlich umschwärmen ihn die Mägde und die Mädchen aus dem Dorf, wie es Dulcamara vorhergesagt hat.

Dass sich in Wahrheit herumgesprochen hat, der arme Nemorino habe eine Erbschaft zu erwarten, weiß er selber noch nicht.

Adina aber hat längst gewählt. Sie hat ihren Nemorino wieder von den Soldaten losgekauft, sie lässt sich auch von seiner plötzlichen Beliebtheit nicht beirren. Und sie verweigert selbstverständlich, den Liebestrank zu trinken. Sie kennt ein sehr viel einfacheres Mittel. Ihre Augen, ihren Blick. Und die wirken bei Nemorino, dieser lässt den Sergeanten Belcore seine Niederlage eingestehen. Er bewirkt allerdings auch, dass Dulcamara darauf besteht, er sei der größte aller Doktoren. Er hat Nemorino die gewünschte Medizin verkauft. Und es ist innerhalb von weniger als vierundzwanzig Stunden eingetreten, was geschehen musste.

Seien wir ehrlich. Die Mediziner drehen uns immer noch Pillen an und sagen einander, die Hauptsache an einer Medizin sei, dass der Patient an sie glaube. Bordeaux jedenfalls, wissen wir, ist gut für die Liebe.

> Nur völligen Neulingen muss man es anmerken: Die eine Arie, die von der Träne im Auge der Adina erzählt, ist Höhepunkt der Oper. Manchmal, aber immer seltener, muss sie sogar wiederholt werden. Bei besonderen Anlässen ist so was durchaus erlaubt und als Sensation geliebt.

Lucia di Lammermoor

Libretto: *Salvatore Cammarano*
Uraufführung: *26. 9. 1835 in Neapel*
Personen/Stimmen: Lord *Enrico Ashton* (Bariton) – *Lucia* seine Schwester (Sopran) – Sir *Edgardo di Ravenswood* (Tenor) – Lord *Arturo Bucklaw* (Tenor) – *Raimondo Bidebent* Erzieher und Vertrauter Lucias (Bass) – *Normanno* Hauptmann der Wache von Ravenswood (Tenor) – *Alisa* Lucias Hofdame (Mezzosopran)

Dass der Hass zwischen Familien Liebende zur Verzweiflung treibt, ist eine traurige und wohl in jeder Gesellschaftsschicht mögliche Tatsache. Wer kennt nicht ein Mädchen, das nur deshalb nicht heiraten kann, weil die Eltern den potenziellen Bräutigam, vor allem aber dessen Eltern, nicht ausstehen können?

Heutzutage kennt man das bewusste Mädchen seltener, denn junge Menschen scheren sich nicht mehr unbedingt um die Vorlieben oder Abneigungen ihrer Eltern. Aber: Die meisten Opern handeln in vergangenen Zeiten, und ihre Konflikte entstehen oft aus Sitten und Regungen, die wir allmählich abgelegt und verlernt haben. So viel voraus.

Oder noch etwas mehr. Unsere Oper handelt vom Zwist zweier Clans in Schottland, wo es dem Vernehmen nach auch blutig zugegangen ist. Trotzdem benehmen und singen die Edlen alle auf das Äußerste italienisch. Früher mag das komisch gewesen sein. Heute kennen wir Tragödien in Adelshäusern nur mehr aus Zeitungen und wissen oft nicht, in welchen Spra-

> Auch das ist Oper: Ein Herrenchor macht einem einzelnen Sollisten bekannt, was es geschlagen hat. Unvorstellbar in der Realität, bei Donizetti aber ganz selbstverständlich.

chen da geschworen und verflucht wird. In Schottland also italienisch …

Lord Heinrich Ashton auf Ravenswood hat Sorgen. Und eine Schwester, die er mit dem bei Hof einflussreichen Lord Arthur Bucklaw verheiraten will, um wieder sicher zu sein.

Ein Duett, aber längst noch keine Herausforderung für die Solisten; die haben ihre großen Aufgaben noch vor sich und wissen das auch.

Diese aber liebt Sir Edgard von Ravenswood, den letzten des Geschlechtes, das ihr Bruder vertrieben hat. Edgard – lassen wir die Titel, so weit es geht – trifft sich geheim mit Lucia und erklärt ihr, er müsse nach Frankreich. Vorher aber wolle er sich mit ihrem Bruder versöhnen und um ihre Hand anhalten. Lucia fleht ihn an, auf ein Treffen mit ihrem Bruder zu verzichten. Sie weiß, dass dabei nichts als Mord und Totschlag herauskäme. Ihr Geliebter wechselt mit ihr also des Nachts und in der Nähe des Schlosses Ringe und beschwört sie, für immer seine Braut zu sein.

Der Gerechtigkeit halber hat hier auch der Bariton seine Arie – er wäre sonst nur Staffage, und kein wirklicher Bariton ließe sich dafür engagieren.

Er hat die Rechnung ohne den Wirt, ohne den in Bedrängnis lebenden Bruder gemacht. Der fängt alle Briefe an seine Schwester ab und drängt weiterhin auf eine Heirat mit dem wichtigen Lord. Mehr noch, er fälscht einen Brief und zeigt ihn im richtigen Moment vor. Edgard ist untreu, soll Lucia glauben.

Und ob sie es glaubt oder nicht – sie willigt in die vorbereitete Hochzeit ein, der edle Bräutigam trifft ein, und bald nach ihm kommen auch die rasch eingeladenen Gäste.

Im Saal des Schlosses von Ravenswood wird die Zeremonie mit allem Prunk und viel Peinlichkeit vollzogen. Denn so begeistert auch der Bräutigam und der Bruder der Braut ist – Lucia selbst kommt in Weiß, aber wie ein Lamm, das zur Schlachtbank geführt wird.

Und kaum hat sie den Heiratskontrakt unterschrieben, trifft Sir Edgard ein. Als unerwarteter, ungebetener Gast, dem man mit gezogenem Schwert gegenübertritt. Freilich, man hält auf gute Sitten und schlachtet ihn nicht gleich, sondern zeigt ihm einfach die von beiden Teilen unterschriebene Hochzeitsurkunde. Worauf der bis dahin von Liebe getriebene Edgard seiner vermeintlich untreu gewordenen Lucia den Ring vor die Füße wirft und aus dem Schloss stürmt. Was soll er sonst auch tun?

Hier wird eine dramatische Situation, den Gesetzen der Oper entsprechend, zu einer Ensembleszene. Sämtliche Solisten stehen und singen ihren Part, man versteht keinen, aber man begreift, dass die Musik vor Entsetzen plötzlich zu diesem seltsamen Ruhepunkt kommen muß.

Die Hochzeitsgesellschaft aber, zu einer großen Festlichkeit geladen, erlebt eine übergroße Tragödie. Noch während die Gäste tafeln, stürzt der väterliche Freund der Familie in den Saal. Lucia hat ihren Bräutigam mit dessen eigenem Degen erstochen.

Und Lucia, blutbefleckt, kennt die Menschen nicht mehr, die ihr fassungslos entgegentreten. Sie glaubt, mit Edgard verheiratet zu sein. Sie hält ihren Bruder für ihren Mann und fleht ihn an, ihr zu verzeihen. Sie macht mit ihrem Wahnsinn, dass die Menschen im Saal alle starr werden und ihr Bruder davonstürzt. Sie selbst wenigstens ist, was man irre nennt. Verrückt. Wir wissen nicht, ob sie da nach unseren Gesetzen glücklich oder zutiefst unglücklich ist. Wir können selbst nur erstarrt sein.

Edgard aber, der nahe dem Schloss bei den Gräbern seiner Vorfahren zusammengebrochen ist, der sich verraten glaubt, erfährt von den Hochzeitsgästen erst einmal den Tod seines Rivalen. Und dann vom Freund der Familie, dass Lucia selbst tot ist.

Er reagiert rasch und so, wie man es von einem schottischen Edelmann, der eine ganze Oper lang Edgardo genannt wurde, erwartet. Er erdolcht sich selbst. Neben anderen Toten muss vor allem das unglückliche Liebespaar gestorben sein, um uns die ganze Tragödie vor Augen zu führen.

Wenn der als Edgardo engagierte Tenor genügend Kraft besitzt und einwilligt, wird eine Szene gesungen, die in dieser knappen Nacherzählung nicht vorkommt. Vor der berühmtesten aller „Wahnsinns-Arien" hat auch Edgardo eine große Verzweiflungs-Arie, die er in der Nähe des Schlosses Ravenswood singen darf. Große Opernhäuser können die Szene nach Bedarf streichen oder wieder einbeziehen. In der Regel überlässt man die Wahl dem Tenor. Wenn er sie sich zutraut ...

In der wohl berühmtesten aller Wahnsinns-Arien leisten sich Primadonnen mehr, als der Komponist ihnen vorgeschrieben hat. Koloraturen sonder Zahl. Aber: Erstens müssen sie sich immer wieder mit einem Flötisten im Orchester einigen. Und zweitens hat ihnen allen Maria Callas vorgesungen, dass es nichts Aufregenderes als puren Donizetti gibt ...

Ja, das ist ein hohes C. So stirbt man, wenn man in der Nachfolge Enrico Carusos diese Partie bewältigt.

La fille du régiment / Die Regimentstochter

Libretto: *Jules Henri Vernoy de Saint-Georges und Jean François Alfred Bayard*
Uraufführung: *11. 2. 1840 in Paris*
Personen/Stimmen: *Marie junge Marketenderin (Sopran) – Tonio junger Tiroler (Tenor) – Marquise de Berkenfield (Mezzosopran) – Sulpice Sergeant (Bass) – Hortensius Haushofmeister der Marquise (Bass) – Korporal (Bass) – Duchesse de Crakentorp (Alt) – Bauer (Tenor) – Notar (Sprechrolle)*

Oft geschieht es nicht, manchmal aber ist es schon vorgekommen: Ein heiter kämpfendes Regiment von Schweizern, die

> Nicht zu viel über diese Oper. Nur etwas ist wirklich bemerkenswert: Man spielt sie, um einem Koloratursopran Gelegenheit zu geben, eine heitere Naive darzustellen. Und die wahre Herausforderung lauert bei einer einzigen Arie des Tenors. Donizetti hat ihm da acht (acht) hohe C's vorgeschrieben, die nicht immer alle erklingen. Falsch – wenn ein Tenor den ersten Spitzenton „hat", dann legt er mit den sieben folgenden drauf, was nur geht. Und im Publikum weiß man das und belohnt ihn mit stürmischem Beifall. Als wäre er die Primadonna. Vielleicht hört man die Oper deshalb so selten?

sich seinerzeit bekanntlich gern als Söldner ihr Geld außerhalb ihres kleinen Landes verdienten, hatte ein Mädchen gefunden, es adoptiert und hütete es wie hundert und mehr Väter. Marie hieß das Mädchen und hatte dem Regiment wie eine gute Tochter versprochen, einmal nur einen Schweizer Soldaten, niemand anderen zu heiraten.

Eine echte Marquise, sie heißt de Berkenfield, hat sich vor einem Gefecht – Italiener müssen es sein, die da kämpfen – in ein Schweizer Dorf zurückgezogen und lernt die Regimentstochter, Marie, kennen. Die hat ihre eigenen Sorgen, wurde von einem jungen Tiroler, als sie beim Edelweißpflücken abzustürzen drohte, geborgen und muss jetzt für ihn, Tonio, bürgen. Denn man hat ihn gefangen, will ihn als Spion aufknüpfen, schenkt ihm aber sofort das Leben, als man erfährt, er habe sich für Marie eingesetzt. Mehr schenkt man ihm allerdings nicht – Marie ist nicht zu haben für irgendeinen dahergelaufenen Burschen ...

Sulpice, Sergeant des Regiments, ein Unglücksrabe, verliert Marie an die Marquise, die ihren Namen bekannt gegeben hat: Wenn sie wirklich die von Berkenfield ist, dann hatte sie einen Schwager, den Hauptmann Thalheim und hat jetzt eine Nichte, die leider die Marie ist – das Regiment würde sie gern bei sich behalten, doch jedermann sieht ein, dass es dem Mädchen in adeliger Gesellschaft unzweifelhaft besser gehen wird.

Besser? Die Marchesa hat ihre liebe Not mit Marie, will ihr Anstand beibringen, will sie mit einem Herzog vermählen. Marie aber erlernt die adeligen Sitten kaum, und wenn sie singt, dann wird auch aus der feinsten Arie immer wieder das Lied ihres Regiments.

So schlimm ist das auch wieder nicht, denn noch vor der großen Verlobung wird dieses Lied unter den Fenstern der Marie geschmettert. Ihr Regiment ist angekommen, ihr Tonio ist längst Offizier, er kann jetzt guten Gewissens um die Hand von Marie anhalten.

Die Marquise denkt nicht daran, ist entsprechend empört, hat ganz andere Pläne. Aber?

Tonio weiß etwas. Frau von Berkenfield hat nie eine Schwester gehabt, Marie kann also niemals ihre Nichte gewesen sein. War es auch nicht, sondern ist in Wahrheit ihre Tochter. Und denkt, als sie das erfährt, nun habe sie einfach die Pflicht, ihrer Mutter zuliebe standesgemäß zu heiraten und halt, was soll man tun, den Herzog zu nehmen.

Doch so gehen Geschichten, in denen mehr als eine Hundertschaft von Soldaten sich als gemeinsame Väter verstehen, nicht aus: Noch vor der alles besiegelnden Unterschrift stürmt das Regiment samt Hauptmann Tonio ins Schloss. Marie war und ist schließlich seine Marketenderin, seine Tochter – Marquise hin oder her, die Väter sind es, die zu bestimmen haben. Und so wird die gerührte Mutter umgestimmt, erhält Marie ihren Tonio, und nur die vornehme Gesellschaft hat zu verschwinden. Für die Feier anlässlich einer rundum richtigen Verlobung sorgen die Herren Väter. Soldaten, die sie sind, haben ihre eigenen, nicht eleganten, aber doch recht zündenden Lieder, die sie anstimmen können, wenn es darauf ankommt.

Don Pasquale

Libretto: *Giovanni Ruffini und Gaetano Donizetti*
Uraufführung: *3. 1. 1843 in Paris*
Personen/Stimmen: *Don Pasquale* ein alter Junggeselle (Bass) – *Ernesto* sein Neffe (Tenor) – *Doktor Malatesta* Arzt (Bariton) – *Norina* eine arme junge Witwe (Sopran) – *Ein Notar* (Bass)

Seien wir doch ehrlich: Es gibt nichts, was die Menschheit von Anbeginn so beschäftigt hat wie die Liebe zwischen Mann und Frau. Und nichts, was trotzdem in so wenigen Variationen existiert. Als sei dies immer und immer wieder nur das eine und das andere und sonst nichts.
Die einfachste aller Geschichten ist die, dass ein junger Mann ein junges Mädchen liebt. Die genauso verständliche ist, dass sich ein älterer Mann in ein junges Mädchen verschaut. Und wenn man diese beiden einfachen Situationen vermengt, hat man den Stoff für mehrere – ich sage ausdrücklich mehrere, denn ein paar davon erzähle ich ja und muss aufpassen, sie nicht durcheinander zu bringen – Opern.
Don Pasquale ist der typische ältere Mann, der es zu Reichtum gebracht hat und jetzt gern eine junge Frau hätte. Dass er sich da nicht selbst bemüht, sondern seinen Doktor Malatesta zu Rate zieht, ist sein Pech.
Der hat zwar ein junges Mädchen – die Witwe Norina, die er als seine Schwester ausgibt – zur Hand, weiß aber selbstverständlich, dass dieses Mädchen sich längst in einen jungen Mann verliebt hat. Der heißt Ernesto und ist mehr oder minder

zufällig der Neffe des Don Pasquale. Aber so geht's ja auch im Leben zu, es kennen sich immer nur ein paar Menschen, und die machen dann alle Tragödien untereinander aus.

Malatesta also bietet seinem Klienten Don Pasquale ein scheues junges Mädchen an, nennt es Sofronia und bringt zum Vorstellungsgespräch auch gleich einen Notar mit – unnötig, zu sagen, dass der kein echter Notar ist und sich jedermann darauf verlässt, dass ein verliebter älterer Mann nicht so genau schaut, was er unterschreibt. Ein Heiratsvertrag und welche Rechte die junge Frau hat und so weiter, alles ist angesichts eines jungen Dings rasch unterschrieben. Das ist halt so, ich weiß auch nicht, warum.

Worauf Malatesta in der Eile vergessen hat: Er hat Ernesto nichts gesagt, ihn nicht auf ein Spiel vorbereitet. Als die entsprechend scheu und sittsam auftretende Sofronia/Norina ihren Heiratskontrakt bereits in der Tasche hat, taucht Ernesto auf, wird vom triumphierenden Don Pasquale noch rasch als Trauzeuge aufgerufen, ist wild vor Verzweiflung und muss rasend rasch und quasi hinter vorgehaltener Hand davon überzeugt werden, dass diese Heirat eigentlich zu seinen Gunsten eingefädelt worden ist.

Zu seinen Gunsten?

Nun, es kommt etwas rascher als in der Realität, aber wir müssen ja mit dem Zeitraffer leben, sonst kämen wir nie zum Abendessen – es kommt sehr rasch zur Verwandlung der jungen Frau. Sie erweist sich als weder scheu noch sittsam, trumpft ihrem alten Mann gegenüber auf und verlangt, was junge Frauen wenigstens in Komödien immer verlangen. Kleider, Schmuck, einen Wagen und zuletzt auch noch jemanden, mit dem sie ins Theater können. Don Pasquale wehrt sich kurz, er erhält eine Ohrfeige und ist ein für allemal verstört.

So verstört, dass er bei Malatesta Rat sucht und begreift, er habe nicht einmal eine sittsame Frau geheiratet – die hat ein Rendezvous im Garten vereinbart, also zu allen anderen schlimmen Eigenschaften auch noch einen Liebhaber.

Wie aber das beweisen?

Im Garten sind ja nur Norina und Ernesto, besingen ihre Liebe, und Ernesto wiederum verschwindet, bevor Don Pasquale ihn (oder sie) entlarven kann. Und die Verzweiflung des älteren Herren ist so gross, dass er am liebsten nicht mehr verheiratet wäre, gäbe es nur eine Chance, diese junge Frau wieder anzubringen. Und seinen Neffen Ernesto doch noch zu vermäh-

Noch einmal nur eine einzige Bemerkung: Die Oper enthält, wie man es erwarten darf, einige heitere Arien und Ensemles. Ich liebe sie nur eines einzigen Duetts wegen: Wenn Norina und Ernesto, das junge Liebespaar also, sich endlich einmal allein im Garten treffen können, schlägt die Heiterkeit in pure Liebe um. Und wenn der Regisseur auch nur einigermaßen vernünftig ist, dann bleibt während dieses Duetts kurz die Welt stehen und zwei Menschen singen ...

len und ihm zu vermachen, was er der jungen Frau nicht gönnt.
Die Chance gibt es selbstverständlich. Ernesto ist da, ist bereit, seine Norina zu heiraten, und Don Pasquale muss begreifen, dass seine Sofronia die Norina seines Neffen ist.
Was soll er tun? Er kann toben und jedermann aus dem Haus weisen und ein einsamer alter Mann werden.
Oder er kann lachen und eingestehen, dass er hereingelegt worden ist.
Es kommt nicht oft vor, aber manchmal haben auch ältere Herren Sinn für Humor und sind klug genug, sich mit Situationen abzufinden.
So auch Don Pasquale. Er hat plötzlich keine Megäre mehr an seiner Seite, er hat aber einen glücklichen Neffen und eine hübsche Verwandte namens Norina. Und das ist ja auch etwas.
Wir können getrost abendessen gehen.

ANTONIN DVOŘÁK

* 8. 9. 1841 in Nelahozeves, † 1. 5. 1904 in Prag

Rusalka

Libretto: *Jaroslav Kvapil*
Uraufführung: *31. 3. 1901 in Prag*
Personen/Stimmen: *Prinz* (Tenor) – *Rusalka* Nixe (Sopran) – *Heger* (Tenor) – *Fremde Fürstin* (Sopran) – *Wassermann* (Bassbariton) – *Hexe Ježibaba* (Mezzosopran) – *Jäger* (Tenor) – *Küchenjunge* (Sopran) – *Drei Elfen* (zwei Soprane, ein Alt)

Rusalka ist eine Nixe. Nicht irgendeine, sondern sehr spürbar eine böhmische Nixe. Ihre Freundinnen tanzen um den See und haben ihren Spaß mit dem alten Wassermann, nur Rusalka kann nicht lachen. Sie gesteht, dass sie sich eine Menschenseele wünscht, denn sie hat sich in einen jungen Mann verliebt, der oft an dieses Wasser kommt, um darin zu baden.
„Nur ja nicht", warnt der Wassermann. Weil Rusalka aber weiter weint, rät er ihr, doch die Hexe Ježibaba zu fragen.

Selbstverständlich ist diese Oper purste Märchenfolklore und wird nur in ihrem Ursprungsland wirklich immer im Repertoire sein. Aber das berühmte Lied der Rusalka selbst, das hat jede bedeutende Sopranistin in ihrem Repertoire – das haben nicht nur Sängerinnen wie die unvergessene Lucia Popp gesungen, das haben auch Amerikanerinnen annektiert. Denn es ist von großer Schönheit – ein Faktor, den die Oper an sich ernst nimmt.

Die kennt die strengen Regeln für Nixen, die unbedingt Umgang mit Menschen haben wollen: Sie müssen für immer stumm bleiben. Und sie müssen ihren Liebsten, wenn der ihnen nur ein einziges Mal untreu wird, töten.

Rusalka meint, ihre Liebe sei groß genug, sich genau nach diesen Regeln dem jungen Mann, dem Prinzen, hinzugeben.

Es scheint, ihr Wunsch geht in Erfüllung. Der Prinz kommt, sieht die wunderschöne, stumme Rusalka. Und nimmt sie mit auf sein Schloss.

Dort aber sieht die Welt anders aus für Rusalka. Der Prinz will seine stumme Geliebte heiraten, auch wenn die ganze Welt und er auch nicht verstehen, warum sie schweigt und schweigt.

Freilich, eine zur Hochzeit eingeladene Fürstin irritiert den Prinzen. Verführt ihn. Aus einem Brunnen taucht der Wassermann, ist Zeuge der Tragödie: Der Prinz wirft sich der fremden Fürstin in die Arme, stößt Rusalka von sich. Von Treue keine Spur.

Der Wassermann verkündet dem Prinzen sein Schicksal, zieht Rusalka mit sich in das Wasser. Der Prinz sucht Hilfe bei der Frau, die ihn verführt hat. Die aber lacht und lässt ihn allein.

Rusalka ist daheim. Ist wieder beinahe eine Nixe. Allerdings, sie hat noch nicht getan, was sie nach den Regeln tun muss. Der Prinz lebt noch. Also ist Rusalka erst auf dem Weg zurück in ihr Element.

Im Wald suchen die Diener des Prinzen nach Kräutern. Ihr Herr ist schwermütig geworden.

Die Nixen erfahren, was Rusalka widerfahren ist. Sie trauern Rusalkas wegen und tauchen zurück ins Wasser. Sie verstehen nur halbwegs, was ihrer Schwester angetan wurde.

Der Prinz findet am Ufer des Sees das stumme Wesen, das er geliebt und verraten hat. Er will von ihm Verzeihung und einen Kuss. Rusalka warnt ihn. Der Kuss wird tödlich sein.

Den Prinzen schreckt die Warnung nicht. Er küsst Rusalka und stirbt. Sie aber bleibt, weil sie aus Liebe alle Regeln missachtet hat, allein. Ist ohne Geliebten und auch keine Nixe mehr …

Nirgendwo kann man das Märchen von der kleinen Seejungfrau, wie es Andersen erzählt hat, so heftig glauben und nachvollziehen wie in dieser urböhmischen Version. Der Wald, der See, der Mond und Rusalka haben einen Zauber, dem sich Opernliebhaber nie entziehen werden.

GOTTFRIED VON EINEM

* 24. 1. 1918 in Bern, † 12. 7. 1997 in Oberdürnbach

Dantons Tod

Libretto: Boris Blacher und Gottfried von Einem (nach Büchner)
Uraufführung: 6. 8. 1947 in Salzburg
Personen/Stimmen: *Georges Danton* (Bariton) – *Camille Desmoulins* Deputierter (Tenor) – *Hérault de Séchelles* Deputierter (Tenor) – *Robespierre* (Tenor) und *St. Just* (Bass), Mitglieder des Wohlfahrtsausschusses – *Hermann* Präsident des Revolutionstribunals (Bariton) – *Simon* Souffleur (Bassbuffo) – *Ein junger Mensch* (Tenor) – *Erster und Zweiter Henker* (Tenor, Bariton) – *Julie* Dantons Gattin (Mezzosopran) – *Lucile* Desmoulins' Gattin (Sopran) – *Eine Dame* (Sopran) – *Ein Weib* Simons Frau (Alt)

Wir wissen oder glauben, das blutigste Jahrhundert der Menschheitsgeschichte, das zwanzigste, hinter uns zu haben. Aber wir müssen ehrlich zu uns selbst bleiben: Die große Revolution, die ihre eigenen Kinder gefressen hat, erweckt in uns immer noch Schauer. Wir alle meinen, von dieser Französischen Revolution sei unser Erdteil nachhaltiger verändert worden als von vielen grausamen Ereignissen, die wir als Kundschaft des Fernsehens miterlebt haben.

Wenn sich der Vorhang hebt, ist diese Revolution längst in Gang. Man schreibt 1794, Robespierre ist der gefürchtete Ankläger, der im Konvent gegen einstige Mitstreiter vorgeht. Der Deputierte Camille Desmoulins will Georges Danton bewegen, endlich seine Stimme gegen Robespierre zu erheben. Danton aber meint, die Zeit dazu sei noch nicht gekommen.

Auf der Straße spielt sich ein Tumult ab, ein Ehemann beschuldigt seine Frau, die gemeinsame Tochter als Hure verkauft zu haben. Ein junger Mann wird getötet – er hat ein Taschentuch, man hält ihn deshalb für einen Adeligen. Robespierre nutzt die Emotion der Menge, um einmal mehr gegen die Reichen zu hetzen, Danton verlacht seine Moralpredigten, St. Just, auch Mitglied des so genannten Wohlfahrtsausschusses, hetzt gegen Danton und seinen Kreis.

Gottfried von Einem hat im zwanzigsten Jahrhundert „tonal" komponiert und trotzdem, vor allem seiner komplizierten Rhythmik wegen, erstaunlich moderne Wirkung hervorgebracht.

Robespierre zögert, da zeigt man ihm einen Zeitungsartikel Dantons gegen ihn, den „Blutmessias". Das genügt.

Danton erfährt, dass er verhaftet werden soll. Das Mädchen Lucile hat Angst um seinen Freund Camille. Der aber glaubt sich sicher – Robespierre ist ja immer sein Freund gewesen. Trotzdem werden Danton und Camille verhaftet, wiegelt man vor dem Gefängnis das Volk geschickt gegen sie auf: Allmählich glaubt es nicht mehr an den lauteren Danton.

Vor dem Revolutionstribunal haben die einstigen Revolutionäre ihren letzten großen Auftritt. St. Just erhebt gegen Danton Anklage wegen Konspiration mit den Feinden des Vaterlands. Danton aber rafft sich zu einem mitreissenden Gegenangriff auf und erklärt Robespierre zu einem Diktator. Das Volk jubelt ihm, dem Beredsamen, zu.

> Die große Rede des Danton war Eberhard Waechters unvergessener Ausbruch in die Moderne. Aber auch nach ihm haben Vertreter dieses Faches mit ihr Erfolg.

Hilft alles nichts, Robespierre hat der Verhandlung ein rasches Ende bereitet, die Todesurteile ausgefertigt, die Hinrichtung angeordnet. Wie es sein muss, wird Danton auf einem Karren zur Guillotine geführt, wie man es von ihm erwarten darf, singt er mutig noch einmal die Marseillaise. Wird vom Geschrei der Menge übertönt. Stirbt, wie so viele Opfer der Revolution.

> Die Oper klingt mit einem potenziellen Gassenhauer aus – die Henker, die auf ein Bier gehen …

Die kleine Lucile versteht die Welt nicht mehr. Sie ruft „Es lebe der König" und sucht so den sicheren Tod. An diesem Abend aber sind die Henker bereits müde …

Der österreichische Komponist Gottfried von Einem hat sich mit dieser bei den Salzburger Festspielen 1947 uraufgeführten Oper ins Repertoire aller euorpäischen Opernhäuser katapultiert. Sein „Erstling" blieb sein erfolgreichstes und eindrucksvollstes Werk, was auch die bis in die Gegenwart angesetzten Neuinszenierungen beweisen.

Der Besuch der alten Dame

Libretto: *Friedrich Dürrenmatt*
Uraufführung: *23. 5. 1971 in Wien*
Personen/Stimmen: *Claire Zachanassian,* geb. Wäscher, Multimillionärin (Mezzosopran) – *Ihr Gatte VI* (Statist) – *Gatte VII* (Tenor) – *Der Butler* (Tenor) – *Toby und Roby* (Statisten) – *Koby, Loby* blind (Tenöre) – *Alfred Ill* (Bariton) – *Seine Frau* (Sopran) – *Seine Tochter* (Mezzosopran) – *Sein Sohn* (Tenor) – *Bürgermeister* (Tenor) – *Der Pfarrer* (Bassbariton) –

Der Lehrer (Bariton) – *Der Arzt* (Bariton) – *Der Polizist* (Bassbariton) – *Erste und Zweite Frau* (Soprane) – *Hofbauer* (Tenor) – *Helmesberger* (Bariton) – *Bahnhofsvorstand* (Bassbariton) – *Zugführer* (Bass) – *Kondukteur* (Tenor) – *Pressemann* (Sprechrolle) – *Kameramann* (Bass) – *Eine Stimme* (Tenor)

„Die Kleinstadt Güllen, in der Gegenwart" war Schauplatz eines Dramas. Was ist die richtige Zeitbestimmung, denn es ist eine Generation her, dass man aus diesem Drama eine Oper machte?

Immerhin, es kann sich gegenwärtig auch abspielen, dieses Drama: Eine ganze Stadt erwartet die Heimkehr einer einstigen Bewohnerin, die es anderswo zur Millionärin gebracht hat. Der Stadt kann es nur oder vor allem finanzielle Vorteile bringen, eine Millionärin unter ihren Honoratioren zu wissen. Auch, dass sie hier auf einen Mann treffen muss, den sie einmal geliebt hat – Alfred Ill.

Claire Zachanassian, geborene Wäscher, trifft mit ihrem siebenten Mann, mit zwei Blinden und zwei Leibwächtern ein und entpuppt sich als Scheusal. Sie hat nichts vergessen, sieht ihre Heimat nicht verklärt. Auch ihren ersten Geliebten, Alfred Ill, nimmt sie einfach zur Kenntnis, scheint es.

Immerhin, sie ist bereit, der Stadt zweimal 500 Millionen zu schenken. Einzige Bedingung: Gerechtigkeit. Das bedeutet, es müsste zu Gericht gesessen werden über den verdienten Bürger Alfred Ill, der ihr ein Kind gemacht hat. Seine Zeugen von damals hat sie längst kassiert – die beiden im Gepäck mitgeführten Blinden sind es, sie könnten jetzt immerhin aussagen. Und dem Alfred Ill die von Claire Zachanassian geforderte Todesstrafe einbringen. Die Stadt ist empört. Sie bleibt lieber arm als blutbefleckt.

Bleibt sie es wirklich? Der zu Recht zu Tod verängstigte Alfred Ill sieht rund um sich aufblühenden Wohlstand, man hat wieder Kredit, man kauft sich neue Schuhe, der Pfarrer hat eine neue Glocke angeschafft. Und auf dem Weg zum Bahnhof, auf der Flucht also, reden Alfred Ill seine Mitbürger fleißig zu: Er habe nichts zu fürchten, er solle nur in der Stadt bleiben.

Claire Zachanassian ist drauf und dran, ihren Willen zu haben: Sie hat wieder geheiratet, sie hat längst die ganze Stadt aufgekauft, sie wartet nur noch den Tod ihres einstigen Schwängerers ab.

Auch dessen Familie hat etwas vom Wohlstand abbekommen

Das Orchester der Uraufführung, die Wiener Philharmoniker also, hat sich etwas geleistet: Die Musiker haben über die ununterbrochen wechselnden Taktarten ein eigenes Muster gelegt – und plötzlich konnte man große Abschnitte in $^4/_4$-Takt spielen. Das freilich ist kein abwertendes Urteil über den Komponisten, der vor allem die Sänger durch ständigen Taktwechsel „in Schuss" halten wollte.

Dass „die alte Dame" eine dankbare Partie ist, kann man sich vorstellen. Ein großer Mezzo muss es sein, vor allem aber eine Persönlichkeit. Christa Ludwig war so eine.

– und votiert nicht mehr für ihren Familienvater. Der Bürgermeister selbst hat eine blendende Idee, wie er sein Wort halten und die Multimillionärin befriedigen kann: Alfred Ill soll Selbstmord begehen. Jedermann wäre einverstanden, sähe weg.

Noch einmal treffen sich Alfred Ill und seine einstige Freundin im Wald bei der Stadt. Dabei erfährt der Todgeweihte, wie sehr die Zachanassian immer an ihn gedacht hat. Auf Capri wartet bereits ein Mausoleum auf ihn.

Das Ende kommt, und es ist konseqent. Die Stadt nimmt das Angebot der Frau an, Alfred Ill wird hingerichtet. Claire Zachanassian zahlt bar und nimmt den Leichnam mit. In einem Sarg, den sie schon bei ihrer Ankunft im Gepäck hatte. Denn sie wusste, dass eine Milliarde jeden Wunsch erfüllt.

FRIEDRICH VON FLOTOW

* 27. 4. 1812 auf Gut Teutendorf/Mecklenburg, † 24. 1. 1883 in Darmstadt

Martha
oder Der Markt von Richmond

Libretto: *Wilhelm Friedrich*
Uraufführung: *25. 11. 1847 in Wien*
Personen/Stimmen: *Lady Harriet Durham* Hofdame der Königin Anna von England (Sopran) – *Nancy* ihre Vertraute (Mezzosopran) – *Lord Tristan Mickleford* ihr Vetter (Bass) – *Plumkett* reicher Pächter (Bass) – *Lyonel* sein Ziehbruder (Tenor) – *Der Richter von Richmond* (Bass) – *Drei Mägde* (zwei Soprane, Alt) – *Zwei Pächter* (Tenor, Bass) – *Drei Diener* (Tenor, zwei Bässe)

Deutsche Spielopern, kaum mehr gepflegt, leben nicht nur von Leierkasten-Melodien, sondern auch von vielen gut gearbeiteten Chorszenen: Pächterinnen und Pächter auf dem Markt von Richmond, die habe so eine Szene.

Manchmal muss man auch alberne, unglaubwürdige Geschichten erzählen dürfen. Wenn dann keiner zuhört, lässt man es wieder sein. Aber seltsamerweise finden sich meist heiter-naive Menschen, die einem auch bei albernen Geschichten eher gerne zuhören.

Albern? Kann man sich wirklich vorstellen, dass Lady Harriet Durham, Ehrendame der Königin von England, bald nach 1702 so langweilig ist, dass sie einem sie verehrenden Lord einen Korb gibt, sich gemeinsam mit ihrer „Vertrauten" als Bauernmädchen verkleidet und auf den Markt von Richmond zieht, wo sich die Herrschaften der Gegend ihre Dienerschaft aussuchen?

Kann man sich vorstellen, dass der Pächter Plumkett und sein Pflegebruder Lyonel die beiden verkleideten Damen als Mägde engagieren, ihnen ein Handgeld geben – und dass die beiden adeligen Damen damit wirklich gebunden sind und als Dienstmägde mit ihm ziehen müssen?

Selbstverständlich ist das erstens nicht möglich und zweitens ein Jux, der nur schlimm ausgehen kann: Die beiden jungen Damen sind als Mägde nicht zu brauchen, wollen sich als Geliebte nicht brauchen lassen – das einzige, was Plumkett und Lyonel von ihnen haben, ist ein irisches Lied von der Letzten Rose, das ihnen die Magd Lady Harriet vorsingt. Dann geht man schlafen, und die beiden „Mägde" flüchten aus dem Haus ihrer „Herrschaft".

Natürlich bleibt's nicht bei dieser einen unvorstellbaren Märchen-Situation, darauf folgt noch eine weitere: Plumkett und Lyonel entdecken, wieder einsam, im Jagdgefolge der Königin ihre angeblichen Mägde. Sie wollen sie sofort zurück, sind aber gegen die noblen Herrschaften machtlos. Beinahe machtlos, denn niemand will ihnen glauben, sie hätten eine Lady und deren liebste Freundin unter Vertrag. Niemand würde allerdings auch vermuten, dass die beiden jungen Damen sich längst in ihre so genannte Herrschaft verliebt haben – auch das ist völlig naiv und kommt nur alle heiligen Zeiten vor, wenn es sich um die eine oder andere Prinzessin eines kleinen aber reichen Landes handelt, nicht wahr?

Die Situation, so komisch und so lebenswahr, wie man sie aus den Gelben Blättern kennt, spitzt sich zu: Wenigstens Lyonel wird wegen Aufruhrs und Frechheit verhaftet und kann seinem Freund nur noch rasch einen Ring zustecken – sein Vater hat ihm diesen hinterlassen und gemeint, in letzter Not würde der bei der Königin für ihn sprechen.

Und? Die beiden jungen adeligen Frauen kehren freiwillig zu ihren Dienstherren zurück, Lady Harriet kann's tun, denn jetzt weiß sie, ihr geliebter Lyonel ist in Wahrheit von Adel und ihr

Das Lied von der letzten Rose – das ist selbstverständlich und man hört es in jeder Opernsendung. Und die zweite Arie? Sie kommt bald auch dran und heißt „Martha, Martha, Du entschwandest", und auch die erkennt man sofort ...

ebenbürtig, Nancy kann's tun, denn ihr gefällt der Pächter Plumkett, wie er ist.
Und Lyonel widersteht. Gut, er ist der Sohn eines Grafen. Aber die schöne Lady war nicht nett zu ihm, nicht wahr?
Bleibt nur ein Ausweg, um uns alle zufrieden heimzuschicken: Lady Harriet arrangiert einen neuerlichen „Markt zu Richmond" und bietet sich wiederum, wieder als Martha, ihrem geliebten Lyonel an. Was sollte der anderes tun, als sie dankbar aufnehmen? Er wird von ihr schon nicht verlangen, dass sie das Haus kehrt …

Zwei so genannte Ohrwürmer aus der Oper überleben. Und vielleicht spielt man wieder einmal das ganze Stück? Ein wilder Regisseur könnte es ja, meine ich, nach Monaco verlegen …

GEORGE GERSHWIN

* 26. 9. 1898 in Brooklyn/New York, † 11. 7. 1937 in Beverly Hills/Calif.

Porgy and Bess

Buch: *Edwin Du Bose Heyward*
Gesangstexte: *Edin Du Bose Heyward und Ira Gershwin*
Uraufführung: *10. 10. 1935 in New York*
Personen/Stimmen: *Porgy* ein verkrüppelter Bettler (Bassbariton) – *Bess* eine attraktive junge Frau (Sopran) – *Sporting Life* Rauschgifthändler und Schmuggler (Tenor) – *Crown* ein gut verdienender, brutaler Hafenarbeiter (Bariton) – *Jake Fischer*, Besitzer des Boots „Möwe" (Bariton) – *Clara* seine Frau (Sopran) – *Robbins* ein junger Fischer (Tenor) – *Serena* seine Frau (Sopran) – *Peter* ein alter Honigverkäufer (Tenor) – *Maria* seine Frau (Alt) – *Jim, Mingo, Nelson* Fischer (Bariton, zwei Tenöre) – *Lily, Annie* (Mezzosoprane) – *Scipio* ein Junge (Sprechrolle) – *Erdbeerverkäuferin* (Mezzosopran) – *Krabbenverkäufer* (Tenor) – *Mr. Archdale* weißer Rechtsanwalt (Sprechrolle) – *Simon Frazier* schwarzer Advokat (Bariton) – *Leichenbestatter* (Bariton) – *Leichenbeschauer* (Sprechrolle) – *Detektiv* (Sprechrolle) – *Polizist* (Sprechrolle)

Die Zeiten haben sich nicht nur in Europa geändert. Und mit den so genannten Problemen ist es nicht anders: Was sich um 1870 in Charleston abspielt, das ist in den USA heute so nicht mehr denkbar, immerhin aber noch in Erinnerung.

In Charleston also, in South Carolina, lebt in der Catfish Row, die bessere Tage gesehen hat, das Strandgut der Gesellschaft: Schwarze, Bettler, der eine oder andere kleine Ganove. Sie leben nicht so sehr in, sondern vor allem auf der Straße – Kinder werden in den Schlaf gewiegt, ein Armer engagiert einen anderen für eine Arbeit, der Krüppel Porgy – er ist schwarz und klug und muss sich auf einem für ihn konstruierten Wagen fortbewegen – sucht nach seiner großen Liebe Bess.

Die kommt im falschen Moment, bei einem kleinen Streit wird ihr Freund Crown zum Mörder und muss flüchten. Der beinahe elegante Widerling Sporting Life bietet Bess als Ersatz Kokain, Porgy aber nimmt Bess unter seine Fittiche und lässt sie bei sich wohnen.

Die Catfish Row trauert um den Erstochenen, sammelt für dessen Begräbnis, hat wenig Interesse an dem Kriminalbeamten, der den Mörder sucht – nebenbei wird dieser verraten, wichtig aber ist das Geld, das man braucht, um den toten Robbins ehrsam unter die Erde zu bringen.

Und bald darauf ist das Leben in der Catfish Row wieder scheinbar normal. Man plant ein gemeinsames Picknick, man wagt sich aufs Meer, weil man einen guten Fang erwartet und Geld braucht. Porgy ist glücklich, weil Bess bei ihm wohnt. Sporting Life will sie nach New York entführen, sie aber lehnt ab. Jetzt gehört sie zu Porgy, dem einfachen, guten Krüppel.

Der kann zwar nicht mit zum Picknick, erlebt also auch nicht, dass dort der als Mörder gesuchte Crown auftaucht und versucht, Bess wieder zu sich zu holen. Aber was soll es? Bess kommt „heim", gesteht ihrem Porgy, dass sie sich wieder mit Crown eingelassen hat und dass sie sich vor dem fürchtet. Porgy beruhigt sie, er wird sie schon beschützen. Auch als Krüppel ist er ein starker Mann, so leicht wird man mit ihm nicht fertig.

Und er hat Recht. Als sich Crown schließlich zeigt und Bess mit sich nehmen will, ersticht Porgy ihn. Vor der Polizei weiß er von nichts, einer Gegenüberstellung vor der Leiche aber weicht er aus, denn er ist abergläubisch.

Sporting Life wittert wieder die Chance, aus der kleinen Bess etwas zu machen, er lässt ihr einfach ein Päckchen Kokain und verschwindet. Vorläufig …

Als nach einer Woche Haft Porgy, dem man den Mord an Crown nicht nachweisen kann, wieder in die Catfish Row zurückkehrt, ist er heiter und zufrieden. Für seine Freunde hat er Geschenke. Bess aber? Bess hat das Kokain genommen und ist mit Sporting Life auf und davon.

Nach New York? Wirklich?

Porgy wird es erfahren. Denn er verabschiedet sich von seinen Freunden und macht sich auf die Suche nach seiner Bess. Als wäre das die einzige Sache, die es für ihn noch zu tun gibt.

> I am on my way – das jedenfalls ist das Finale. Porgy macht sich auf, seine Bess zu suchen.

Ausdrücklich für „Schwarze" komponiert, hat George Gershwin nicht mehr erlebt, dass seine Oper einen Triumphzug rund um die Welt angetreten hat und auch in deutschen Übersetzungen (Ralph Benatzky, Götz Friedrich usw.) Erfolg hat. Freilich, wann immer möglich, engagiert man auch in Europa farbige Sänger, von denen es ja seit Gershwins Tagen immer mehr und immer erfolgreichere gibt.

UMBERTO GIORDANO

* 28. 8. 1867 in Foggia, † 12. 11. 1948 in Mailand

Andrea Chénier

Libretto: *Luigi Illica*
Uraufführung: *28. 3. 1896 in Mailand*
Personen/Stimmen: *Andrea Chénier Dichter (Tenor) – Carlo Gérard Diener (Bariton) – Gräfin Coigny (Mezzosopran) – Maddalena di Coigny ihre Tochter (Sopran) – Bersi Mulattin (Mezzosopran) – Roucher Chéniers Freund (Bass) – Mathieu „Populus" Sansculotte (Bariton) – Madelon eine alte Frau (Mezzosopran) – Ein Incroyable (Tenor) – Pietro Fléville Romancier, Pensionär des Königs (Bariton oder Bass) – Der Abate (Tenor) – Schmidt Schließer von Saint Lazare (Bass) – Haushofmeister (Bass) – Dumas Präsident des Wohlfahrtsausschusses (Bass) – Fouquier Tinville öffentlicher Ankläger (Bass oder Bariton)*

Erinnern wir uns aus dem Geschichtsunterricht wenigstens noch an die Französische Revolution? Daran, dass der Adel gar nicht begriff, warum sie ausbrechen musste? Und daran, dass diejenigen, die Revolutionäre waren, in völlig verschiedenen Kategorien dachten und sich allmählich auch selbst umbrachten?

Sommer 1789, auf dem Schloss Coigny werden Vorbereitungen für einen festlichen Abend getroffen. Charles Gérard ist Diener, jung und begreift nicht, wie sein Vater immer noch ruhig schwere Arbeit tut. Er ist im Herzen längst ein Revolutionär. Freilich, die junge Gräfin Madeleine verehrt er aus der Ferne. Auch ein junger Revolutionär ist vor derlei Anfechtungen nicht sicher.

> Später hat der Bariton keine Gelegenheit mehr, eine veritable Arie zu singen, er ist als erster in der Oper dran.

Auf der Abendgesellschaft ist der Dichter Andrea Chénier Mittelpunkt des Interesses. Man unterhält sich harmlos, führt ein Schäferspielchen auf, bittet Chénier, doch etwas zu rezitieren. Madeleine reizt ihn: Er beginnt mit einem Lied auf die Liebe, das sich freilich rasch zu einer Anklage gegen die Gesellschaft wandelt. Kein wirklicher Erfolg für Chénier ...

> Und gleich darauf, wenn er in Form ist, kann der Tenor (Titelpartie) brillieren. Das heißt, man wird im ersten Akt der Oper verwöhnt.

Dann aber wird die heitere Gesellschaft gestört. Hungernde Bauern dringen in den Saal, Gérard reißt sich die Livree vom Leib und macht ihren Anführer. Zu früh. Noch gibt es Diener, die sich ordentlich verhalten und die Störenden aus dem Schloss weisen. Noch ...

Die Revolution ist längst ausgebrochen und hat ihre Opfer gefordert. Man schreibt Juni 1794, das Tribunal sucht nach Menschen, die es töten lassen kann. Chénier gehört nicht zu den Opfern, er hat seine Gesinnung nicht ändern müssen. Immerhin, er ist nicht das Volk, ist eine Ausnahmeerscheinung. Und er erhält Briefe einer Unbekannten, die ihn sehen möchte.

Der ehemalige Diener Gérard ist Mitglied des Revolutionsrates. Und immer noch verliebt. Er sucht Madeleine – vielmehr: er lässt sie durch einen Spitzel suchen.

Madeleine aber ist jene Frau, die Chénier gesucht hat. Die junge Gräfin bittet den Dichter um Hilfe. Er bietet ihr sehr viel mehr, nämlich seine große Liebe, die er seit einem Abend im Sommer 1789 im Herzen trägt.

Der Spitzel hört und sieht immer beinahe alles, er ruft Gérard – die gesuchte Frau ist gefunden.

Nein, sie kann entkommen, Gérard trifft nur noch Chénier, erkennt ihn nicht, duelliert sich mit ihm. Begreift, dass er von einem seiner Idole verletzt worden ist und fleht Chénier an, rasch zu fliehen. Er weiß genau, dass jetzt auch schon der Name Chénier auf der Liste des Revolutionstribunals steht ...

Auch Revolutionäre brauchen Geld. Mit falschen Tiraden kommen allerdings keine Spenden herein. Erst der wahre Revolutionär, Gérard, macht der Menge begreiflich, was und wofür zu spenden ist. Und wird gerührt Zeuge der außerordentlichsten Spende, die man sich vorstellen kann. Eine blinde Frau, Madelon, schenkt der Revolution ihren Enkel. Mehr hat sie nicht.

Gérard kann seine Rührung sein lassen. Chénier ist verhaftet und muss die Anklageschrift selbst unterschreiben. Er tut es und weiß zugleich, er tut dies nicht aus Überzeugung, sondern aus Eifersucht.

Madeleine fleht den Mächtigen, einst ein Diener im Hause ihrer Mutter, an. Sie will Chénier retten und setzt dafür nicht ihr Leben, sondern ihre Tugend ein. Gérard muss nicht mehr gerührt, er darf beschämt sein. Und will versuchen, seine eigene Anklage zu widerlegen.

Natürlich gelingt es ihm nicht. Vor dem Tribunal ist Chénier viel zu stolz. Vor dem Tribunal gerät Gérard selbst in Gefahr. Denn er ist plötzlich wieder auf Seiten Chéniers. Und das Volk will Todesurteile.

Es bekommt sie. Gérard kann seinem Freund nur noch zuflüstern, dass mitten unter dem Volk Madeleine steht und ihn sieht.

Chénier wartet im Gefängnishof. Der Karren muss bald kommen. Die tägliche Ration fürs Schafott muss abgeholt werden. Da bringt Gérard Madeleine: Sie besticht einen Wärter und will mit einer der zum Tod Verurteilten tauschen. Um gemeinsam mit Chénier zu sterben.

Der erschütterte Gérard kann nichts mehr ändern an dem Drama. Er will zu Robespierre, will Gnade. Käme sie, sie käme zu spät. Die Namen werden aufgerufen, Madeleine und Chénier steigen auf den Karren. Die Revolution hat für den Tag wieder, was sie braucht.

Gewiss, man braucht auch eine Sängerin. Aber die Oper lebt vom Tenor, vom Bariton, und davon, dass beide ihre Partien singen können. Und wenn ein Opernhaus eine geliebte alte Sopranistin im Ensemble hat, dann schenkt man ihr die Partie der blinden Madelon.

> Diese Madelon ist – so will es die Regel – meist eine geliebte ältere Sängerin des Hauses, der man mit einer rührenden Szene, die stimmlich leicht zu beherrschen ist, eine Freude machen möchte. Wiener erinnern sich da wohl an Hilde Konetzni?

Fedora

Libretto: *Arturo Colautti*
Uraufführung: *17. 11. 1898 in Mailand*
Personen/Stimmen: *Fürstin Fedora Romazoff* (Sopran) – *Gräfin Olga Sukarew* (Sopran) – *Graf Loris Ipanoff* (Tenor) – *De Siriex* französischer Diplomat (Bariton) – *Dimitri* Reitknecht (Knabenalt) – *Grech* Polizeioffizier (Bass) – *Lorech* Chirurg (Bariton) – *Desiré* Kammerdiener (Tenor) – *Baron Rouvel* (Tenor) – *Cirillo* Kutscher (Bariton) – *Ein Savoyardenknabe* (Alt) – *Boroff* Loris' Freund (Bass) – *Nicola* (Bass) – *Sergio* Diener (Tenor) – *Michele* Portier (Sprechrolle) – *Boleslav Lazinski* Komponist (stumme Rolle) – *Doktor Müller* (Sprechrolle)

Petersburg im Winter, ein Salon im Stile des ausgehenden 19. Jahrhunderts. Kann man sich das einfach einmal vorstellen? Noch gibt es keine Revolution, schon aber gibt es so genannte Kräfte, die auf den Sturz des Zaren aus sind. Das gesellschaftliche Leben im Salon ist großzügig und freizügig, die so genannten finsteren Kräfte sind gefährlich und unheimlich. Kann man sich auch das einfach einmal vorstellen?
Aus dieser Situation – *auch* aus dieser – ist ja auch ein Weltreich gestürzt worden. Noch aber ist es nicht so weit. Graf Wladimir, Gardehauptmann, besitzt den erwähnten Salon. Er ist Bräutigam der reichen Fürstin Fedora Romazoff, die ihn am Vorabend der Hochzeit ängstlich sucht: An seiner Stelle findet sie die leicht betrunkene Dienerschaft und gleich darauf eine Katastrophe. Der Petersburger Polizeichef Grech bringt den Bräutigam, angeschossen, auf einer Bahre. Ärzte können nicht mehr helfen, Wladimir stirbt unter ihren Händen.
Der Täter? Er kann nur ein Nihilist sein, unter ihnen finden sich die Feinde der Familie.
War einer am Tag im Haus? Ein unbekannter Besuch war da, Loris Ipanoff, Nachbar des Grafen. Fedora schwört, ihren Verlobten zu rächen. Und wenn es Ipanoff selbst war …
Er muss es gewesen sein, er ist geflohen, lebt nun in Paris, „im Exil". Fedora ist ihm gefolgt, hat selbst ein Haus in Paris erworben, gibt Gesellschaften – eine, in deren Mittelpunkt ein berühmter Pianist sein soll, doch das nur so am Rande – und sucht vor allem die Nähe des Mörders ihres Verlobten. Der attraktive Mann kommt gerne, ist in Fedora selbst verliebt und lässt sich wagemutig darauf ein, der Fürstin zu gestehen,

> Offen gestanden: Diese Oper war lange Zeit vergessen oder beinahe vergessen. Bis man erkannte, dass es in ihr zwei nicht zu schwere, aber wirkungsvolle Partien gibt. Seither singen Primadonnen und erste Tenöre auch wieder „Fedora" – sie holen sich ihren Beifall und haben sich trotzdem nicht wirklich verausgabt. In der Opernwelt muss es auch solche Stücke geben.

was er getan hat. Ja, er hat ihren Verlobten getötet. Ja, er liebt sie.

Was tut eine Fürstin in einem solchen Augenblick? Im Exil? Sie ist von ihren eigenen Gefühlen überwältigt und bittet den Mörder, er möge später, wenn die Gesellschaft sich aufgelöst hat, zurückkehren.

Das geschieht rascher, als es ihr lieb ist. Man erfährt von einem Attentat auf den Zaren, an weitere Unterhaltung ist nicht mehr zu denken. Man geht auseinander. Man lässt die Gastgeberin mit ihrer Not allein.

Und sie? Sie spielt Schicksal, schreibt dem Polizeichef den Namen des Mörders. Sie empfängt den Mörder, will ihn zum letzten Mal vor seiner Verhaftung sehen. Sie hört sein Geständnis: Er hat ihren Verlobten getötet, weil der der Liebhaber seiner Frau war. Der tote Gardehauptmann, begreift sie, wollte nicht Fedora, sondern die reiche Fürstin Fedora heiraten.

Eine Welt bricht für die Frau zusammen. Sie hat denjenigen, der sie wirklich liebt, an die Polizei verraten. Sie weiß nur noch einen Ausweg. Sie warnt Loris Ipanoff vor der von ihr gestellten Falle. Und flieht gemeinsam mit ihm.

Was eine echte russische Fürstin ist – die hat auch eine Villa im Schweizer Oberland, in der sie mit ihrem Geliebten Zuflucht suchen kann.

Allerdings: Ihr Brief, in dem sie nicht nur ihren Geliebten, sondern auch dessen Bruder als Nihilisten denunziert hat, ist nicht ohne Folgen geblieben. In Russland hat man seinen Bruder eingesperrt, er ist bei einer Überschwemmung ertrunken. Seine Mutter ist vor Gram gestorben. Fedora hat das Leben zweier Menschen auf dem Gewissen.

Und geht daran konsequenterweise zugrunde. Denn ihr geliebter Loris Ipanoff erhält Briefe. Erst die Mitteilung, er sei begnadigt. Dann die Nachricht vom Tod seiner Familie, den ein anonymes Schreiben verursacht hat.

In der Idylle des Schweizer Oberlandes, sicher vor jeglichem Gericht, stehen Fedora und ihre große Liebe vor dem Nichts: Kann Loris der Denunziantin verzeihen? Er kann es nicht, er schwört, sie zu töten.

Und plötzlich ahnt er, wer die Frau ist.

Aber da hat Fedora schon Gift genommen und stirbt. Sie hat nicht daran gezweifelt, dass niemand ihr verzeihen könnte.

Und wer zweifelt daran, dass die Liebe größer gewesen wäre als die Empörung? Der muss sich eine neue Geschichte ausdenken.

Chistoph Willibald Gluck

2. 7. 1714 in Erasbach, † 15. 11. 1787 in Wien

Orpheus und Eurydike

Libretto: *Raniero di Calzabigi*
Uraufführung: *5. 10. 1762 in Wien*
Personen/Simmen: *Orpheus* (Italienische Fassung: Dramatischer Alt; Französische Fassung: Tenor) – *Eurydike* (Sopran) – *Eros* (Sopran). Schäfer und Schäferinnen, Furien, Höllengeister, selige Geister.

Das ist Vermessenheit; ich will versuchen, die Fabel von Orpheus zu erzählen. Sie ist in ihrer Einfachheit kaum darstellbar. Und entweder ganz leicht oder nie zu begreifen.
Orpheus ist nicht ein Sänger, er ist die personifizierte Musik. Wenn er um seine an einem Schlangenbiss verstorbene Eurydike trauert, dann tut er dies auf so grandiose Weise, dass um ihn herum die Welt zu trauern beginnt. Wenn er klagt, dann wird seine Klage zu unvergänglicher Kunst.
Kein Wunder also, dass seinetwegen auch ein Wunder geschieht. Die Götter erklären, Orpheus könne Eurydike ins Leben zurückholen. Er muss in die Unterwelt, in die Welt der Toten. Er hat nur eine Bedingung zu erfüllen, er darf seine Eurydike erst wieder sehen, wenn er mit ihr zurück ist, erst diesseits der Schwelle. In der Unterwelt darf er sie nicht sehen.
Welcher Lebendige sollte auch dazu imstande sein, mit einer Toten zu konversieren? Mit Geschöpfen der Unterwelt meinetwegen, doch nicht mit Verstorbenen.
Orpheus bezwingt durch seine Kunst, durch seinen Gesang, die Höllenhunde, die Wächter an der Schwelle. Das muss er auch, schließlich ist ihm ja zugesichert, dass er an den Ort gelangt, an dem Eurydike jetzt ist. In der ganz und gar unwirklich und gleichsam aus Schatten bestehenden Sphäre, in der einer der Schatten seine Eurydike ist, ist Orpheus immer noch der große Künstler, doch er hat merkbar an Bedeutung verloren. Drüben macht man sich nicht mehr so viel aus einem Musiker. Immerhin, man gibt ihm seine Eurydike, man stellt sie gleichsam aus bereits seliger entmaterialisierter Materie noch einmal her und lässt sie eine Hand nach Orpheus ausstrecken.

Mit dem heiklen Thema der Kastraten müssen wir uns auch auseinandersetzen? Nun, man hatte für Orpheus zu Glucks Zeiten Männer mit einer Stimme zur Verfügung, die es heute nicht mehr gibt. Der Mezzo, der jetzt Orpheus singt, ist nur ein schwacher Ersatz für die künstlerische Ausdrucksfähigkeit eines Kastraten. Einen Tenor aber darf man die Partie nie singen lassen.

Unermesslich schön ist die Zeichnung der Welt der Eurydike; mit gleichsam wehenden Akkorden und einer weitschwingenden Melodie lässt Gluck uns ahnen, dass menschliche Leidenschaften dort keinen Platz mehr haben.

Und Orpheus beginnt seine Wanderung zurück. Er weiß, dass er seine Geliebte an der Hand führt, und er vergisst nicht, dass er eine Art Probe zu bestehen hat, dass er sie erst auf Erden wieder umarmen darf. Eurydike, die davon nichts weiß, stellt sich wie eine zwar verliebte, doch auch dumme Person an. Sie will, dass Orpheus sie sofort, auf der Stelle liebt. Sie begreift nicht, dass es etwas Außergewöhnliches ist, was da geschieht. Sie benützt schließlich einen ziemlich einfachen Trick, um ihren Willen zu haben: Sie erklärt, sie sterbe. Und Orpheus dreht sich zu ihr um – worauf Eurydike, wie es vereinbart war, noch einmal stirbt. Sie hat es nicht anders verdient.

Wiederum eine „Kennmelodie". Und doch sollte man bewundern, wie sie aus der Handlung wächst.

Die zweite Klage des Orpheus, der jetzt Eurydike nicht nur durch einen unglücklichen Schlangenbiss, sondern durch Eurydike und sich selbst verloren hat, ist machtvoller als die erste. Sie besteht aus Selbstanklage und dem Willen, selbst auch zu sterben. Soll Orpheus allein zurück auf die Erde? Ist es nicht besser, in dieses Nichts zu gehen, aus dem Eurydike nicht zurückzuholen war?

Als man dergleichen noch als eine Frage ansah, war man auch der Ansicht, es gehöre zur Moral einer Geschichte, dass sie eine Antwort gibt. Die Mode der unbeantworteten Fragen gab es noch nicht. Erst eine Antwort machte ein Stück aus.

Die Praxis, den Opernabend mit einem Ballett zu schließen, scheint uns „unmodern", ist aber im vorgegebenen Fall die einzig denkbare – man muss vor Freude über den positiven Ausgang tanzen. Was sonst?

Darum erhält Orpheus auch eine Antwort auf seine zweite selbstzerstörerische Frage. Die Götter geben ihm seine Eurydike ohne weitere Bedingung wieder. Sonst bekäme er sie nie, und der Inbegriff der Kunst ginge zugrunde. Orpheus allein hat Eurydike erlöst und kann mit ihr auf Erden bleiben. Die Götter haben begriffen, dass man die Liebe über alles stellen muss, auch über harte Bedingungen, die man vorher selbst gestellt hat. Orpheus und Eurydike feiern – nicht die Götter, den Gott der Liebe. Er ist der Mächtigste von allen.

CHARLES GOUNOD

* 17. 6. 1818 in Paris, † 18. 10. 1893 in Saint Cloud bei Paris

Faust / Margarethe

Libretto: *Jules Paul Barbier und Michel Florentin Carré*
Uraufführung: *19. 3. 1859 in Paris*
Personen/Stimmen: *Doktor Faust* (Tenor) – *Marguerite* (Sopran) – *Mephistopheles* (Bass) – *Valentin* (Bariton) – *Wagner* (Bass) – *Siebel* (Sopran oder Tenor) – *Marthe* (Alt oder Mezzosopran)

Sage mir niemand, erstens kenne er Goethes „Faust" sowieso, und zweitens sei das kein Stoff für eine Oper. Erstens ist Goethes „Faust" absolut komplizierter, als man denkt, und zweitens hat ein Franzose, ausgerechnet ein Franzose, sich an eine Oper über dieses Thema gewagt.

Faust ist, wenigstens so weit wissen wir es sicher, ein alter Gelehrter, der in seiner Studierstube erst verzweifelt, weil er mit all seinem Wissen nicht an den Rand des Wissens gelangt ist – er will Selbstmord begehen. Gesang junger Mädchen hält ihn davon ab, die Erwähnung des lieben Gottes im Gesang weckt aber auch gleich wieder seinen Widerspruch, also zitiert er Satan selbst herbei.

Der heißt Mephisto, schließt den allseits bekannten Teufelspakt und verjüngt Faust ohne Mühe so, dass sein Aussehen endlich zu dem strahlenden Tenor passt, den er haben muss.

Der Soldat Valentin nimmt, weil er in den Krieg muss, Abschied von seiner Schwester. Seine Freunde versichern ihm, sie würden sich um Margarethe kümmern.

Mephisto mischt sich ins Gespräch, kommt mit seinen Späßen nicht gut an, man mag ihn nicht – man kommt ihm nur bei, indem man ihm in letzter Not das Schwert in Kreuzesform entgegenhält.

Faust sieht, natürlich, Margarethe. Spricht sie an, erhält einen Korb, verlangt von Mephisto das scheinbar Unmögliche: Gretchen.

Der Verehrer Margarethes ist verhext, jede Blume, die er für sie pflücken will, verwelkt ihm in den Händen. Nur als er geweihtes Wasser parat hat, kann er einen Strauß binden. Margarethe

Faust ist Tenor und eine anspruchsvolle Partie, Mephistopheles ist Bass und die naturgemäß viel wirkungsvollere Rolle, die auch bei Gounod ein „Flohlied" hat, das für Schaljapin geschrieben sein könnte. Weiters gibt es eine rührende Cavantine des braven Valentin, die sehr gut ankommt. Wie öfter, wenn das Thema auf die Opernbühne kommt, ist Margarethe (oder Marguerite) die undankbarste der vier wichtigen Partien.

findet ein Kästchen mit zu viel teurem Schmuck, das Faust und Mephisto ihr vor die Türe gestellt haben.

Der Schmuck tut auf seine Art Wunder. Margarethe will diesen seltsamen Menschen doch sehen. Und hat Gelegenheit dazu, denn Faust und Mephisto kümmern sich um Margarethe und deren Nachbarin Marthe Schwerdtlein – dem Teufel wird vor der Nachbarin bang, Faust aber kann dank des Zaubers, den Mephisto in die Nacht gesungen hat, Margarethe „in seine Arme schließen", wie man so sagt.

Aus dieser Umarmung entstammt ein Kind, die Nachbarschaft weiß es und verurteilt Margarethe, der tapfere Siebel hält zu ihr, Mephisto weiß – für seine Zwecke – Besseres zu tun und weckt in Margarethe all die Schuldgefühle, die sie längst hat.

Bruder Valentin kehrt heim, findet seine mit Schande bedeckte Schwester. Faust und Mephisto wollen auch zu Margarethe – ein Kampf mit dem Schwert geht unter Zauber rasch zu Ende, Faust tötet Valentin.

Mephisto sorgt für Ablenkung, es ist Walpurgisnacht, und Faust kann ihr beiwohnen. Was ihn freilich ablenkt, ist die Erscheinung Margarethes: Es scheint, sie ist bereits als Sünderin hingerichtet.

Faust will Margarethe „retten", sie hat ihr Kind ermordet, wartet im Gefängnis auf ihre Hinrichtung. Sie scheut vor dem Verursacher ihres Leids zurück. Und wird – nicht für Faust, sondern nach weltlichen und himmlischen Gesetzen – „gerettet". Sie stirbt und wird von Engeln empfangen

Mephisto – und Faust – haben ihr nichts anhaben können.

Erinnert diese schaurige Geschichte entfernt an Goethes „Faust"? Aber ja. Sie ist nur etwas sehr vereinfacht und mit viel Freude an packenden Situationen erzählt. Schließlich versteht man ja meist schlecht, was Soprane, Tenöre und ein veritabler Bass singen. Aber irgendwie erinnert's an den „Faust".

Jacques Fromental Élie Halévy

* 27. 5. 1799 in Paris, † 17. 3. 1862 in Nizza

La Juive / Die Jüdin

Libretto: *Eugène Scribe*
Uraufführung: *23. 2. 1835 in Paris*
Personen/Stimmen: *Kardinal Brogni* Präsident des Konzils (Bass) – *Léopold* Reichsfürst von Österreich (Tenor) – *Prinzessin Eudoxie* Nichte des Kaisers (Sopran) – *Eléazar* jüdischer Goldschmied (Tenor) – *Rachel* seine Tochter (Sopran) – *Ruggiero* Schultheiß von Konstanz (Bass) – *Albert* Hauptmann der Bogenschützen (Bass) – *Kaiser Sigismond* (stumme Rolle)

Zweimal ist das Konzil von Konstanz Schauplatz einer – nennen wir es einmal – Nebenhandlung. Denn die Einigung von Kaiser und Papst wird auch diesmal nicht besungen. Immerhin, man feiert in diesem Jahre 1414 den Sieg des Herzogs Leopold über die Hussiten, und der Kaiser, aber auch der aus Rom entsandte Kardinal Brogni, ordnen einen Festtag an.
Aus der Werkstatt des Juden Eléazar hört man Hämmern. Ihm ist nicht nach feiern, er will es auch nicht tun. Er ist aus Rom fortgezogen, als man dort seine Söhne auf dem Scheiterhaufen verbrannte. Er ist das, was man einen bekennenden Juden nennt. Nun soll er vor Gericht: Arbeit an einem Festtag der Christen!
Nur: Der Richter ist Kardinal Brogni, und der wiederum hat seine eigene Geschichte. Er war zur Zeit, als man Eléazar vertrieb, noch ein sehr weltlicher Würdenträger in Rom, hatte bei einem Sturm auf sein Haus die Tochter verloren, wurde Geistlicher und ist jetzt nicht gütig, aber gerecht. Er kennt das Elend des Juden Eléazar und will ihn und seine Tochter Rachel nicht noch einmal bestrafen.
Die beiden strafen ja gleichsam einander selbst. Rachel hat sich in einen „unbekannten" jungen Mann verliebt, weiß von ihm weder, dass er Christ, noch dass er der gefeierte Herzog Léopold – und mit der Nichte des Kaisers, Eudoxie, verlobt – ist. Sie lädt ihn zum Abend ins Haus ihres Vaters.
Wieder will man Eléazar ans Leben, weil er sich unter das Volk mischt und ein christliches Fest durch seine Anwesenheit beleidigt. Diesmal rettet ihn nicht Kardinal Brogni, son-

Erst einmal meint man, der Chor sei der „Handlungsträger", dann aber tritt Eléazar auf, und jeder weiß, wem diese Oper wirklich gehört.

dern der bewusste junge Mann. Rachel staunt. Welche Macht hat ihr Geliebter?

Sie staunt nicht nur, sondern ist zutiefst unglücklich. Ihr Geliebter ist kein Jude, würde er sonst das ungesäuerte Brot, das ihm ihr Vater reicht, heimlich unter den Tisch werfen?

Das Familienfest wird unterbrochen. Die Nichte des Kaisers selbst will von dem berühmten Juden Eléazar eine Kette erstehen, die sie ihrem siegreichen Verlobten schenken möchte. Eléazar nimmt den Auftrag an, er wird am nächsten Tag die Kette, geschmückt mit dem Schriftzug der Eudoxie, abliefern.

Léopold, wenigstens von seiner Verlobten nicht erkannt, will Rachel erklären: Er ist Christ. Doch er liebt sie. Er will mit ihr fliehen – er muss mit ihr fliehen, denn als Christ mit einer Jüdin zu leben wäre in Konstanz undenkbar.

Eléazar entdeckt die beiden und begreift, was ihm angetan wurde. Seine Tochter liebt einen Christen. Und der, er sagt es ihm, hat gute Gründe, sie nicht zu heiraten.

Eléazar tobt. Denn er ist kein armer, kein feiger, sondern ein zwar geschlagener, aber zorniger Jude. Und Eléazar ist außerdem einer, der ein Geheimnis bei sich trägt, das die Christen zittern ließe.

Rachel erschleicht sich das Vertrauen der christlichen Fürstin Eudoxie. Freilich, als diese ihrem Verlobten Léopold den Schmuck des Eléazar umlegen will, schreit sie auf und bezichtigt ihn und sich der größten denkbaren Schande. Der Schande einer Liebe eines Christen zu einer Jüdin.

Es gibt keinen Ausweg aus dieser Situation. Léopold, Rachel und wohl auch Eléazar müssen sterben. Dagegen wehren sich nur Verrückte.

Als Eudoxie, die Rachel anfleht, einen Meineid zu leisten, um Léopold zu retten, windet diese sich in Qualen. Als Kardinal Brogni meint, es gäbe immerhin auch noch den Ausweg, Eléazar möge zum Christentum übertreten, dann wäre Rachel zu retten, empfindet der keine Qualen, sondern nur Entschlossenheit. Er wird nie seinen Glauben verraten.

Aber: Er nimmt furchtbare Rache an Kardinal Brogni. Er erinnert diesen an den Brand seines Hauses in Rom, an den Tod seiner Familie. Und er erklärt ihm, eine Tochter sei aus den Flammen gerettet worden und er, Eléazar, kenne den Retter dieses Kindes.

Man weiß es schon: Rachel ist die Tochter des Kardinals, ist Christin, die Gefahr für sie wäre gebannt, gäbe Eléazar nur sein

---

Seit der Kantorensohn Neil Shicoff in Wien diese Partie singt und die jüdische Zeremonie nicht als eine effektvolle Opernszene, sondern als eine Art Glaubensbekenntnis singt und darstellt, kann man sich andere Tenöre in der Partie kaum vorstellen. Und doch, es singen andere, und auch sie ergreifen.

quasi natürliches Recht auf das von ihm aufgezogene Kind auf. Soll er das?
Ihm wird die Entscheidung abgenommen. Das Konzil entscheidet auf die natürlichste Weise. Herzog Léopold ist zwar der Verführung einer Jüdin erlegen, aber er wird nicht getötet. Nur geächtet. Sterben sollen Rachel und Eléazar.
Der jetzt seine Tochter in Versuchung führt. Will sie leben? Er ist imstande, ihr dieses Leben zu schenken.
Rachel muss ahnen, was wir wissen. Sie will, obwohl Christin, als Jüdin sterben. Für und mit ihrem Vater.
Der aber sagt, im letzten Moment, zu spät, um das Ritual noch aufzuhalten, dem Kardinal Brogni, wer da vom heiligen Konzil gemeinsam mit ihm getötet wird. Die Jüdin Rachel, das christliche Kind des Johannes Franciscus von Brogni.

Unsereins muss darauf hinweisen: Nach vielen aufwühlenden Momenten und Arien kommt es auch bei Halévy zu einem Finale, das (wie bei Verdi) in nicht einmal drei Minuten alle Probleme durch Tod löst. Schlag auf Schlag endet das Drama, und man findet kaum aus dem Opernhaus.

In der nach unseren Begriffen überlangen Oper nimmt man bei Aufführungen immer so genannte „Striche" vor. Je nach den vorhandenen Mitteln und dem Geschmack des Opernhauses. Trotzdem lässt man die so genannten großen Nummern nicht weg. Und kann nie verhindern, dass nicht die Titelheldin, sondern der Jude Eléazar Mittelpunkt dieser Oper ist.

PAUL HINDEMITH

* 16. 11. 1895 in Hanau, † 28. 12. 1963 in Frankfurt/Main

Cardillac

Libretto: *Ferdinand Lion*
Uraufführung: *9. 11. 1926 in Dresden*
Personen/Stimmen: *Cardillac* Goldschmied (Bariton) – *Die Tochter* (Sopran) – *Der Offizier* (Tenor) – *Der Goldhändler* (Bass) – *Der Kavalier* (Tenor) – *Die Dame* (Sopran) – *Der Führer der Prévôté* (Hoher Bass)

Vorsicht: Es gibt (mindestens) zwei „Fassungen" dieser Oper. Die einfachere, für die sich die meisten großen Opernhäuser entscheiden, ist hier nacherzählt. In Ausnahmefällen kann der Leser allerdings auch eine ausführlichere Version hören. Ich bezweifle es.

Der grandiose Musiker Hindemith erreichte eine Symbiose von „alter" und seiner eigenen Musik, die man bewusst genießen soll: Da hört man förmlich Pariser Oper. Und mitten in diese dringt das geniale Monster Cardillac.

Ganz Paris hat nur ein Gesprächsthema: Vor dem Laden des berühmten und zugleich als unheimlich gefürchteten Goldschmieds Cardillac ist jemand erstochen worden. Der Täter konnte unerkannt fliehen.

Seit geraumer Zeit schon sterben Menschen, verschwindet Schmuck – immer ist es Schmuck aus der Werkstätte Cardillacs, und nie wird ein Stück wiedergefunden.

Wundert es wen, dass eine kapriziöse Sängerin sich von ihrem Kavalier ein Schmuckstück wünscht, das niemand vor ihr gesehen hat? Dass der Kavalier eines bei Cardillac – sehr gegen den Willen des Meisters – kauft? Dass er in dem Augenblick getötet wird, da er endlich von der Sängerin erhört wird? Nur ein Schatten kam da, stach zu, raffte den Schmuck an sich und war schon wieder in der Nacht verschwunden.

Am Tag danach fühlt sich der Goldlieferant bei Cardillac äußerst unwohl. Er gibt zu, ihm ist der Goldschmied nicht geheuer.

Cardillacs Tochter wird von einem jungen Offizier verehrt – er will sie überreden, mit ihm aus der Werkstatt des Vaters zu fliehen. Die Tochter verweigert es.

Der König selbst tritt bei Cardillac ein und will Schmuck kaufen. Cardillac ist erschrocken und erklärt, er werde neuen, schöneren Schmuck anfertigen, er habe nichts auf Lager, was eines Königs würdig sei.

Der Offizier kommt wieder und sagt Cardillac, er wolle ihn seines schönsten Schmuckes berauben. Cardillac atmet auf, als er begreift, dass damit seine Tochter gemeint ist. Er willigt in eine Heirat sofort ein. Allerdings will er auch seinem Schwiegersohn keine Kette verkaufen: Er warnt ihn ausdrücklich, Schmuck von Cardillac für Cardillacs Tochter zu erwerben. Der Offizier lässt sich nicht abschrecken.

Allein geblieben, kämpft der Goldschmied einen inneren Kampf. Er kann nicht arbeiten, er sieht nichts als den Platz, auf dem die Kette lag. Er muss sie wiederhaben.

In einer dunklen Gasse überfällt er den Offizier und verwundet ihn.

Der Goldhändler, der Cardillac argwöhnisch beobachten ließ, hat die Wahnsinnstat gesehen, holt die Polizei – der Offizier aber erklärt, er sei von eben diesem Goldhändler überfallen worden.

Ganz Paris scheint „auf der Gasse", es bejubelt den genialen Goldschmied. Der aber hält auch diese Art von Huldigung nicht aus und erklärt, er kenne den wahren Täter.

Er soll ihn nennen, wird geschrien.
Da nennt er ihn.
Er selbst ist es, bekennt er. Er konnte sich, er kann sich nicht von dem trennen, das er geschaffen hat. Er wird sich nie von seinen Kunstwerken trennen können.
Und ganz Paris schlägt zu und lyncht ihn.
Vor dem Sterbenden knien seine Tochter und ihr Verlobter nieder. Cardillac sieht die goldene Kette. Sein Kunstwerk. Er will nach ihr greifen – und stirbt.

Hindemith hat sich den Text zu seiner Oper selbst geschrieben, die Handlung ist E.T.A. Hoffmanns „Das Fräulein von Scuderi" entnommen. In der hier nicht beschriebenen großen Fassung trifft Cardillac auf eine Sängerin, gibt es eine Bühnenhandlung: Die Künstlerin begreift Cardillacs Gier und er offenbart ihr, was ihn bewegt. Er ist ein Schöpfer, der seine Geschöpfe nicht entlassen kann.

Mathis der Maler

Libretto: *Paul Hindemith*
Uraufführung: *28. 5. 1938 in Zürich*
Personen/Stimmen: *Albrecht von Brandenburg* Kardinal, Erzbischof von Mainz (Tenor) – *Mathis* Maler in seinen Diensten (Bariton) – *Lorenz von Pommersfelden* Domdechant von Mainz (Bass) – *Wolfgang Capito* Rat des Kardinals (Tenor) – *Riedinger* reicher Mainzer Bürger (Bass) – *Hans Schwalb* Führer aufständischer Bauern (Tenor) – *Truchsess von Waldburg* Befehlshaber des Bundesheeres (Bass) – *Sylvester von Schaumburg* einer seiner Offiziere (Tenor) – *Graf von Helfenstein* (stumme Rolle) – *Der Pfeifer des Grafen* (Tenor) – *Ursula* Riedingers Tochter (Sopran) – *Regina* Schwalbs Tochter (Sopran) – *Gräfin Helfenstein* (Alt)

Immer wieder haben sich Künstler nicht nur um ihre Kunst, sondern auch um ihr Künstlertum Sorgen gemacht. Ist es ein Geschenk, das sie pflegen und zur vollen Entfaltung bringen sollen? Ist es eine Verpflichtung, die ihnen so etwas wie Haltung abverlangt?
Und dann die Fragen, die ihnen auch große Not schufen. Waren sie ihres Künstlertums wegen nicht nur verpflichtet,

sondern auch fähig, der Menschheit mehr zu geben als ihre Kunst?

Dergleichen sind, alles in allem, recht spröde Fragen. Gleichzeitig aber sind sie immer wieder das, was man aktuell nennt. Sollen sich Schriftsteller in die Politik einmengen? Sind Komponisten nicht auch wegen ihrer aufrüttelnden Lieder politisch verfolgt worden? Haben Maler zu allen Zeiten immer nur die Taten ihrer Fürsten oder der Heiligen Mutter Kirche verherrlicht oder haben nicht auch sie Revolution genährt?

Mathis der Maler, eigentlich Matthias Grünewald, wird diese Frage in den Bauernkriegen vorgelegt: Er ist bei Kardinal Albrecht von Brandenburg, dem Erzbischof von Mainz, in Diensten. Im Hof des Antoniterstiftes malt er den Kreuzgang, während der schwer verwundete Bauernführer Hans Schwalb und seine Tochter Regina im Kloster Zuflucht suchen. Die Mönche üben Christlichkeit, Mathis schenkt dem Mädchen ein Band. Schwalb aber fordert von dem Künstler mehr. Er soll Partei nehmen und den Unterdrückten beistehen. Mathis ist noch nicht so weit, immerhin schenkt er Schwalb sein Pferd und sagt ihm, man solle mit ihm rechnen. Das genügt, ihn in seiner Stellung nahezu untragbar zu machen.

Die Auseinandersetzungen zwischen Protestanten und Katholischen gehen weiter, der Kardinal kehrt mit einer Reliquie des Heiligen Martin heim: Seine Anweisungen sind hart und klar. Die ketzerischen Schriften der Protestanten haben verbrannt zu werden, ein Reliquienschrein solle die Gebeine des Heiligen bergen. Ursula, die Tochter eines reichen Mainzer Bürgers, will Mathis den Auftrag erteilen, den Schrein zu gestalten. Da wird Mathis verklagt, weil er den Bauern beigestanden hat.

Dem Kardinal ist das Schicksal des Malers gleichgültig, er hat einen Künstler angestellt, der soll seine Arbeit verrichten. Mathis aber denkt nicht daran, er hat jetzt einen größeren, wichtigeren Auftrag. Der Dechant von Mainz will den aufsässigen Maler verhaften lassen. Der Kardinal aber ist souveräner, wenigstens auf seine Art. Mathis hat nichts zu befürchten, er soll „zum Teufel" gehen.

Der Vater Ursulas ist nicht nur angesehen, sondern auch ein Schutzherr der Protestanten. Er verwahrt deren Schriften – und einen Brief Martin Luthers an den Erzbischof von Mainz: Der solle zum Protestantismus übertreten, als weltlicher Fürst heiraten und herrschen.

Opernfreunde sind hoffentlich in der Lage, das aufwendige Werk selbst zu hören. Wichtig für jedermann aber ist: Aus dieser Oper hat Hindemith seine „Mathis"-Symphonie zusammengestellt. Sie ist im Konzertsaal weiterhin präsent. Und sie war Anlass zu einer politisch bedeutsamen Auseinandersetzung: Im „Dritten Reich" ließ Goebbels Hindemith verbieten. Wilhelm Furtwängler trat öffentlich für „Mathis" ein und wurde ebenso öffentlich gemaßregelt. Wäre er nicht Furtwängler gewesen, er hätte seinen berühmten Artikel über die Qualitäten der Musik Hindemiths wahrscheinlich nicht überlebt. Zumindest nicht als angesehener Dirigent.

Die Idee hat etwas für sich. Der Ratgeber des Kardinals wie auch der reiche Mainzer Bürger können sich vorstellen, Luthers Idee zu verwirklichen. Der hohe Geistliche ist verschuldet und bliebe immerhin, was er in erster Linie ist und sein möchte: ein Fürst. Ursula, mit diesem Kuhhandel um ihre Person nicht einverstanden, sucht Schutz bei Mathis. Der aber hat plötzlich seine „Sendung" erkannt. Nicht die Frau ist zu schützen, den Bauern muss er zu Hilfe kommen. Ursula bleibt allein.

Bauern, einmal in der Überzahl, benehmen sich nicht anders als Kriegsknechte. Sie haben die Stadt Königshofen eingenommen, lassen sich von einer Gräfin bedienen. Sie wollen sich der Gräfin bedienen – und Mathis begreift nicht, dass diejenigen, für die er Partei ergriffen hat, im Sieg gleich unmäßig sind wie alle anderen Kämpfenden. Schwalb kommt ihm zu Hilfe, formiert die Bauern neu und zieht mit ihnen wiederum in einen Kampf, der allerdings den Bundestruppen Sieg bringt. Schwalb stirbt, Mathis wird nicht verfolgt – immerhin hat er zuvor für die Gräfin Partei ergriffen. Er nimmt sich der Tochter des Bauernführers an und verlässt den Platz.

Der Kardinal ist beinahe überzeugt, dank einer Heirat mit Ursula, der reichen Bürgerstochter, alle seine Probleme lösen zu können. Allerdings nur beinahe – im letzten Augenblick begreift er, wie er in Gedanken bereits zum Sünder geworden ist und zieht die Konsequenz. Er bleibt ein treuer Diener seiner Kirche, arm und sich selbst in die Einsamkeit verbannend.

Mathis und Regina, die Tochter des toten Bauernführers, ziehen durch die Nacht. Im Traum, der einer großartigen Vision gleichkommt, erlebt Mathis alle erdenklichen Versuchungen, denen er – nicht als Mensch, sondern als Künstler – widersteht. Wir alle kennen die einzelnen Stationen dieser Vision, Matthias Grünewald hat aus ihnen die großen Türen des Isenheimer Altars geschaffen. Das heißt, ein Visionär hat aus den Erfahrungen seines Lebens und seiner Erschöpfung an diesem ein Kunstwerk zu hinterlassen.

Und ist, als er sein Werk vollendet hat, selbst erschöpft. Was sich an Leben noch ereignet, ist ihm nicht wichtig: Regina stirbt, das ihr von Mathis einst geschenkt Band geht an Ursula. Der Kardinal will den Maler wieder an sich binden, der aber beendet seine Existenz. Er legt in einer Truhe nicht die Gebeine des Heiligen Martin, sondern seine Werkzeuge ein für allemal zur Ruhe. Er hat getan, was er konnte. Hat er versagt?

Er hat gesiegt, wissen wir. Seine Werke überdauern die Zeiten, in denen sich Aufruhr und Krieg und Liebe und Tod immer wieder erleben lassen.

ENGELBERT HUMPERDINCK

* 1. 9. 1854 in Siegburg, † 27. 9. 1921 in Neustrelitz

Hänsel und Gretel

Libretto: Adelheid Wette
Uraufführung: 23. 12. 1893 in Weimar
Personen/Stimmen: *Peter* Besenbinder (Bariton) – *Gertrud* sein Weib (Mezzosopran) – *Hänsel* (Mezzosopran) – *Gretel* (Sopran) – *Sandmännchen* (Sopran) – *Taumännchen* (Sopran) – *Knusperhexe* (Mezzosopran oder Tenor)

Ein Märchen? Aber selbstverständlich ist es ein Märchen, und man muss es niemandem erzählen. Oder doch?

Im Haus des armen Besenbinders Peter sind Hänsel und Gretel allein und haben Hunger. Trotzdem tollen sie durch die Küche – und ihre Mutter muss den Besen aus der Ecke holen, um Ruhe zu schaffen. Dabei zerbricht der Krug mit Milch, die Mutter ärgert sich nicht über sich, sondern über die Kinder und schickt sie in den Wald. Sie sollen Beeren sammeln.

Der heimkehrende Vater, ein bisserl betrunken, aber erfolgreich mit gutem Essen beladen, bekommt es mit der Angst zu tun. Die Kinder sind im Wald? Wo die böse Hexe lauert? Er läuft aus dem Haus …

Tief im Wald haben Hänsel und Gretel ihre Körbe voll Erdbeeren – und sind müde. Also essen sie die Erdbeeren auf und hätten Angst, weil es ja dunkel wird. Aber: Das Sandmännchen streut ihnen Sand in die Augen, sie werden müde und beten noch rasch ihr Nachtgebet. Dann schlafen sie ein – und viele, viele Engel kommen vom Himmel und beschützen sie.

Am nächsten Morgen werden Hänsel und Gretel vom Taumännchen geweckt, sehen das Lebkuchenhaus, wecken unglücklicherweise die Hexe, werden von ihr eingesperrt und müssen sich sehr fürchten. Die Hexe springt wie ein Hexerich auf dem Besen herum und freut sich auf gemästete Kinder.

Selbstverständlich ist es komisch, zugleich aber weiterhin wirksam: Kinderlieder, die jedermann kennt, von einem Wagner-Orchester begleitet. Viele Auseinandersetzungen, ob dies nun eine Kinderoper sei oder nicht, enden unentschieden.

Die große Szene, in der Engel vom Himmel steigen, um die Kinder im Wald zu beschützen, ist heute wirklich nur mehr kitschig. Aber eindrucksvoller Kitsch. Und die alsbald erscheinende Hexe? Die ist eine Partie für Publikumslieblinge – in der Regel ältere Buffos.

Freilich, mit Kindern muss man vorsichtig sein: Als Gretel in den Ofen soll, um gebacken zu werden, tut sie so, als wisse sie nicht, wie man in einen Ofen kriecht. Die Hexe macht es vor, die Kinder schieben nach, und schwupps ist die Hexe selbst im Ofen und brät. Und brät. Und lässt den Ofen explodieren, worauf aus allen kleinen Lebkuchen wieder kleine Kinder werden. Und nur ein riesiger Lebkuchen überbleibt. Der aber ist die für immer gebackene Hexe.

Engelbert Humperdinck hat Glück. Immer noch glauben Eltern, ihre Kinder seien mit „Hänsel und Gretel" in die Oper zu locken, die immer noch glaubt, mit „Hänsel und Gretel" zu Weihnachten ein volles Haus zu haben. Und immer noch sind die besten Sängerinnen zu bewegen, Hänsel und Gretel zu singen, und immer findet sich ein populärer älterer Sänger, der die Hexe macht. Wie dick das Orchester auch ist, jeder macht sich vor, ein Märchen sei immer ein Erfolg. Und meistens ist „Hänsel und Gretel" auch einer.

> Trotz aller Einwände: Die bedeutendsten Sängerinnen unserer Tage haben Hänsel und Gretel gesungen und, wenn man ihnen keine Gelegenheit auf der Bühne dafür gab, CDs aufgenommen. Weil es ihre Antwort auf die „Drei Tenöre" ist?

LEOŠ JANÁČEK

* 3. 7. 1854 in Hochwald/Hukvaldy, † 12. 8. 1928 in Mährisch-Ostrau/Ostrava

Jenufa

Libretto: *Leoš Janáček*
Uraufführung: *21. 1. 1904 in Brünn*
Personen/Stimmen: *Die alte Buryjovká Hausfrau in der Mühle (Alt) – Laca Klemeň ihr Stiefenkel (Tenor) – Števa Buryji ihr Enkel (Tenor) – Die Küsterin Buryjovká Witwe, Schwiegertochter der alten Buryjovká (Sopran) – Jenufa ihre Ziehtochter (Sopran) – Altgesell (Bariton) – Dorfrichter (Bass) – Seine Frau (Mezzosopran) – Karolka beider Tochter (Mezzosopran) – Eine Magd (Mezzosopran) – Barena Dienstmagd in der Mühle (Sopran) – Jano Schäferjunge (Sopran) – Tante (Alt)*

„Aus dem mährischen Bauernleben" steht recht ausdrücklich zu lesen. Das Drama der Jenufa, Ziehtochter der alten Küsterin Buryjovká, ereignet sich gegen Ende des neunzehn-

> Ganz prinzipiell zu allen den Opern von Leoš Janáček: Er findet seine musikalische Sprache, indem er zuerst einmal den Text quasi laut rezitiert und dabei einen „Sprechgesang" entwickelt, aus dem dann auch alle weiteren Komponenten der Oper entwickelt werden.

ten Jahrhunderts. Ausdrücklich dort und zu dieser Zeit. Seither hat sich viel verändert, man würde dieses Drama in unserem aufgeklärten Zeitalter kaum noch verstehen. Oder doch?

Gibt es noch so arme Bauern, so starre bäuerliche Regeln, so furchtlose alte Frauen, die ihre Augen vor dem Leben verschließen, um eine Sache zu wahren, die wir nur mehr den Anstand nennen und dabei lächeln?

Jenufa ist die Ziehtochter der Küsterin Buryjovká, einer wahrhaft alten, starren Frau. Sie hat von einem zweier Brüder – Števa – ein Kind empfangen. Und das verheimlicht. Sie muss nun fürchten, dass man den Vater ihres Kindes zum Militär ruft. Der jüngere Bruder Laca liebt gleichfalls Jenufa.

Števa muss nun doch nicht zum Militär. Also könnte er heiraten. Aber: Er ist, was man einen Tunichtgut nennt, er trinkt und verschleudert sein Geld. Weshalb die Küsterin ein Machtwort spricht. Ein Jahr lang muss er nüchtern bleiben, dann kann er Jenufa heiraten. Bis dahin werden die zwei einander nicht sehen.

Rasch begreift man, dass da nicht nur das erwartete Kind, sondern auch die Umgebung Katastrophen heraufbeschwören werden. Števa hat nichts gegen ein Probejahr, er wird Jenufa nie vergessen. Laca dagegen will Jenufa sofort umarmen und zerschneidet ihr, als sie sich wehrt, das Gesicht.

Die Küsterin ist auch eine der Partien, in der man nur die erfahrensten und klügsten Altistinnen hören und sehen möchte. Meist hat ein gutes Ensemble eine verdiente Sängerin, die nach Carmens und Ebolis dann zu der Küsterin findet. Manchmal aber kommen auch Sopranistinnen, also ehemalige Elisabeths, zum Zug.

Die Küsterin hat Jenufa in ihr Haus genommen, weiß von dem erwarteten Kind, sorgt dafür, dass es „unauffällig" auf die Welt kommt und tauft es selbst. Freilich hat sie einen grässlichen Plan. Sie gibt Jenufa ein Schlafmittel. Doch bevor sie noch irgend etwas tun kann, was sie tun will, kommen die von ihr gerufenen Števa und Laca, einer nach dem anderen: Števa erfährt, dass er jetzt Vater ist, will Jenufa aber nicht mehr heiraten. Laca sagt sie, Jenufa habe zwar ein Kind von Števa geboren, das aber sei gestorben. Einer Heirat stehe also nichts im Wege ...

Jenufa weiß nichts von dem Tod ihres Kindes, die Küsterin erzählt ihr, es sei während des „Fieberschlafes" gestorben. Und Laca, der mit aller Gewalt darauf dringt, Jenufa zu heiraten, bringt die Unglückliche so weit, sich mit ihm zufrieden zu geben.

Eine Hochzeit ist mehr als ein Fest, nicht nur die Familie, das ganze Dorf nimmt an ihr teil.

Man kommt, um die Aussteuer zu besichtigen, über die Braut zu tuscheln und schließlich auch, um sich bewirten zu lassen.

In diese Feierlichkeiten, die eine unter viel Zwang entstandene Ehe beginnen lassen sollen, kommt die Nachricht: Unter dem Eis ist der Leichnam eines kleinen Kindes gefunden worden. Jenufa erkennt es als das ihre, das Dorf ist drauf und dran, sie abzuurteilen – nur sie kann dieses Kind getötet haben, um Laca als Mann zu gewinnen.
Die alte Küsterin aber, die nichts zu verlieren hat, bekennt sich zu ihrer Tat. Sie hat das Kind getötet, um ihrer Ziehtochter ein neues Leben zu ermöglichen. Sie ist die Mörderin, sie lässt sich ins Gefängnis führen.
Der „Abgesang" soll zeigen, dass es Gerechtigkeit gibt auf der Welt: Die Braut des weiterhin blöden Števa verlässt ihn. Jenufa aber ist glücklich. Denn Laca hat begriffen, dass seine Geliebte unschuldig ist. Er will ihr Mann sein.
Wir dürfen zweifeln, dass Ruhe eintreten wird. Števa lebt weiter. Laca und Jenufa können ein Ehepaar sein. Niemand in ihrer Umgebung aber wird vergessen, dass da ein Kind von Števa war, das umgebracht worden ist.

Wie in allen Opern Janáčeks wird man nicht nur von den Schicksalen, sondern auch von der Natur, in der sie sich ereignen, überwältigt.

Kata Kavanová / Katja Kabanowa

Libretto: *Leoš Janáček*
Uraufführung: *23. 11. 1921 in Brünn*
Personen/Stimmen: *Savël Prokojevič Dikoj* Kaufmann (Bass) – *Boris Grigojevič* sein Neffe (Tenor) – *Marva Ignatěvna Kabanová* genannt „Kabanicha", eine reiche Kaufmannswitwe (Alt) – *Tichon Ivanyč Kabanov* ihr Sohn (Tenor) – *Katja* seine Frau (Sopran) – *Kudrjáš* Lehrer und Naturforscher (Tenor) – *Varvara* Pflegetochter im Hause Kabanov (Mezzosopran) – *Kuligin* Freund des Kudrjáš (Bariton) – *Gláša* Bedienstete (Sopran) – *Fekluša* Bedienstete (Sopran) – *Eine Frau* (Alt) – *Ein Vorbeigehender* (stumme Rolle)

Ein Ehedrama? Vielleicht. Das Schicksal einer geknechteten Frau? Gewiss. Der Triumph einer herrischen Mutter? Sicherlich.
Das alles könnte überall in der Welt geschehen, diesmal aber geschieht es ausdrücklich in einer Kleinstadt am Ufer der

Man hört es sofort: Der stets rauschende Strom treibt die Dialoge der handelnden Personen an. Wenn die auch unterschiedliche Geschwindigkeiten haben – Katja Kabanova selbst kann lyrisch weit ausschwingen, ihre Schwiegermutter dagegen ist rasch und herrisch und zugleich eine „komische Alte". Man lernt nirgendwo so genau wie bei Janáček, dass auch solche Frauen komisch und bedrohlich zugleich sind.

Wolga. Die Stadt heißt Kalinow, und die Wolga ist für die Bewohner mehr als irgendein Fluss. Sie ist das Sinnbild in die Weite fließenden Elementes, das in eine mögliche Freiheit lockt, in dem man aber auch zugrunde gehen kann.

Vor allem, wenn man Katja Kabanová heißt, mit dem scheuen, uninteressanten Kaufmann Tichon verheiratet ist und die alte herrische Kabanicha, eine reiche Kaufmannswitwe, zur Schwiegermutter hat.

Katja Kabanová weiß, dass sie die Ehe nicht aushalten wird. Sie weiß auch, dass Boris, der Sohn des immer betrunkenen Kaufmanns Dikoj, in sie verliebt ist. Und sie ahnt, dass sie diese Liebe erwidern will. Alles Elemente, die eine antike Tragödie sein könnten, in einer Provinzstadt an der Wolga aber nicht minder tragische Dimensionen annehmen.

Die Kabanicha hat ihre Herrschaft noch nicht abgegeben. Sie mag die Schwiegertochter nicht, sie mag ihren Sohn nicht, weil er geheiratet hat. Sie gibt ihm trotzdem alle Anweisungen, die im Hause zu geben sind. Er hat auf eine Einkaufsreise zu gehen. Katja, die Hellsichtige, ahnt das Verhängnis, das sich über ihr zusammenzieht. Sie bittet ihren Mann, sie mit auf die Reise zu nehmen. Sie fleht ihn an, ihr wenigstens einen Treueschwur abzunehmen, wenn er sie daheim zurücklässt.

Die Kabanicha drängt. Auf Aufbruch, auf Abschied. Für Jammer der Schwiegertochter, für Kindereien ihres Sohnes hat sie kein Verständnis.

Dass sie Katja Kabanová quälen kann, weiß sie genau. Sie tut's bis aufs Blut und erreicht, was sie so nicht erreichen wollte. Varvara, die Freundin, hat einen Schlüssel für einen Garten: Katja erhält ihn, Boris wartet dort auf sie.

Noch während Katja sich auf ihre Untreue vorbereitet, hat die Kabanicha ihr unverhülltes Vergnügen. Sie treibt es mit Dikoj, dem ewig Betrunkenen. Sie holt sich auf ihre alten Tage, was ihr gar nicht mehr zusteht.

Im Garten sind die beiden Liebespaare glücklich. Boris und Katja, Varvara und ein gewisser Wanja Kudrjáš. Der Himmel ist finster, die Wolga rauscht, die Nacht gehört der Liebe.

Am Ufer der Wolga herrscht Unwetter. Die beiden verliebten und geliebten Männer unterhalten sich. Varvara kommt hinzu und berichtet, was geschehen ist: Katjas Mann ist zurück und Katja selbst ist, was man außer sich nennt. Sie kann mit ihrer eigenen Sünde nicht leben. Sie bekennt ihrem Mann, ihrer Schwiegermutter, der ganzen Stadt: Sie hat in vollem Bewusstsein großes, verbotenes Glück genossen. Sie hat Tichon betrogen. Jedermann soll es wissen. Betrogen hat sie ihn, weil sie nicht anders konnte.

An der Wolga löst sich das Drama der Katja Kabanová in seltsamen Frieden auf. Varvara und Kudrjáš sind aufgewacht aus ihrer Dumpfheit und beschließen, gemeinsam nach Moskau zu fliehen. Sie wollen in der Großstadt leben. Die Kabanicha fordert den Martertod der Schwiegertochter. Und damit ihre Herrschaft zurück.

Katja verabschiedet sich von dem jungen Boris, der ihr gar nicht so viel bedeutet. Sein Onkel schickt ihn in ein Geschäftshaus nach Sibirien. Ein Ausweg aus dem Dilemma, in das er Katja gebracht hat, aus dem er Katja nicht helfen will.

Sie will sich auch nicht mehr helfen lassen. Sie überlässt sich den Fluten der Wolga. Als ihre Leiche an das Ufer gespült wird, begreift der arme, tumbe Ehemann Tichon, dass er nicht betrogen worden ist. Er hat nur eine zu starke, für ihn zu starke Frau gehabt. Die büßte.

Wie alle Opern Janáčeks ist auch die „Katja" ohne Zweifel kaum zu verstehen, wenn man nicht alle Anweisungen des Autors liest. Für Janáček spielt diese Geschichte von einer schlimmen Ehe nicht irgendwo, sondern an einem breiten, lockenden Fluss. Der ein Symbol ist für die Weite, in die sich seine Heldin sehnt. Wer Ohren hat, hört es nicht nur im gesungenen Text, sondern auch in der Musik.

Die Sache Makropulos

Libretto: *Leoš Janáček*
Uraufführung: *18. 12. 1926 in Brünn*
Personen/Stimmen: *Emilia Marty* Sängerin (Sopran) – *Albert Gregor* (Tenor) – *Vitek* Rechtsanwaltsgehilfe (Tenor) – *Kristina* seine Tochter (Mezzosopran) – *Jaroslav Prus* (Bariton) – *Janek Prus* sein Sohn (Bariton) – *Dr. Kolenatý* Anwalt (Bass-Bariton) – *Maschinist* (Bass) – *Aufräumfrau* (Alt) – *Hauk-Šendorf* Operettentenor (Tenor) – *Kammermädchen* (Alt)

Es gibt eine einzige Schwierigkeit, davon zu erzählen: Man muss Zuhörer finden, die entweder an die Seelenwanderung glauben oder die es für möglich halten, dass starke Persönlichkeiten unsterblich sind. Oder sogar solche, die den Zeitpunkt ihres Todes – Jahrzehnte, Jahrhunderte nach ihrer Geburt – selbst bestimmen können.

Funktioniert das nicht, dann kann man gar nicht erzählen. Nicht einmal, wenn ganz klar ist, dass die Geschichte in Prag spielt, der Stadt des Golem, der Stadt, in der sich noch um die Jahrhundertwende – der zum zwanzigsten Jahrhundert – immer höchst unglaubhafte Dinge ereignet haben.

Eine angesehene Prager Anwaltskanzlei – Dr. Kolenatý ist ihr Inhaber – ist der Schauplatz: Ein über beinahe hundert Jahre währender Erbschaftsstreit soll jetzt entschieden werden, die Sache Gregor gegen Prus ...

In der Kanzlei erscheint die Aufsehen erregende Sängerin Emilia Marty, die sich – niemand begreift, weshalb – über den Stand dieser Auseinandersetzung informieren lassen will. Dabei zeigt sie erstaunliche Kenntnisse, weiß genau, wo sich das seit 1827 unauffindbare Testament des schwerreichen Baron Prus befindet, kennt die Namen derjenigen, die damals um die Millionen stritten. Und behauptet, nicht der Vetter Emmerich Prus, sondern ein bestimmter Ferdinand Gregor, unehelicher Sohn des Millionärs, sei als Erbe genannt: Seine Mutter sei die schottische Sängerin Elian MacGregor gewesen ...

Seit geraumer Zeit gibt es nur eine einzige weltweit gesuchte Interpretin dieser Partie: Anja Silja. Freilich, es hat schon vor ihr Sopranistinnen gegeben, die unwirklich und erschreckend waren. Und es wird nach ihr wieder welche geben. Um die Jahrhundertwende aber ist „die Silja" dafür verantwortlich, dass diese Oper auf vielen Bühnen immer und immer wieder gegeben wird.

Der junge Gregor, fasziniert von der so schönen wie unheimlichen Sängerin, will, dass deren Behauptungen überprüft werden. Sie selbst verlangt von ihm ein Dokument, das er geerbt hat.

Und wenigstens eine Sensation ereignet sich sofort. Das Testament wird gefunden, genau dort, wo es nach Emilia Marty versteckt gewesen war. Damit ist ein Rechtsanwalt selbstverständlich nicht zufrieden. Er will jetzt auch noch den Nachweis, dass der genannte Ferdinand Gregor wirklich der Sohn des reichen Mannes war. Anwälte haben es gern hieb- und stichfest.

Auf der verlassenen Bühne des Prager Opernhauses kommen wir dem eigentlichen Drama näher. Das ist Emilia Martys Reich, hier wird sie umschwärmt und angebetet, hier verteilt sie ihre Huld – und hier lässt sie sich auch auf eine Auseinandersetzung mit der anderen Partei des Erbschaftsstreites ein. Jaroslav Prus spürt etwas: Da gibt es Liebesbriefe an den hundert Jahre vorher Verstorbenen. Sie alle sind mit E. M. unterzeichnet. Elian MacGregor? Eugenia Montez? Elina Makropoulos? Oder vielleicht – vielleicht Emilia Marty?

Die Diva verweigert die Antwort, wieder will sie ein gewisses

Dokument, das sich im Besitz des Erben Prus befindet. Für dieses verspricht sie alles, auch eine Liebesnacht.
Diesem Versprechen hat Prus nicht widerstehen können. Aber er hat einen Eisblock geliebt. Und erfährt, sein eigener Sohn habe sich aus unerfüllter Liebe zu Emilia Marty das Leben genommen. Rasend hält er sein Versprechen, wirft das geforderte Dokument hin und verlässt die Marty. Sie will mit einem Verehrer fliehen, wird aber vom unbestechlichen Anwalt und allen an dem Erbschaftsstreit beteiligten Personen aufgehalten. Sie wird als Fälscherin entlarvt: Ein Autogramm von ihr und die Unterschrift auf einem hundert Jahre alten Schriftstück stammen von derselben Hand.
Sie ist keine Fälscherin. Sie erklärt den Schaudernden, wer sie ist. Die Tochter eines Alchemisten, Leibarzt des Kaisers Rudolf II. In Prag 1576 geboren, von ihrem Vater hat sie ein Lebenselixier erhalten, das sie unsterblich machte. Dreihundertdreißig Jahre lebt Emilia Marty schon, ein einziges Mal hat sie wirklich geliebt, Ferdinand Prus war deshalb im Besitz des erstaunlichen Rezeptes. Glück hat es niemandem gebracht.
Während ihrer Beichte wird die große Diva vor den Augen der Zeugen eine alte, eine uralte Frau. Beschwört die junge Sängerin Christa, das Rezept zu verbrennen. Die Formel zu zerstören. Und stirbt, als das Geheimnis ewigen Lebens in Flammen aufgeht.
Was bleibt? Erschütterte Menschen, die etwas erlebt haben, was undenkbar ist. Menschen auf der Bühne – und im Zuschauerraum des Opernhauses.

Denkt jemand an die Geschichten von Meyrink und Čapek? In Antiquariaten kann man sie noch kaufen und das alte Prag aus der Sicht der Schriftsteller vor 1900 oder um 1900 erleben. Oder man kann Leóš Janáčeks Oper hören und von der – in der Regel immer – aufregenden Darstellerin der Emilia Marty fasziniert sein. Was für eine Persönlichkeit ...

Aus einem Totenhaus

Libretto: *Leoš Janáček*
Uraufführung: *12. 4. 1930 in Brünn*
Personen/Stimmen: *Alexandr Petrovič Gorjančikov* (Bass) – *Aljeja* ein junger Tartar (Tenor oder Sopran) – *Filka Morozov*

im Gefängnis als *Luka Kuzmič* (Tenor) – *Der große Sträfling* (Tenor) – *Der kleine Sträfling* (Bariton) – *Der Platzkommandant* (Bariton) – *Der ganz alte Sträfling* (Tenor) – *Skuratov* (Tenor) – *Čekunov* (Bariton) – *Der betrunkene Sträfling* (Tenor) – *Der Koch* (Bariton) – *Der Schmied* (Bass) – *Der Pope* (Bariton) – *Der junge Sträfling* (Tenor) – *Dirne* (Mezzosopran) – *Ein Sträfling* in der Rolle Don Juans und des Brahminen (Bariton) – *Kedril* (Tenor) – *Šapkin* (Tenor) – *Šiškov* (Bass) – *Čerevin* (Tenor) – *Zwei Wachen* (Tenor und Bariton) – *Stimme hinter der Szene* (Tenor)

Kann man von „Handlung" sprechen, wenn man berichtet, was in einem Gefangenenlager im fernen Sibirien geschieht? Das Lager existiert, und hier und da stirbt einer, wird jemand gefoltert, keimt Hoffnung auf.

Aber das Lager bleibt, und die Gefangenen sind einander zum Verwechseln ähnlich. Selbst wenn sie jeder für sich eine Persönlichkeit sind und jedes ihrer Schicksale nur einmal denkbar ist.

Die Tage, die Jahre vergehen, und das Lager, das einem Totenhaus gleicht, einem Haus der lebend Toten, existiert immer weiter. Über Tage, über Jahre, wir wissen, dass es über Jahrhunderte bestehen bleibt.

Was wir sehen und hören, geschieht in Sibirien zu Zeiten, in denen noch Zaren über Russland herrschten. Ist das von Bedeutung? Angesichts dessen, was wir von Gefangenenlagern in Sibirien wissen aus Zeiten, in denen jedes Andenken an die Zarenherrschaft ausgetilgt war?

Was wir erschüttert sehen und hören, sind sozusagen Momentaufnahmen.

In dem Lager wird ein neuer, ein politischer Gefangener eingeliefert. Niemanden kümmert es, dass er gefoltert wird. Dazu ist das Lager ja da. Ein großer Adler mit einem gelähmten Flügel hockt beim „großen Sträfling". Ein Symbol mit seiner gebrochenen Schwinge.

Die Gefangenen haben nichts außer Arbeit und der Möglichkeit, einander zu erzählen. Skuratov tanzt, er erinnert sich seiner Zeit in Freiheit. Kuzmič berichtet, wie er einen Lagerkommandanten erschlagen hat. Gorjančikov, der Neue, hat seine erste Folter hinter sich.

Monate später ist das Leben unverändert. Im Lager spricht sich herum, dass es eine Besichtigung geben wird. Skuratov erzählt, weshalb er zu lebenslänglichem Kerker verurteilt

---

Eine Oper für das gesamte Herren-Ensemble eines Hauses, verdiente alte Tenöre und noch frische Vertreter des Bariton-Faches werden gebraucht. Kaum einer kann sich hervortun. Nicht einmal der „politische Gefangene", der das Gefängnis zuletzt verlassen darf. Wenn es eine Oper gibt, die von einem totalen Einsatz aller Mitwirkenden lebt, dann ist es dieses „Totenhaus". Und Wiener müssen sich in Erinnerung rufen: Die Volksoper hatte dieses Werk hervorragend im Repertoire, bevor es zum Beispiel bei den Salzburger Festspielen angeblich „entdeckt" wurde. Zur Ehre eines unvergessenen Sängers: Carl Dönch hat diese Oper am Währinger Gürtel in Wien beinahe „populär" gemacht. Vor Jahrzehnten ...

wurde. Man hat eine Art Lagertheater erfunden. Bei einer Rauferei wird Aljeja, ein junger Tartar, schwer verletzt.
Aljeja liegt im Spital. Der politische Häftling unterrichtet ihn. Er soll die Bibel lesen können. Der Gefangene Šiškov berichtet, wie er seine Frau umgebracht hat, aus Eifersucht. Luka Kuzmič, der auf der Pritsche neben ihm im Sterben liegt, erkennt Šiškov erst im letzten Augenblick – er war der Mann, wegen dem er seine Frau getötet hat. Jetzt sind beide im Totenhaus.
Im Hof wird der politische Gefangene Gorjančikov zum Lagerkommandanten bestellt. Der bittet ihn wegen der Folterung um Verzeihung. Gorjančikov ist begnadigt, er wird das Lager lebend verlassen.
Seine Mitgefangenen erleben das zum ersten Mal. Sie schöpfen Hoffnung. Und lassen den Adler, dessen Flügel geheilt ist, frei. Mag sein, dass es doch auch ein Leben gibt, das nicht in einem Lager in Sibirien endet. Irgendwann einmal.

WILHELM KIENZL

* 17. 1. 1857 in Waizenkirchen, † 3. 10. 1941 in Wien

Der Evangelimann

Libretto: *Wilhelm Kienzl*
Uraufführung: *4. 5. 1895 in Berlin*
Personen/Stimmen: *Friedrich Engel* Rechtspfleger im Kloster St. Othmar (Bass) – *Martha* seine Nichte und Mündel (Sopran) – *Magdalena* ihre Freundin (Alt) – *Johannes Freudhofer* Schullehrer zu St. Othmar (Bariton) – *Mathias Freudhofer* sein jüngerer Bruder, Amtsschreiber im Kloster (Tenor) – *Xaver Zitterbart* Schneider (Tenorbuffo) – *Anton Schnappauf* Büchsenmacher (Bassbuffo) – *Friedrich Aibler* ein älterer Bürger (Bass) – *Frau Aibler* (Mezzosopran) – *Frau Huber* (Sopran) – *Hans* ein junger Bauernbursche (Tenor) – *Stimme des „Kegelbuben"* (Sopran) – *Stimme des Nachtwächters* (Bass) – *Lumpensammlerin* (Mezzosopran) – *Knabe* (Sopran) – *Sechs Knechte* (vier Tenöre, zwei Bässe) – *Abt* (stumme Rolle) – *Leiermann* (stumme Rolle)

Voraussetzung dafür, einen Alt-Wiener Innenhof auf der Bühne zu sehen und eine der populärsten Melodien zu hören, die ein Tenor und ein Kinderchor singen, ist: Man muss wissen, was ein Evangelimann ist. Ein Straßensänger, der nicht mit populären Gassenhauern, sondern mit frommen Liedern um die bewusste milde Gabe bittet. Ich weiß nicht, wann genau es diese Evangelimänner gegeben hat, nach Angabe von Wilhelm Kienzl in der Zeit um 1850. Also nach der Revolution.

Vor dieser Revolution, vor 1848, beginnt die Geschichte: Zwei Brüder, Mathias und Johannes Freudhofer, Bürger in St. Othmar in Niederösterreich, sind in ein und dasselbe Mädchen verliebt. Martha, streng gehaltene Nichte des Justiziars Friedrich Engel. Mathias, Amtsschreiber im Kloster, ist derjenige, den Martha mag. Johannes, Lehrer, will erstens Oberlehrer werden und zweitens seinem Bruder das Mädchen ausspannen. Er verrät das Liebespaar an den gestrengen Onkel und erreicht sehr rasch, was er wollte: Sein Bruder kann zwar noch seine ehrsamen Absichten beteuern, dann aber wird er aus dem Kloster verjagt.

Sopran und Tenor haben ein Liebesduett „Wir halten uns umfangen", das beinahe italienisch klingt. Man vergisst es erst nach der Pause wieder.

Einmal noch will er Martha sehen und bittet um ein Treffen bei der Kegelbahn im Ort. Sein Bruder vereitelt es nicht. Im Gegenteil, er legt einen Brand – und Mathias, der sofort zu helfen sucht, wird im Kloster als Brandstifter angesehen. Rache wird als sein Motiv angenommen. Jetzt ist er nicht mehr entlassen, sondern wird festgenommen.

Dreißig Jahre später in Wien: Die Freundin Marthas pflegt den von schlechtem Gewissen geplagten bösen Johannes Freudhofer, der weder Martha bekam noch seine Ruhe fand, sondern in Fieberträumen immer wieder an den Bruder denken muss, dem er die Freiheit, das Leben geraubt hat.

Ein Evangelimann kommt in den Hof und singt für Magdalena und die Kinder, die bei ihr spielen, sein einprägsamstes Lied. „Selig sind, die Verfolgung leiden um der Gerechtigkeit willen ..."

Im Hof hört man zuerst einen echten Wiener Walzer, ein erlaubtes Zitat, das uns an die „Zeit der Handlung" erinnert. Und dann das zeitlos schöne Lied des Evangelimann, das bleiben wird, bis die Oper wieder gespielt wird. Und als Draufgabe sozusagen ist da auch noch eine Arie von den „schönen Jugendtagen", die Magdalena singen darf. Man bedenke:

Es ist Mathias. Er war zwanzig Jahre im Gefängnis, er hat als Strafentlassener erfahren müssen, dass sich seine Martha ertränkt hat. Er hat keine Arbeit mehr gefunden, geht als Evangelimann durch die Höfe, singt, ernährt sich von den Almosen.

Magdalena bittet ihn, noch einmal zu kommen. Er könnte einem Sterbenden mit seinen Liedern helfen.

Das Zusammentreffen der beiden Brüder ist dramatisch.

Johannes wird von seinem Gewissen gepeinigt. Mathias erkennt seinen Bruder und will ihn umarmen. Johannes schreckt zurück und sagt endlich, was er damals wirklich getan hat. Mathias ist für einen Augenblick voll Wut, dann aber selbst ein Evangelimann. Er verzeiht seinem sterbenden Bruder. Und drunten im Hof singen die Kinder, was der Evangelimann ihnen beigebracht hat.

Drei unvergessene Melodien, daraus entstehen heutzutage Musicals, die die Welt in Atem halten ...

Zu den Opern, die gegenwärtig nirgendwo im Repertoire zu finden sind, gehört auch Wilhelm Kienzls einst sehr populäres Werk. Ich erzähle ja nach dem Prinzip der Hoffnung. Wenn es eine Gerechtigkeit gibt und Platz für jede Art von guter Musik der Wende zum zwanzigsten Jahrhunderts ist, dann wird man auch den „Evangelimann" wieder erleben können. Als Erinnerung.

ERICH WOLFGANG KORNGOLD

* 29. 5. 1897 in Brünn, † 29. 11. 1957 in Los Angeles/Hollywood

Die tote Stadt

Libretto: *Paul Schott*
Uraufführung: *4. 12. 1920 in Hamburg und Köln*
Personen/Stimmen: *Paul* (Tenor) – *Marietta* Tänzerin, auch Erscheinung Mariens, Pauls verstorbener Gattin (Sopran) – *Frank* Pauls Freund (Bariton) – *Brigitta* Pauls Haushälterin (Alt) – *Juliette* Tänzerin (Sopran) – *Lucienne* Tänzerin (Mezzosopran) – *Gaston* Tänzer (Pantomime) – *Victorin* Regisseur (Tenor) – *Fritz* der Pierrot (Bariton) – *Graf Albert* (Tenor)

Wer einmal durch Brügge gefahren ist oder gar in der Stadt übernachtet hat, kann sich eher vorstellen, was es in diesem seltsamen, geheimnisvollen, dunklen Viertel der Stadt, in dem einmal eine Art Nonnen daheim war, alles geben kann. Und wenn er es sich nicht vorstellen kann, dann ist er selbst schuld.
Paul, ein noch junger Mann, hat seine geliebte Frau Marie verloren und sich mit allen Erinnerungen und Erinnerungs-

stücken an sie zurückgezogen – er lebt quasi nur noch als Witwer. Oder doch nicht? Er hat, berichtet er einem Freund, eine Frau kennen gelernt, sie heißt Marietta, ist Tänzerin und gleicht in allem seiner über alles geliebten Marie.

Es ist zumindest das nicht sonderlich seltsam, Männer verschmerzen den Tod der über alles geliebten Frau zumeist sehr rasch. Wenn eine Frau kommt, die der Verstorbenen sehr ähnlich ist, auch Laute spielen kann und außerdem noch das Lieblingslied von Marie singen kann, dann hat eine wie Marietta quasi schon gewonnen. Auch wenn sie gar nicht gewinnen will, die Tänzerin kennt wahrscheinlich das Leben zu gut, sie will offenbar nicht die Nachfolgerin sein. Sie hinterlässt nur eine Einladung für Paul – er soll doch ins Theater kommen.

Paul sieht im nächtlichen Brügge einerseits reale Menschen, andererseits offenbar Gespenster.

Erst sieht er eine junge Frau, die nicht begreifen konnte, warum er sich einer Tänzerin zugewendet hat – sie ist ins Kloster gegangen. Dann sieht er seinen Freund Frank, der ebenfalls in Marietta verliebt ist und offenbar etwas glücklicher, denn er hat einen Schlüssel zu ihrer Wohnung.

Sieht er die Frau und seinen Freund wirklich, oder phantasiert er nur?

Mit Phantasie hat's nicht zu tun, dass Marietta und ihre Theatertruppe erscheinen, auf dem Platz einen Ausschnitt aus einer Oper von Meyerbeer spielen und dass Paul diese „Vorstellung" stört. Er glaubt, er habe Marietta an seinen Freund verloren. Er kann glauben, was er will, Marietta hat ihn sofort wieder um den Finger gewickelt – sie verspricht, zu ihm zu kommen und seine Erinnerungen an die verstorbene Frau ein für allemal zu vertreiben.

Und sie versucht das auch, es scheint eine seltsame Eigenschaft von Frauen zu sein, sie interessieren sich immer dafür, eine echte oder eingebildete Rivalin zu besiegen. Wie anders kämen trauernde Männer so rasch wieder zu ihren neuen Frauen?

Vor dem Haus Pauls zieht eine Prozession vorüber, in Brügge gibt es oft höchst fromme Zusammenrottungen. Marietta, die glaubt, Paul die Erinnerung an Marie ausgetrieben zu haben, hat nicht mit seiner zweiten Eigenschaft, seiner Frömmigkeit, gerechnet. Als sie ihn auslacht, weil er offenbar auf Knien wieder an seine Marie denkt, ist es aus mit ihr. Sie hat eine Haarsträhne Marias entdeckt, sich um den Hals gelegt und wird von Paul erwürgt.

„Glück, das mir verblieb" ist die – Marcel Prawy wird mich deshalb verdammen – einzige Arie, die es notwendig macht, diese Oper immer wieder auf den Spielplan zu setzen. Freilich, es geschieht auch aus schlechtem Gewissen der heute Lebenden gegenüber einem Komponisten, der populär war und der nach seiner erzwungenen Emigration in seine Heimat so gut wie vergessen wurde. Trotzdem, diese Oper wird immer wieder aufgeführt werden und steht in diesem Buch als Beispiel für sehr viele Werke, die einmal über alle deutschen Opernbühnen gingen und jetzt zwar wieder endeckt, aber nur selten aufgeführt werden.

Und nichts davon ist geschehen, denn plötzlich ist der Tag da, Marietta wird als „fremde Dame" angemeldet, holt ihren Rosenstrauß, den sie bei Paul vergessen hat. Und trifft im Hinausgehen auf Frank, der gekommen ist, um seinen Freund aus der trüben Umgebung zu erlösen. Sollten sie nicht aus Brügge, der Stadt des Todes, weg?
Sie sollten es, denn anders besteht die Gefahr, dass sich erdachte Dramen wiederholen.

Das Wiener „Wunderkind", Sohn eines Musikkritikers, schrieb die „Tote Stadt" und damit einen Welterfolg, der in der Zwischenkriegszeit auf allen Opernbühnen gesungen wurde. Wien hat die Oper auch nach dem Zweiten Weltkrieg wieder ins Repertoire genommen. Seit allerneuestem spielt man sie auch anderswo wieder: Man gedenkt des Komponisten als eines Musikers, den die Nazis vertrieben haben. Korngold dankt es denen, die an ihm etwas gutmachen wollen, mit sangbarer Musik.

Ernst Krenek

* 23. 8. 1900 in Wien, † 22. 12. 1981 in Palm Springs/Calif.

Jonny spielt auf

Libretto: *Ernst Krenek*
Uraufführung: *10. 2. 1927 in Leipzig*
Personen/Stimmen: *Max Komponist (Tenor) – Anita Sängerin (Sopran) – Der Neger Jonny Jazzbandgeiger (Bariton) – - Daniello Violinvirtuose (Bariton) – Yvonne Stubenmädchen (Sopran) – Manager (Bass-Buffo) – Hoteldirektor (Tenor) – Bahnangestellter (Tenor) – Drei Polizisten (Tenor, Bariton, Bass)*

Es geht um Liebe, um Raub, um Musik – und um Symbolik, das wird gleich erklärt sein.
Am Fuße eines Gletschers lieben einander der Komponist Max und die Sängerin Anita. Er ein schwerblütiger Mensch, sie eine erfolgreiche, lebenslustige Person.

In Paris liebt sie daher den Geigenvirtuosen Daniello, Besitzer einer wertvollen Geige von Amati. Und ist zugleich in Gedanken wieder bei Max, dem Komponisten.

Der schwarze, ausdrücklich als „Neger" bezeichnete Jazzband-Geiger Jonny stiehlt die Amati und versteckt sie im Futteral eines Instruments, das Anita mit sich führt. Diese hat dem Virtuosen Daniello einen Ring geschenkt, den sie von Max hatte.

Worauf im Hotel die vollkommene Verwirrung ausbricht. Daniello sucht seine gestohlene Geige und ist erregt, weil Anita ihn verlässt. Um sich zu rächen, gibt er den Ring einem Stubenmädchen – es war verdächtigt worden, die Geige gestohlen zu haben. Jetzt soll sie mit dem Ring zum Komponisten Max und den in Verwirrung versetzen.

Jonny verfolgt die abreisende Anita, denn er will ja nichts weiter als die Geige.

Der Gletscher singt: Ernst Krenek war zwar ein moderner Komponist, ihn faszinierte aber die Natur so sehr, dass er ihr Stimmen verlieh.

Die ist quasi in der Nähe, als sich Max und Anita wiedersehen und doch nicht zueinander finden – das Stubenmädchen hat den Ring gebracht, Max weiß, dass er betrogen worden ist, er denkt an Selbstmord, wird aber von „Stimmen" des nahen Gletschers abgehalten. Er hat zu komponieren …

Im Hotel hört er die Stimme Anitas im Radio und will wieder zu ihr. Im Hotel hört allerdings der Geigenvirtuose Daniello auch seine Geige, denn Jonny hat sie schon und spielt auf ihr. Daniello aber meint, der Musiker Max habe sie gestohlen.

Jazz. Aber nicht wirklicher, sondern von einem Eurpäer nachempfundener Jazz. Den singt ein Bariton, der in der Regel ein Weißer ist, den man absichtlich und sichtbar schlecht als „Schwarzen" geschminkt auftreten lässt. Die Provokation von einst ist kaum mehr nachzuvollziehen.

Sehr rasch knüpfen sich die Knoten: Max wird am Bahnhof als Dieb der Geige verhaftet, Anita kann dagegen nichts mehr unternehmen, Daniello wird von einem Zug überfahren, Max rettet sich in den Zug, in dem Anita dem Geschehen entkommen will. Jonny aber bleibt die Geige. Er spielt sie triumphierend vor aller Welt, die Bahnhofsuhr hat sich in eine Weltkugel verwandelt, und Jonny, der „Neger", ist das Symbol der Neuen Welt, anno dazumal auch Jazz genannt. Sein – Jonnys und des Jazz' – Erfolg ist beispiellos.

Ernst Krenek hat mit dieser Oper seinen sensationellsten Erfolg komponiert, für Europa quasi die Vorherrschaft des Jazz ausgerufen, gleichzeitig aber auch die Position des Musikers alter Prägung (Max ist Krenek selbst) festgehalten. Selbst in seiner Heimatstadt Wien war Krenek erfolgreich. Bis man ihn mit dem Aufkommen des Nationalsozialismus als „entartet" bezeichnete, nichts von einer „Nigger-Oper" wissen wollte und den Siegeslauf von „Jonny" unterbrach. Nach dem Dritten Reich kam die Oper wieder. Freilich ist sie seither eher Anlass zu Nostalgie. Wie auch der Jazz.

RUGGIERO LEONCAVALLO

* 23. 4. 1857 in Neapel – † 9. 8. 1919 in Montecatini

I Pagliacci / Der Bajazzo

Libretto: *Ruggiero Leoncavallo*
Uraufführung: *21. 5. 1892 in Mailand*
Personen/Stimmen: *Canio* Prinzipal einer Komödiantentruppe, auch „Bajazzo" (Tenor) – *Nedda* sein Weib, auch „Colombina" (Sopran) – *Tonio* Komödiant, auch Tölpel „Taddeo" (Bariton) – *Beppo* Komödiant, auch „Arlecchino" (Tenor) – *Silvio* junger Bauer (Bariton)

Dass dies keine Geschichte, sondern die Nacherzählung einer „wahren Begebenheit" ist, macht die Geschichte um nichts weniger aufregend: Man weiß schon, das Leben schreibt die erregendsten Dramen. Aber: Erst wenn einer sie dann auch aufschreibt, bleiben sie für alle Zeiten oder wenigstens für hundert Jahre erregend.
So auch die Geschichte der kleinen Theatertruppe, die durch Italien zieht und in den Dörfern mit recht primitiven Stücken unterhalten.
Der Chef des Unternehmens heißt Canio, hat eine viel zu junge Frau – Nedda –, und seine kleine Truppe besteht nur noch aus dem brutalen Tonio, der in Nedda verliebt ist, und aus dem jungen Beppo, der eifrig seine Rollen spielt. Vielleicht will er eines Tages ein richtiger Schauspieler werden ...
In einem Dorf in Calabrien zieht die Truppe des Canio ein, Nedda sitzt verführerisch auf dem Wagen, Canio trommelt heftig und macht Reklame. Heute abend wird „Bajazzo" gegeben.
Dann bleibt der Wagen der Komödianten stehen, Canio lässt sich auf ein Glas Wein einladen. Nedda flickt ihr Kostüm. Tonio will etwas von ihr. Sie nichts von ihm.
Denn: Da ist ein junger Bauer aus der Gegend, Silvio. Er ver-

Ein „Prolog", weltberühmt, endet immer mit einem hohen A, das nicht vom Komponisten eingesetzt ist. Sänger aber, die es vermeiden, werden insgeheim verachtet. Weil sie dem Publikum nicht Nervenkitzel geben ...

Mit seinem ersten Auftritt muss Canio zeigen, was er drauf hat. Und gleich nach ihm erhält Nedda, meist ein einstiger Koloratursopran, ihre einzige Arie. Sie ist effektvoll, jede Sängerin nimmt es in Kauf, einen halben Abend im Schatten des jeweils großen Tenors zu stehen.

folgt die Truppe und ist in Nedda verliebt und gefällt ihr sehr. Sie soll das Komödiantentum sein lassen und mit ihm ziehen, er fleht sie an, und sie denkt ernsthaft daran, es zu tun.
Tonio merkt es, holt Canio und zeigt ihm, was da geschehen kann.

Selbstverständlich kennt jeder „Lache, Bajazzo" in irgendeiner Sprache. Hat aber auch jedermann Benjamino Gigli erlebt, der aus seinem Schluchzen im Orchesternachspiel erst das wahre Drama machte? Alle seine Nachfolger haben ihn gehört und versuchen, sein Weinen einigermaßen zu kopieren. Ich bleibe bei Gigli.

Silvio kann sich vor dem eifersüchtigen Canio retten, Nedda muss das nicht. Die Vorstellung wird bald beginnen, und alle müssen sich schminken. Da kann sich niemand leisten, seine Gefühle auszuleben. Das p.t. Publikum erwartet Unterhaltung. Sonst zahlt es nicht.
Diesmal freilich erhält es eine Vorstellung, die es nie vergessen wird. „Bajazzo" handelt von einem alten Mann, den eine junge Frau hintergeht. Und Canio, der den alten Mann spielt, fällt aus seiner Rolle, weil er ja weiß, dass seine junge Frau ihn hintergeht.
Er will den Namen des Liebhabers wissen. Nicht den des Harlekin, sondern den des Bauernburschen, versteht sich.
Nedda begreift's und bleibt in ihrer Rolle. Sie lacht den Eifersüchtigen aus.
Canio aber sticht zu. Er tötet seine Frau.
Da stürmt Silvio aus dem Publikum auf die Bühne – und in das Messer des Canio. Der sein Publikum heimschickt. „Die Kömodie ist aus", ruft er.
Am Abend des 15. August 1865 im kleinen Dorf Montalto in Kalabrien.

Seit der Uraufführung spielt man an allen Opernhäusern „Bajazzo" als zweites Stück nach „Cavalleria rusticana". Nur alle heiligen Zeiten ist es anders. Nie aber ändert sich, dass man den „Bajazzo" nur ansetzt, wenn man einen Tenor hat.

György Ligeti

* 28. 5.1923 in Dicsöszentmárton/Siebenbürgen

Le grand macabre

Libretto: *Michael Meschke*
Uraufführung: *12. 4. 1978 in Stockholm*
Personen/Stimmen: *Nekrotzar* Le grand macabre (Bariton) –

Chef der geheimen politischen Polizei „Säpopo" (Sopran) – *Go-Go* Fürst (Sopran oder Countertenor) – *Piet vom Fass* (Tenor) – *Weißer Minister* (Sprechrolle) – *Schwarzer Minister* (Sprechrolle) – *Geheimer politischer Polizeichef* (Sopran) – *Astradamor* Hof-Astrologe (Bass) – *Mescalina* seine Frau (Mezzosopran) – *Venus* (Sopran) – *Spermando* (Mezzosopran) – *Clitoria* (Sopran) – *Ruffiak* (Bariton) – *Schobiak* (Bariton) – *Schabernak* (Bariton)

Vorsicht, Vorsicht: Erstens gibt es Geschichten, die sich unglaublich schwer erzählen lassen. Zweitens gibt es aber auch Autoren, die nur selten zufrieden sind, wenn man ihre Geschichten nacherzählt. Vor allem, wenn es um „Le grand macabre" geht, muss man immer damit rechnen, dass der Autor im Nachhinein behauptet, so habe er seine Geschichte aber nicht erzählt hören wollen.

„Breughel-Land" ist genau das, was sich jedermann anders vorstellen kann – benannt nach den allgemein bekannten Bildern des so genannten Höllen-Breughel, denke ich. Deftig die Menschen, die Tiere, die Zwischenstufen von Mensch und Tier, mit denen man sich freilich besser abfindet, wenn man sie nur auf einem Bild sieht.

„Breughel-Land" wird lebendig. Da ist ein Totengräber Piet vom Fass, der immer betrunken ist und einem wunderschönen, naiven Liebespaar – Clitoria und Spermando – zusieht, wie es immer und überall einen Abend lang der Liebe huldigt. Da ist eine seltsame Gestalt, die sich Nekrotzar nennt, aus einem Grab aufsteigt, von sich selbst behauptet, sie sei der personifizierte Tod und werde um Mitternacht den Untergang des ganzen Landes bewerkstelligen.

Nekrotzar ist laut und bestimmend, und zugleich nimmt man ihn nicht wirklich ernst – er reitet auf dem Säufer Piet vom Fass in die Stadt, deren Untergang für ihn mit zu seinem Auftritt gehört.

Der Astrologe Astradamor ist ein armer Mann. Seine zu lüsterne Frau missbraucht ihn, schlägt ihn, schickt ihn an die Arbeit und wünscht sich – von Venus selbst – endlich einen kräftigen Mann. Der kommt: Nekrotzar ist genau der Richtige für Frau Mescalina. Er zeigt ihr, was man so den Herren nennt. Und bringt sie anschließend um: Weder Piet vom Fass noch Astradamor sind deshalb erregt. Sie erwarten lieber den Untergang, wie ihn Nekrotzar vorhersagt.

Im Palast des dummen Herrschers Go-Go wetteifern zwei

Schwer, auf Sänger, auf Partien hinzuweisen. Jeder kann sich in Sprechgesang retten – das Liebespaar ausgenommen. Und jeder muss damit rechnen, dass dem Publikum die scheinbar plumpen Verse unangenehm sind und es mit „Breughel-Land" nicht viel anzufangen weiß. Gleichzeitig jedoch ist es mehr als notwendig, diese echte „Oper" des zwanzigsten Jahrhunderts immer wieder aufzuführen. Um das Publikum aus seiner Lethargie zu reißen.

Parteien – Weiße und Schwarze Minister – um Macht. Sie erreichen ohne Schwierigkeiten, dass die von ihnen vorgelegten Dokumente über Steuererhöhungen unterzeichnet werden. Da kommt höchst aufgeregt der Chef der Geheimpolizei in den Palast: Das Volk von Breughel-Land ist in Aufruhr.

Man begreift, der große Nekrotzar ist im Kommen, das Land wird um Mitternacht zugrunde gehen. Wer kann, der flieht. Wer nicht kann, der betrinkt sich tüchtig.

Das tut nicht nur Piet vom Fass, das tut auch Nekrotzar selbst, der um Mitternacht, als er den Weltuntergang befehlen will, zu betrunken ist. Zwar kracht es heftig. Doch es geschieht so gut wie nichts. Die Welt und Breughel-Land gibt es auch nach Nekrotzars Verwünschung. Nicht einmal Mescalina ist wirklich tot, sie erkennt Nekrotzar als ihren ersten Mann und stürzt sich, schon wieder bei Laune, auf ihn.

Und gleichzeitig kommen alle, die sich gefürchtet haben, aus ihren Verstecken. Ihre Weisheit lautet „Wir haben Durst, folglich leben wir".

Die beiden jungen Liebenden haben überhaupt nicht begriffen, dass und wovor man sich gefürchtet hat. Sie sind immer noch dabei, sich heftig zu lieben. Woraus Go-Go und seine Minister und sein Chef der Geheimpolizei und alle, alle anderen der Weisheit letzten Schluss ziehen: Fürchtet den Tod nicht. Irgendwann kommt er. Aber nicht heute …

Das heißt, Breughel-Land existiert weiter, und wir können, wenn wir mit Staunen und Schrecken gehört haben, was sich dort tut, wieder beruhigt nach Hause gehen: Es ist wieder ein Bild. Und das einzige, das wir erst Tage später erfahren werden, ob es so gemalt war, wie es sich der Dichter der Geschichte gewünscht hat …

György Ligeti ist nicht nur ein bedeutender Denker und Musiker, sondern auch ein komplizierter Künstler. Bekannt dafür, sich seine Stücke für ein Opernhaus zwar vorstellen zu können – vor allem aber, immer wieder enttäuscht zu sein, wenn ein Opernhaus sie dann aufführt. Immer und immer wieder hat er im Nachhinein auch „Le grand macabre" für falsch dargestellt erklärt. Vielleicht zu Recht?

Albert Lortzing

* 23. 10. 1801 in Berlin, † 21. 1. 1851 in Berlin

Zar und Zimmermann

Libretto: *Albert Lortzing*
Uraufführung: *22. 12. 1837 in Leipzig*
Personen/Stimmen: *Peter I.* Zar von Russland, als Zimmermannsgeselle Peter Michaelow (Bariton) – *Peter Iwanow* ein junger Russe, Zimmermannsgeselle (Tenor) – *van Bett* Bürgermeister von Saardam (Bass) – *Marie* seine Nichte (Sopran) – *General Lefort* russischer Gesandter (Bass) – *Lord Syndham* englischer Gesandter (Bass) – *Marquis von Chateauneuf* französischer Gesandter (Tenor) – *Witwe Browe* Zimmermeisterin (Alt)

Es hat Zeiten gegeben, in denen Fürsten sich unter ihr eigenes Volk mischten, um zu erfahren, was man ihnen bei Hofe nicht zu sagen wagte. Und es hat Zeiten gegeben, da waren die Russen der Ansicht, sie hätten von westlichen Ländern viel zu lernen. Ob es einmal wirklich eine Zeit gegeben hat, in der sich ein Zar als einfacher Zimmermann verkleidet in den Westen begab, um in Saardam in Holland ein Handwerk zu erlernen, weiß ich nicht. Muss aber so gewesen sein, denn aus den Verwicklungen, die sich aus dieser delikaten Situation ergab, sind mehrere erfolgreiche Komödien entstanden. Und eine heitere Oper, die immer wieder auf den Spielplan kommt.
In Saardam also auf der Werft arbeiten zwei Russen. Peter Michailow und Peter Iwanow. Der mit Nachnamen Michailow ist der junge Zar, der mit Nachnamen Iwanow ein seinem Regiment entflohener russischer Offizier, der in Marie, die Nichte des etwas dümmlichen Bürgermeisters der Stadt, verliebt ist.
Völlig inkognito ist Peter Michailow selbstverständlich nicht, in der Stadt wimmelt es nur so von Gesandten ausländischer Mächte, und wenigstens der russische Gesandte kennt seinen wahren Herrn und berichtet ihm, daheim sei ein Aufstand gegen ihn geplant.
Die Gesandten von England und von Frankreich, ein Gerücht muss die Runde gemacht haben, suchen – allein und gemeinsam mit dem Bürgermeister, der von sich selbst sehr einge-

Wieder eine dieser „selten gespielten" Opern, die man früher beinahe auswendig gekannt hat. Weil sie hervorragende Partien für ein intaktes Opernensemble haben und weil es die eine oder andere grandiose „Nummer" gibt: Zum Beispiel einen Zimmermanns-Chor, zum Beispiel eine Arie des Bürgermeisters „Ja ich bin klug und weise und mich betrügt man nicht", zum Beispiel eine Einlage für Tenor „Leb wohl, mein flandrisch Mädchen" und so weiter. Alles weitere liest man in dem kursiven Anhang gleich noch einmal …

nommen ist – nach dem Zaren. Peter heißt er, Russe ist er, man müsste ihn in Saardam doch finden ...

Freilich, da gibt es zwei Russen, die Peter heißen, und das gibt die entsprechenden Verwicklungen. Bald weiß wirklich niemand mehr, wen er wofür halten soll. Der Engländer hat's mit Geld beim Bürgermeister versucht und war erfolglos, der Franzose hat mit einer falschen Nachricht von einer Niederlage der Russen den richtigen Peter zum Aufbrausen gebracht und ist seinem Rivalen um mehr als einen Schritt voraus.

Er kann den Zaren dazu überreden, einen Vertrag mit ihm zu unterzeichnen – während Peter Michailow den Text liest, unterhält der Gesandte das p. t. Publikum mit einer hübschen Arie. Marie singt, als müsste man sich seitens Hollands revanchieren, ein russisches Lied. Die bis dahin verkleideten Gesandten erkennen einander endlich, der Zar wird einmal versehentlich mit seinem Titel angesprochen, ein Offizier will von allen Fremden Ausweise sehen, rundum ist nichts als Verwirrung, die nur der selbstbewusste Bürgermeister wieder entwirren kann. Er enttarnt der Reihe nach die Herren Gesandten, nur die beiden russischen Peter entgehen ihm beinahe. Obgleich, auch da weiß er schon Bescheid und hält den falschen für den richtigen. Denn er ist „klug und weise" und ihm entgeht überhaupt nichts.

Weshalb er auch einen großen Empfang der Stadt vorbereitet, er hat eigens ein Lied komponiert, das dem Zaren huldigen soll. Und er studiert es mit den heiteren Saardamern ein. Und lässt es, selbstverständlich, dem falschen Peter vorsingen – der Zar hat viel zu arrangieren und zu intrigieren, er erbittet von Marie, doch ruhig „ihren" Peter als Zaren anzusprechen und so von ihm abzulenken. Er händigt „ihrem" Peter einen Brief ein, den dieser erst später öffnen soll. Und er lässt sich auf diplomatischen Umwegen in letzter Minute einen Pass geben, mit dem er fliehen kann.

Denn noch während der dümmliche Bürgermeister samt allen Bürgern den falschen Zaren erfreut, kommt die Botschaft, der Hafen sei geschlossen und auch für einen Zaren gäbe es jetzt kein Entrinnen mehr.

Aber: Zar Peter ist schon aus dem Hafen – man kann ihn nur mehr freundlich aus sicherer Entfernung Abschied winken sehen. Und Peter Iwanow? Der öffnet seinen Brief und darf lesen, er habe die Einwilligung seines Zaren, Marie zu heiraten. Und sei außerdem befördert ...

Die Gattung „Spieloper" ist neuerdings nicht allgemein beliebt. Zu viele melodiöse Stellen, zu viele naive Verwechslungen, zu wenig wirklich politisch verwendbare Situationen. Allerdings: Es muss nur ein ganz kleines Wunder geschehen, und dann werden die Menschen wieder alle die wahrhaft unvergänglichen Melodien hören. Und nachsingen.

Der Wildschütz

Libretto: *Albert Lortzing*
Uraufführung: *31. 12. 1842 in Leipzig*
Personen/Stimmen: *Graf von Eberbach* (Bariton) – *Die Gräfin* seine Gemahlin (Alt) – *Baron Kronthal* Bruder der Gräfin (Tenor) – *Baronin Freimann* eine junge Witwe, Schwester des Grafen (Sopran) – *Nanette* ihr Kammermädchen (Mezzosopran) – *Baculus* Schulmeister auf des Grafen Gut (Bass) – *Gretchen* seine Braut (Sopran) – *Pancratius* Haushofmeister (Bass) – *Ein Gast* (Bass)

Eigentlich ist die Geschichte vom vielfach genarrten Schullehrer Baculus sehr altmodisch. Oder nicht?
Sie ist es nicht. Denn Baculus ist ein Beamter, dessen Position in Gefahr ist. Und er tut so gut wie alles, um durch Protektion weiterhin Beamter bleiben zu dürfen. Wenn das nicht eine ganz und gar nicht altmodische Geschichte ist?
Freilich, man darf nicht von einem Beamten unserer Tage erzählen, man muss schon bei der Wahrheit bleiben. Baculus ist nicht Lehrer, sondern Schulmeister. Und sein Dienstherr ist nicht der Staat, sondern Graf von Eberbach. Und die Kündigung, die sich Baculus einhandelt, die er ausgerechnet während seines Verlobungsfestes überreicht bekommt, hat mit Beamtenbestechung nichts zu tun, sondern ist die Folge einer wirklichen Gesetzesübertretung. Baculus hat im Revier des Grafen einen Bock geschossen. Und das darf ein Schulmeisterlein wirklich nicht. Böcke sind Gästen von Adel oder dem Besitzer selbst vorbehalten.
In diese traurig-pikante Situation platzen zwei junge Menschen hinein. Sie geben sich als Studenten aus, sind in Wahrheit aber zwei junge Damen. Die Schwester des erwähnten Grafen von Eberbach und ihre Dienerin. Sie wollen auf das Schloss und sind verkleidet, weil sie erstens den gnädigen Herrn – der seine Schwester seit Jahren nicht gesehen hat –

überraschen wollen, und zweitens seinen Hausgast, einen gewissen Baron Kronthal, ungestört begutachten wollen. Er ist der Schwager des Grafen, Witwer und käme als Mann in Frage, wenn er einigermaßen ordentlich ist.

Die beiden Studenten haben für Schulmeister Baculus Verständnis: Der Herr Graf ist für seine Vorliebe für junge Mädchen bekannt, und der Schulmeister würde gern seine Braut als Bittstellerin aufs Schloss schicken, wäre sie nur nicht seine Braut und er eifersüchtig. Einer der Studenten, selbstverständlich die Schwester des Grafen, erklärt sich einverstanden, als des Baculus Braut einzuspringen. Was soll ihr schon geschehen? Was für ein Spaß kann das für sie werden?

Nebstbei: Wenn schon Verkleidung, dann mehrfache. Der zu besichtigende verwitwete Baron Kronthal gibt sich mit Einverständnis des Grafen als Stallmeister aus. Er ahnt ja auch, weshalb die Gesellschaft geladen ist und möchte weder erkannt werden noch in die missliche Lage kommen, der Schwester seines Freundes einen Korb geben zu müssen.

Das bedeutet, wenigstens die adeligen Herrschaften spielen einander alle etwas vor, die einen einfach eine bürgerliche Herkunft, die anderen sogar sehr präzise die Existenz einer im Hintergrund wartenden weiteren Person. Ein Versteckspiel, wie man es sich am ehesten leisten kann, wenn man nichts zu verlieren hat.

Die Gräfin Eberbach hat eine Eigenheit. Wie eine andere Opernfigur liest sie gern schwere Literatur vor ermüdeter Dienerschaft. Sie meint es gut, sie ist ein Symbol dafür, wie man Bildung nicht vermitteln sollte. Sie sucht für das Personal Sophokles aus. Dessen Schriften sollten doch erheben.

Baculus ist im Griechischen nicht sattelfest, er ist kein Gymnasialprofessor. Aber er kann wenigstens Begeisterung heucheln und sich die Fürsprache der Gräfin sichern. Die ihm überhaupt nichts nützt, denn der Graf ist immer noch wütend. Einer, der gewildert hat, wird zu bestrafen sein.

Da muss Baculus als zweite Fürbitterin seine angebliche Braut, die Schwester des Grafen, holen. Die könnte eher helfen. Der Graf findet sie sehr angenehm, der als Stallmeister auftretende Baron ist nicht weniger begeistert.

Ein Gewitter macht die Situation kompliziert. Das „Brautpaar" soll im Spielzimmer übernachten, die anwesenden Herren sind bereit, immer wieder vorbeizusehen, damit alles seine Schicklichkeit hat. Und was sich sonst noch abspielt, ist eine allgemeine Verwechslung, bei der die nette ältere Gräfin

Was immer für „Zar und Zimmermann" gilt, das gilt auch für den „Wildschütz". Nur: Die Herren haben die besseren Gelegenheiten, mit Arien zu brillieren, und der komische Lehrer Baculus ist überhaupt die Paraderolle für einen guten Bass.

rechtzeitig Licht macht: Der Baron hat den Schulmeister umarmt ...

Das wirklich unmoralische Angebot aber kommt vom Grafen: 5000 Taler, wenn der Schulmeister auf seine Braut verzichtet. Da es sich bei der Braut ja nicht um seine Braut handelt, nimmt Baculus sofort an und hat nur noch die phantastischen Sorgen, was er mit dem vielen Geld tun soll.

Am nächsten Tag klären sich alle Missverständnisse rasch auf, alle die Knoten lösen sich, als wären sie nie da gewesen. Der Schulmeister Baculus präsentiert dem Grafen seine Braut, der will die andere Braut sehen und kann endlich seine Schwester begrüßen. Der Stallmeister, der sich um diese Braut ja auch längst sehr bemüht hat, kann wie sein gräflicher Freund erklären, er sei keiner Täuschung erlegen, es sei schon die Stimme der Natur gewesen, die in der vergangenen Nacht aus ihm gesprochen habe.

Und der schuldige Beamte? Er hat mit seinen Schulkindern einen Chor einstudiert, in dem für ihn um Gnade gebeten wird. Die aber hat er nach der Lage der Akten gar nicht nötig. Er hat keinen Bock, sondern seinen eigenen Esel geschossen. Ist also kein Wildschütz und darf im Amt bleiben. Beamte haben, auch das ist eine Art Moral der Geschichte, sogar Glück, wenn sie fürchten, eine schwere Verfehlung begangen zu haben. Sind ja Beamte ...

Pietro Mascagni

* 7. 12. 1863 in Livorno, † 12. 8.1945 in Rom

Cavalleria rusticana

Libretto: *Giovanni Targioni-Tozzetti und Guido Menasci*
Uraufführung: *17. 5. 1890 in Rom*
Personen/Stimmen: *Santuzza* junge Bäuerin (Sopran) – *Turiddu* junger Bauer (Tenor) – *Lucia* seine Mutter (Alt) – *Alfio* Fuhrman (Bariton) – *Lola* seine Frau (Mezzosopran)

Auf Sizilien „um 1800" spielt, was wir mit einigem Schaudern erleben. Denn schließlich sind wir alle überzeugt davon, dass nur im unkultivierten Süden die schwarz gekleideten

Ein Orchestervorspiel mit tenoraler Beigabe – ein Wunder einer veristischen Oper, an der niemand etwas je wird verändern können.

Frauen, die herrischen Männer und vor allem die schwer zu definierende Ehre existieren. Oder hat sich da viel geändert in den letzten Jahren?

Auf Sizilien in irgendeinem Dorf hat die Frau des Fuhrmannes Alfio einen Geliebten. Der junge Bauer Turiddu – seine Mutter führt die Schenke am Dorfplatz – ist zwar dem Mädchen Santuzza versprochen. Aber das kann einen heißblütigen Sizilianer doch nicht davon abhalten, eine Nacht bei der schönen Lola zu verbringen.

In irgendeinem kleinen Dorf sind derartige Dinge nicht zu verheimlichen. Santuzza hat's gesehen und gehört und weint sich bei der Mutter ihres Geliebten aus. Will sich auch mit ihrem Turiddu aussprechen. Der aber kann nur lachen. Was soll es denn?

Ich habe das „Zwischenspiel" nicht erwähnt und denke, jedermann wird diese Oper ohne Kommentar atemlos hören. Nur etwas zum Abschied Turiddus von seiner Mutter: In einer alten Aufnahme unter der Leitung des Komponisten wird da ungefähr doppelt so langsam begonnen wie heute üblich. Und – es klingt faszinierend und einprägsam. Manchmal scheinen Komponisten doch auch gewusst zu haben, welche Tempi die besten sind.

Santuzza bleiben nur zwei Möglichkeiten. Sie kann still leiden. Oder sie kann dem hintergangenen Fuhrmann Alfio die ganze Wahrheit sagen.

Sie tut's, und das Drama nimmt darauf ganz rasch seinen Lauf. Der Gottesdienst ist aus. Turiddu singt übermütig auf dem Platz vor der Kirche. Alfio lehnt es ab, mit ihm zu trinken.

Das ganze Dorf weiß, was das bedeutet. Die Frauen verkriechen sich in ihren Häusern. Die Männer beobachten das Zeremoniell – Alfio und Turiddu umarmen einander, Turiddu beißt Alfio ins rechte Ohr. Ein Zweikampf hat stattzufinden. Freilich, wohl ist Turiddu dabei nicht. Er nimmt von seiner Mutter Abschied, er ahnt, dass es ein Abschied sein muss.

Alfio tötet Turiddu rasch. Am Platz vor der Kirche können die Frauen nur ausrufen hören, was geschehen ist. Dann müssen sie wieder rasch zurück in ihre Häuser. In Sizilien ist's nicht anders. Bis auf den heutigen Tag?

JULES MASSENET

* 12. 5. 1842 in Montaud, † 13. 8. 1912 in Paris

Manon

Libretto: Henri Meilhac und Philippe Gille
Uraufführung: 19. 11. 1884 in Paris
Personen/Stimmen: *Manon Lescaut (Sopran) – Poussette*

Manons Freundin (Sopran) – *Javotte* Manons Freundin (Sopran) – *Rosette* Manons Freundin (Alt) – *Chevalier Des Grieux* (Tenor) – *Graf Des Grieux* sein Vater (Bass) – *Lescaut* Manons Vetter (Bariton) – *Guillot-Morfontaine* reicher Pächter (Tenor) – *M. de Brétigny* (Bariton) – *Wirt* (Bass)

Die Figur der sehr hübschen, sehr verantwortungslosen Manon Lescaut hat wenigstens zweimal auf die Opernbühne gefunden. Und selbstverständlich ist ihr Lebenslauf beide Male so still sinnlos und mündet so unendlich traurig in den Tod. Als Manon Lescaut (Puccini) stirbt sie, deportiert, in Nordamerika. Als Manon ergeht es ihr kaum anders.
Immerhin, man kann wahrhaft rührende Geschichten ja so oder so erzählen. Und die Geschichte der Manon?
Sie beginnt immer in Amiens, wo Sergeant Lescaut auf seine Cousine Manon wartet, die von ihm ins Kloster gebracht werden soll. Den einzigen Ort, der einem hübschen, aber mittellosen Mädchen ein Leben in Ehrsamkeit ermöglicht.
Ein reicher Pächter Guillot-Morfontaine ist begeistert von dem jungen Ding, bietet ihm seinen Wagen und sein Geld an – und bringt Manon damit auf andere Gedanken. Kann ein hübsches, aber mitteloses Mädchen wirklich nur ins Kloster? Der Chevalier Des Grieux, jung und selbstverständlich auch auf der Poststation in Amiens, braucht nur ein einziges Duett, um Manon zu überzeugen – sie flieht im Wagen des sehr reichen Guillot mit Des Grieux nach Paris.
In Paris leben Manon und Des Grieux in Freuden, freilich gegen den Willen des Vaters des jungen Mannes. Die Zustimmung zu einer Heirat lässt auf sich warten, zwei „Gardisten" kommen rasch – Cousin Lescaut hat einen Freund mitgebracht. Nimmt man es genau, ist ihm vor allem darum zu tun, von der Schönheit seiner Cousine zu profitieren. Also muss entweder Des Grieux endlich heiraten – oder sein Freund Brétigny wird es tun. In beiden Fällen ist die Ehre der Familie ebenso gerettet wie die finanzielle Sicherheit der schönen Manon, von der Lescaut zu profitieren weiß.
Das Mädchen begreift von alledem nur, was es gerne glauben möchte. Dass seine Schönheit genügt, um jedermann umzustimmen und ihr ein Leben in Luxus zu verschaffen. Es wundert sie nicht sehr, dass Des Grieux zur Tür geht, um die zustimmende Antwort seines Vaters entgegenzunehmen – und entführt wird, denn der Vater will ihn selbstverständlich aus den Klauen der Manon befreit sehen.

Wieder eine der absurden Opernrealitäten: Bis zu ihrem Tod steht Manon im Schatten des Darstellers des Des Grieux, der Tenor ist also wichtiger als die Sopranistin. Immerhin: Eine Unzahl von kleinen Arien und vor allem Duetten bezaubern, und jeder bisher existente Opernführer spricht von „Miniaturen", die sich in diesem Werk finden. Es hat seine Liebhaber, mir ist es etwas angestaubt und unzeitgemäß. Aber: Welche Oper ist – außer man inszeniert sie – denn schon zeitgemäß, wenn sie nicht „Tristan und Isolde" heißt?

Die reichen Pächter Guillot und Brétigny begegnen einander – letzterer hat Manon sofort mit sich genommen und verwöhnt sie bis an die Grenzen seines Einkommens. Was Manon als selbstverständlich ansieht und Guillot gern hört, denn er wäre immer noch bereit, sie einem verarmten Brétigny zu entführen. Der Graf Des Grieux aber ist in seiner Strenge dem Sohn gegenüber auf den seltsamsten Gedanken gekommen. Der junge Des Grieux will Geistlicher werden.

Manon, deretwegen bisher noch kein Mann in den geistlichen Stand getreten ist, findet das sensationell und ist bereit, auch das noch auszuprobieren: Kann sie den Geliebten noch einmal verführen? Aus einem Priesterseminar ins wirkliche, ins luxuriöse Leben? Es gelingt ihr beinahe mühelos. Sie muss den jungen Priester nur anflehen, ihr mit seiner Liebe das Leben neu zu schenken, schon ist dessen Schicksal wieder aus der Bahn.

In einem „Hotel" verursachen Manon und Des Grieux Aufsehen. Es wird gespielt, und der junge Mann braucht Geld, um den Ansprüchen seiner Geliebten gerecht werden zu können. Er gewinnt auch, und zwar so viel, dass sich die Gesellschaft nicht mehr wundert, sondern wehrt. Er spiele falsch, wirft man ihm vor. Sie betrüge, ruft man Manon entgegen. Das genügt, eine Verhaftung ist rasch ausgesprochen. Manon und Des Grieux scheinen am Ende.

Sie sind es noch nicht ganz, der Graf kann seinen Sohn vor einer Verurteilung retten. Und dieser wendet sich in seiner Verzweiflung an den Haudegen Lescaut: Sie retten die zur Deportation verurteilte Manon auf der Straße nach Le Havre, von wo aus sie einem sicheren Tod entgegengeschickt werden soll.

Was zuletzt nur noch bedeutet, dass die kleine, wunderschöne, dumme, jetzt arme Manon nicht irgendwo in weiter Ferne, sondern in den Armen des jungen Mannes stirbt, der wahrscheinlich doch ihr einziger Geliebter war.

Werther

Libretto: *Edouard Blau, Paul Milliet und Georges Hartmann*
Uraufführung: *16. 2. 1892 in Wien*
Personen/Stimmen: *Werther* (Tenor) – *Albert* (Bariton) – *Der Amtmann* (Bass) – *Charlotte* seine Tochter (Mezzosopran) – *Sophie* Lottes Schwester (Sopran) – *Schmidt* Freund des Amtmanns (Tenor) – *Johann* Freund des Amtmanns (Bass)

Jeder „Gebildete" hat einmal Johann Wolfgang von Goethes unsterblichen Briefroman gelesen, und alle „wirklich Gebildeten" wissen auch, dass es von Thomas Mann einen Roman „Lotte in Weimar" gibt, der von dem einen, einzigen Besuch der alt gewordenen Charlotte beim einstigen angeblich verschmähten Freund, dem nachmaligen Dichterfürsten, handelt. Aber „Werther" auf der Opernbühne? Kennt den auch jedermann?

Da ist die uns heilige Situation, urdeutsch, wie sie nur in Wetzlar geschehen konnte, schon etwas einfacher dargestellt. Dagegen lässt sich wenig unternehmen, manchmal muss man sich einfach fügen und sich unterhalten lassen.

Charlotte lebt, fürsorglich um ihre kleinen Geschwister bemüht, im Hause ihres alten Vaters. Er hat Freunde, mit denen er auch hier und da ins Gasthaus geht, er kann es sich leisten, Charlotte und ihre jüngere Schwester sorgen für den Haushalt. Und wenigstens Charlotte ist auch schon „unter der Haube", noch zu Lebzeiten der Mutter ist sie einem braven Mann versprochen worden – niemand zweifelt, dass dieses Versprechen gilt. Niemand ahnt, dass Charlotte den jungen Werther, einen recht seltsamen und weltfremden Jüngling, lieben könnte.

Gut, er schreibt und lebt in den Tag hinein und hat angeblich gute Chancen, es einmal zu einem Sekretär zu bringen. In Wetzlar aber bieten sich ihm gewiss keine Gelegenheiten. Oder? Werther notiert, schließlich ist er ein einfühlsamer Dichter, seine Liebe zu Charlotte, auch sein Entsagen, denn auch ihm ist ihr Verlöbnis bekannt, und vor allem ihm scheint's unmöglich, zu bleiben und ein heiteres Familienleben seiner Angebeteten mit anzusehen. Wundert es irgendwen, dass er nicht nur notiert, sondern sich Charlotte offenbart, von dieser ehrsam weggewiesen wird, gleichzeitig aber hören darf, er möge doch gegen Weihnachten wieder nach Wetzlar kommen.

Um Weihnachten vollzieht sich dann das bis dahin stille Drama in beinahe aller Öffentlichkeit. Werther hat Charlotte Briefe geschrieben. Charlotte hat sie alle aufbewahrt. Ihre Schwester, selbst einmal hoffnungslos in Werther verliebt, hat diese Briefe gefunden ...

Und weil Weihnachten ist, kehrt Werther – nicht mehr adrett, sondern von seiner unerfüllten Liebe recht zerstört – wieder und sieht seine Charlotte als Ehefrau. Das ist zuletzt beiden zu viel. Beide, also auch Charlotte, bekennen einander ihre Gefühle.

Eine „Kennmelodie", die auch im „Evangelimann" vorkommen könnte, charakterisiert die heile Welt Charlottes – wieder singen Kinder vorzeitig ein Weihnachtslied. Es bleibt über die ganze Oper hin im Gedächtnis, und so soll es auch sein.

Werther aber, edel wie nur ein Dichter, will trotzdem, was man so entsagen nennt. Er tut's auf effektvolle Weise. Er erbittet in einem Brief vom zufriedenen Ehemann Charlottes dessen Duell-Pistolen. Und erschießt sich. Ihm bleibt nur mehr kurze Zeit. Charlotte findet ihn und ist Zeugin seines Todes.

Auch diese Oper hat Tradition. Man nimmt sie nur ins Repertoire, wenn man vor allem einen eleganten Tenor zur Verfügung hat. Denn ohne den kann man „Werther" nicht aufführen.

> Werther ist Tenor, soll elegant sein und nicht auftrumpfen. Nur: Heutzutage sind die noblen französischen Tenöre so gut wie ausgestorben. Also muss man mit etwas zu lauten italienischen Vorlieb nehmen.

GIAN CARLO MENOTTI

* 7. 7. 1911 Cadegliano/Lombardei

Der Konsul

Libretto: *Gian Carlo Menotti*
Uraufführung: *1. 3. 1950 in Philadelphia*
Personen/Stimmen: *Magda Sorel* (Sopran) – *John Sorel* (Bariton) – *Die Mutter* (Alt) – *Agent der Geheimpolizei* (Bass) – *Zwei Detektive* (stumme Rollen) – *Die Sekretärin* (Mezzosopran) – *Mr. Kofner* (Bassbariton) – *Italienische Bäuerin* (Sopran) – *Anna Gomez* (Sopran) – *Vera Boronel* (Alt) – *Nika Magadoff* Zauberer (Tenor) – *Assan* Glaser (Bariton) – *Stimme auf der Schallplatte* (Sopran)

Das ist eine Situation, die nicht weiter erklärt werden muss, die keinen Symbolwert hat. Eine Situation, die wir seit wenigstens einem halben Jahrhundert kennen. Im eigenen Land, in Nachbarländern, überall auf der Welt.
John Sorel, ein aufrechter Mann, ist auf der Flucht vor der Polizei seines eigenen Landes. Er hat an einer verbotenen Versammlung teilgenommen, ist den Regierenden ein Dorn im Auge …
Frau und Mutter verstecken ihn. Als eine Hausdurchsuchung glimpflich vorübergeht, entschließt sich Sorel zur Flucht. Seine Frau soll mit dem Sohn auf legalem Weg folgen – sie soll das Visum auf dem Konsulat des Landes holen, in dem Sorel Zuflucht findet.

Das Konsulat ist zwar die Vertretung eines – Menschen wie John Sorel – freundlich gestimmten Landes. Zugleich aber ist es eine Burg der Bürokratie. In der Reihe der Wartenden hat auch die Frau eines Widerstandkämpfers keine andere Behandlung als andere Bittsteller zu erwarten. Und sie hat Formulare auszufüllen. Immer wieder Formulare, die unzähligen Fragen anführen. Fragen, die nichts mit der Notwendigkeit, rasch ihrem Mann ins Ausland folgen zu können, zu tun haben.

Magda Sorel verzweifelt. Sie kennt nur noch zwei Situationen. Das Warten auf dem Konsulat und immer neue Besuche der Polizei in ihrer Wohnung. Und dort ihr krankes Kind. Immerhin, ihr Mann ist in Sicherheit. Meint sie. Als ihr aber eine Fensterscheibe eingeschlagen wird und sie nach dem Glasermeister rufen kann und weiß, dass der ein Genosse ihres Mannes ist, erfährt sie die Wahrheit: John Sorel hat bisher mit dem Grenzübertritt gewartet. Er wollte kein Risiko eingehen, erst seine Familie im sicheren Ausland wissen.

Verzweifelter noch als zuvor versucht Magda Sorel, auf dem Konsulat die Barrieren zu überwinden und zum Konsul selbst vorzudringen. Tatsächlich sagt man ihr, sie werde gleich Gelegenheit haben, dieses Fabelwesen zu sehen – nur ein Besucher sei noch bei ihm. Es ist der Geheimpolizist, der John Sorel sucht. Magda Sorel fällt in Ohnmacht.

Tage darauf, wieder auf dem Konsulat, drängt sich der Genosse John Sorels durch die Wartenden. Sorel hat erfahren, dass Mutter und Kind gestorben sind. Er will sich stellen. Es scheint keinen Ausweg mehr zu geben. Da schreibt Magda Sorel einen kurzen Brief. Wenn ihr Mann den liest, wird er nicht mehr zurückwollen.

Der Brief erreicht den Verfolgten nicht mehr. Er dringt bei Büroschluss in das Konsulat ein und sucht seine Frau. Er lässt sich, die Polizei ist sofort da, festnehmen – er will diplomatische Auseinandersetzungen vermeiden und opfert sich „der Sache". Er will nur noch einmal mit seiner Frau telefonieren. Geht nicht mehr. Magda Sorel hat das Gas aufgedreht. Das Läuten des Telefons hört sie nicht mehr.

Diese Oper ist bald nach dem Zweiten Weltkrieg aus Amerika zu uns gekommen und hat des Themas und der einprägsamen Musik wegen Furore gemacht. Sie ist dann vom Spielplan verschwunden. Und hat, eine Generation später wieder in Wien gespielt, neue und wieder fatal aktuelle Bezüge.

Gian Carlo Menotti komponiert „altmodisch", wenn er Ensembles wie die der Wartenden auf dem Konsulat schreibt, dann stechen Momente von großer Einprägsamkeit hervor. Vor allem, wenn ein „Zauberer" Magda Sorel hypnotisiert ...

Naturgemäß wird die Musik dramatisch, wenn Magda Sorel die Wahrheit singt: „Wir sind so weit, dass nichts dem Menschen fremder ist als Menschlichkeit ..."

CLAUDIO MONTEVERDI

* 15. 5. 1567 in Cremona, † 29. 11. 1643 in Venedig

L' Orfeo / Orpheus

Libretto: *Alessandro Striggio*
Uraufführung: *24. 2. 1607 in Mantua*
Personen/Stimmen: *La Musica/die Musik* (Sopran) – *Orfeo/Orpheus* (Tenor) – *Euridice/Eurydike* (Sopran) – *Botin* (Sopran) – *Caronte/Charon* (Bass) – *Proserpina* (Sopran) – *Nymphe* (Sopran) – *Plutone/Pluto* (Bass) – *Apollo* (Tenor oder Bariton) – *Vier Hirten* (Alt, zwei Tenöre, Bass) – *Drei Geister* (zwei Tenöre, ein Bass) – *Speranza/die Hoffnung* (Sopran)

Zu dieser Oper aller Opern nur so viel: Man hat sie immer wieder dem Zeitgeschmack entsprechend bearbeitet und das war gut so – auch Paul Hindemith gab seine eigene Version ab. Heutzutage freilich ist man dem „Original" möglichst nahe, verwendet ein seit Jahrhunderten nicht mehr gekanntes Instrumentarium, und daran hat sich auch bereits alle Welt gewöhnt – der Zug der Zeit heißt, sich mit „alter Musik" im „alten Klang" auseinanderzusetzen. Musiker und Sänger haben es gelernt, das Publikum ist gleichfalls durch diesen Lernprozess gegangen, und eine „normale" Wiedergabe wäre heutzutage kaum mehr denkbar. Zu erwarten ist aber, dass sich ein zeitgenössischer Komponist wiederum der Musik Monteverdis annimmt.

Selten hat es eine Sage gegeben, die mit so wenigen Worten nacherzählt werden kann und die trotzdem ein ganzes Leben bedacht werden sollte.
Eurydike und Orpheus sind ein glückliches Paar geworden. Der berühmteste aller Sänger preist seine Liebe, sein Glück, das Leben, die Welt. Nichts gibt es, was die Hirten um ihn, die Tiere, die Natur noch schöner werden lassen kann.
Aber rasch kann eine ganze Welt in sich zusammensinken. Eurydike ist, von einer Schlange gebissen, mit einem letzten Seufzer nach ihrem Orpheus gestorben. Die Welt hat ihre Sonne verloren, Orpheus seinen Lebensinhalt.
Eine Hoffnung bleibt ihm noch. Und diese führt ihn zur Pforte der Unterwelt. An diesen liest man „Lasst, die ihr eintretet, alle Hoffnung fahren", was auch bedeutet, dass Orpheus allein hinabsteigen muss, um Eurydike wiederzufinden. Und um von Pluto, dem Herrn der Unterwelt, seine Frau zurückzufordern.
Orpheus' Gesang lässt ihn alle Gefahren bestehen, die ihm auf dem Weg in die Unterwelt drohen – ein Sterblicher hat diesen Weg noch nie beschritten. Pluto und die Geister der Unterwelt lassen sich von der undenkbaren Liebe bezwingen. Eurydike soll mit Orpheus zurückkehren dürfen. Allerdings, auf seinem Weg mit der zu einem Schatten gewordenen Geliebten darf Orpheus sich nicht umdrehen, sie nicht sehen. So einfach diese Bedingung scheint, Orpheus kann sie nicht erfüllen. Noch bevor er mit Eurydike wieder auf der Erde ist, will er seine Zweifel besänftigen, ob sie bei ihm ist. Er wendet sich

um. Und hat Eurydike ein zweites Mal und endgültig verloren.
Die Klage, die er anstimmt, rührt die Welt. Nie wieder wird er eine Frau lieben, nie wieder wird er Glück verspüren. Die Menschen um ihn, auch die Natur, trauert mit ihm.
Da erscheint Apoll selbst, der Vater Orpheus. Und er entrückt den Sänger in den Himmel, will ihn fortan für die Götter singen lassen. Ob das die Lösung ist, die Orpheus wünscht, wissen wir nicht. Die kleinen Leute, die er auf der Erde zurücklässt, preisen ihn. Er ist ein göttlicher Sänger geworden.

WOLFGANG AMADEUS MOZART

* 27. 1. 1756 in Salzburg, † 5. 12. 1791 in Wien

Idomeneo

Libretto: *Giambattista Varesco*
Uraufführung: *29. 1. 1781 in München*
Personen/Stimmen: *Idomeneo* König von Kreta (Tenor) – *Idamante* sein Sohn (Sopran) – *Elektra* Tochter des Agamemnon (Sopran) – *Ilia* Tochter des Priamos (Sopran) – *Arbace* Freund des Idomeneo (Tenor) – *Oberpriester Poseidons* (Tenor) – *Stimme des Orakels* (Bass)

Weiß man, wie klein die Welt der Griechen war? Wie nahe an den Ufern die tapferen Seeleute unterwegs waren, die sich anschließend ihrer Irrfahrten rühmten? Dass sie sich nur selten außer Sichtweite des Landes oder einer Insel wagten?
Auf Kreta wartet Idamante, der Sohn des Königs Idomeneo, auf die Heimkehr seines Vaters, der vor Troja gekämpft hat. Zwei Prinzessinen umwerben ihn: Elektra, die geflüchtete Tochter Agamemnons (ja, ja, in einer anderen Oper ist sie die Titelfigur und ihr Schicksal besiegelt, hier aber lebt sie weiter). Und Ilia, eine gefangene trojanische Prinzessin. Idamante neigt Ilia zu – vor allem aber sorgt er sich um seinen Vater.
Das Schicksal will, dass sich Idomeneo bald um seinen Sohn Idamante zu sorgen hat: Im Sturm ist das Schiff der Kreter untergegangen, Idomeneo aber an Land gespült worden. Dem König aber ist aufgetragen, den ersten Menschen, auf den er

trifft, dem Gott Poseidon zu opfern. Und dieser erste Mensch ist sein eigener Sohn Idamante.

Idomeneo verheimlicht ihm und den Kretern sein Gelübde. Er sieht keinen Ausweg, doch er will seinen Sohn retten. Staatsmännisch befiehlt er, Idamante möge Elektra zurück nach Argos begleiten. Da wäre er, denkt der König, den Göttern aus den Augen.

Doch diese haben mehr als Augen. Die Schiffe, die Idamante und seinen Kriegern dienen sollen, werden zerstört, ein Ungeheuer wälzt sich aus dem Meer und verwüstet die Insel. Das Volk stöhnt und fleht Idomeneo an, den Fluch der Götter abzuwenden.

Idamante, dem Ilia ihre Liebe gestanden hat, tötet das Ungeheuer und verkündet im Tempel des Poseidon seinem Vater diesen Sieg. Und muss erfahren, dass der wenig zählt, denn das Gelübde des Idomeneo muss erfüllt werden.

Gegen die Götter anzukämpfen – Idamante will es nicht und ist bereit, zu sterben. Ilia will sich an seiner Stelle als Opfer anbieten. Idomeneo selbst weiß keinen Ausweg.

Den zeigt einzig das Orakel. Die Götter verkünden: Idomeneo habe die Herrschaft an Idamante abzugeben, dieser solle gemeinsam mit Ilia über Kreta herrschen. Ein glückliches Ende.

> Mit der Zeit wird „Idomeneo" eine immer öfter aufgeführte Oper. Nicht nur der dankbaren drei Fauenpartien wegen, sondern auch, weil die Qualen des Idomeneo selbst herrlich in Musik gesetzt sind. Dabei gibt es mehrere Möglichkeiten, diese „richtig" zu singen: Luciano Pavarotti machte aus dem Idomeneo eine italienische Partie, seine Nachfolger sind beinahe Heldentenöre.

Nach dem Geschmack der Zeit besteht das glückliche Ende aus einem großen allegorischen Ballett. Dieses als Abschluss der Oper tanzen zu lassen, bleibt den Intentionen des jeweiligen Opernhauses überlassen. Wie man auch unter vielen „Versionen" wählen kann – seit Mozarts Zeiten wurde an „Idomeneo" gebastelt, wurde Idamante zuerst von einem Kastraten, dann von einem Alt, danach wieder von einem Tenor gesungen. Und um noch einen erlauchten Namen anzufügen: Zu ihrer Zeit schufen Richard Strauss und Paul Hindemith in großer Verehrung für Mozart damals zeitgemäße Fassungen der Oper, die jetzt selbstverständlich nicht mehr aufgeführt werden – wir leben in einer Zeit, die möglichst Originale hören will.

Die Entführung aus dem Serail

Libretto: *Johann Gottlieb Stephanie der Jüngere*
Uraufführung: *16. 7. 1782 in Wien*
Personen/Stimmen: *Selim Bassa* (Sprechrolle) *– Belmonte*

(Tenor) – *Konstanze* (Sopran) – *Blondchen* ihre Zofe (Sopran) – *Pedrillo* Belmontes Diener (Tenor) – *Osmin* Aufseher über das Landhaus des Bassa (Bass) – *Klaas* ein Schiffer (Sprechrolle)

Weiß heutzutage irgendwer, was ein Serail ist? Ist es ein Harem? Ein Teil des Palastes eines Ölscheichs? Ein Serail ist in unserem Fall das Landhaus des Bassa Selim, eines von reichen und gefährlichen Spaniern vertriebenen Muselmanen. Elegant und für Christen unzugänglich, nicht nur Wachen, sondern auch deren grimmiger Aufseher Osmin sorgen dafür.
Wir befinden uns in der ereignisreichen Zeit, in der Schiffe noch gekapert und Europäerinnen noch als Sklavinnen verkauft wurden. Zum Beispiel auch von Bassa Selim, der sich die junge Konstanze und ihre Dienerin, eine Engländerin namens Blondchen, für sein Serail kaufte. Und den Diener Pedrillo noch dazu, denn einen jungen Burschen kann man als Arbeiter immer brauchen.
Wir befinden uns vor dem Palast des Bassa Selim just in dem Augenblick, in dem der junge Spanier Belmonte auf der verzweifelten Suche nach seiner Konstanze auftaucht und zu seiner Freude und seinem Schrecken – erst einmal von Osmin barsch abgewiesen – Pedrillo entdeckt und erfährt, dass er am rechten Platz sei.
Bassa Selim scheint eine Ausnahme unter den reichen Muselmanen zu sein, er hat sich in den Kopf gesetzt, Konstanze nicht zu seiner Lieblingsfrau, sondern ganz offenbar zu seiner Ehefrau zu machen. Und wartet auf deren eigene Zustimmung. Das ist die Freude. Und der gut bewachte Palast ist der Schrecken. Oder etwa nicht?
Der umtriebige Pedrillo ernennt seinen Herrn Belmonte zu einem Baumeister, der in Europa aufgewachsene Bassa Selim interessiert sich für die Künste des jungen Herren, Belmonte ist – trotz sehr viel Misstrauen des dicken Osmin – im Palast selbst und Gast seines Feindes.
Belmonte benimmt sich nicht gut: Kaum haben er und Pedrillo Gelegenheit, Konstanze und Blondchen zu sprechen, fragen sie nach der „Treue" ihrer Mädchen, als hätten sie da ihre Zweifel. Dieses dumme Spiel kann Blondchen allerdings rasch beenden. Sie gibt ihrem Pedrillo eine Ohrfeige, und das beweist den beiden Europäern, dass alles noch in Ordnung ist. Sie beschließen, noch in der Nacht zu fliehen.

„Türkenopern" waren modern, als Mozart die „Entführung" komponierte. Über das Instrumentarium, das er schon in der Ouvertüre verwendet, geht man heute manchmal schon hinaus, und dagegen ist, denke ich, viel einzuwenden.

Nirgendwo ist so genau mitzuhören, dass Mozart für ihm bekannte Sänger komponierte – Osmin war in der Uraufführung ein Bassist mit unendlicher Tiefe. Was aber vielleicht nicht allgemein bekannt ist: Bassa Selim sollte eine Tenorpartie werden. Erst als Mozart erfuhr, dass man den vorgesehenen Sänger entlassen hatte, entschloss er sich dazu, aus dem edlen Menschen einen Sprecher zu machen …

Die Wiedersehens-Szene nimmt „Così fan tutte" vorweg. Die misstrauischen Herren und die gekränkten edlen Frauen – das ergibt ein kostbares Quartett.

Pedrillo macht Osmin betrunken. Der Aufseher über die Wachen ist Muselman, das hindert ihn aber nicht, Cypernwein zu schätzen. Trotzdem: Die viel zu aufwendige, langsame Flucht der beiden Paare wird entdeckt, Bassa Selim erfährt in seinem Zorn, dass er nicht nur bestohlen werden sollte. Dass Konstanze ihrem Geliebten bis in den Tod treu bleiben, für ihn alle Martern ertragen will, das ist die eine Sache. Bassa Selim erfährt aber auch, dass Belmonte der Sohn seines großen spanischen Widersachers ist. Den er jetzt in seiner Gewalt hat. Er wütet, und die beiden Paare haben wahrlich um ihr Leben zu fürchten. Und? Sie fürchten sich zu früh. Denn Bassa Selim will sich als edler Mensch zeigen. Er lässt Konstanze, die er wirklich liebt, mit Belmonte ziehen. Und er gibt auch Pedrillo und Blondchen die Freiheit. Und tröstet Osmin auf orientalische Art. Was hätten sie von Frauen, die sie nicht lieben? Um wieviel besser fühlen sie sich in ihrem Edelmut?

Meine Lieblingsarie in dieser Oper: Pedrillos Lock-Lied, mit dem er signalisierenwill, dass alles zur Flucht bereit ist. Leicht zu singen, schwer zu interpretieren.

„Martern aller Arten" ist einfach eine der schwersten Konzertarien, die Mozart komponiert hat. Kluge Regisseure – Giorgio Strehler zum Beispiel – machen da Platz für die Sängerin und lassen sie mit der Musik allein.

Le nozze di Figaro / Die Hochzeit des Figaro

Libretto: *Lorenzo da Ponte*
Uraufführung: *1. 5. 1786 in Wien*
Personen/Stimmen: *Graf Almaviva* (Bariton) – *Gräfin Almaviva* (Sopran) – *Susanna* ihr Kammermädchen (Sopran) – *Figaro* Kammerdiener des Grafen (Bass) – *Cherubino* des Grafen Page (Sopran oder Mezzosopran) – *Marcellina* Beschließerin im Schloss (Alt) – *Doktor Bartolo* Arzt (Bass) – *Basilio* Musikmeister (Tenor) – *Antonio* Gärtner (Bass) – *Don Curzio* Richter (Tenor) – *Barbarina* Antonios Tochter (Sopran)

Wir befinden uns auf dem Schloss des Grafen Almaviva in einer Zeit, in der Regeln gelten, die wir alle nur noch aus der Geschichte kennen. Der Graf ist Herr nicht nur über seine Ländereien, sondern auch über seine Untertanen. Er kann sie in den Krieg schicken. Er kann sie für seine Güter arbeiten lassen. Er ist ihr oberster Richter und Herr. Und er hat, was einst das Recht der ersten Nacht hiess. Wenn er es wollte, konnte er jeder jungen Braut als erster, also noch vor dem ihr zugesprochenen Bräutigam, eine Nacht abverlangen.

Diskussionen über das richtige Tempo der Ouvertüre hängen einem schon zum Hals heraus. Diskussionen über Mozart-Tempi überhaupt. Richard Strauss plädierte dafür, langsamer zu werden, Karl Böhm eiferte ihm nach. Und heute wird beinahe immer gehetzt …

Undenkbar? So war's einmal, und dass Graf Almaviva auf dieses Recht verzichtet, ist eine edle Regung. So scheint es.
Figaro, sein Kammerdiener, und Susanne, die Zofe der Gräfin, sind das erste Brautpaar im Schloss, das von dem noblen Sinn des Grafen profitieren soll. So scheint es.
In Wahrheit ist der Graf ein Weiberheld wie eh und je und hat genügend Phantasie, um zugleich edel zu erscheinen und sich seine Launen dennoch zu erfüllen. Er überlässt dem jungen Paar ein Zimmer, wie geschaffen für seine Pläne. Direkt zwischen seinen und den Gemächern der Gräfin. Er muss nur noch Figaro mit einem Auftrag wegschicken – und schon ist er in seinem Revier …
Einem Art Ort der Begegnung, würde man heute sagen. Denn Figaro misst dort das Bett aus, Susanne öffnet ihm die Augen, der junge Page Cherubin flüchtet zu ihr und wird unfreiwillig Zeuge eines hübschen Antrags des Grafen – mit Ausnahme der Gräfin versammeln sich allmählich alle wichtigen Personen des Haushalts bei Susanne. Und sogar Besuch von draußen kommt, denn der Apotheker Bartolo bringt seine Haushälterin – sie hat ein schriftliches Eheversprechen Figaros, und Bartolo ist dem Kammerdiener nicht hold – ins Schloss.

> Nur so zum Beispiel: Cherubin, der zwei Arien hat, ist der präzise Gegenspieler des Grafen. Vor allem aber ist er eine junge Sängerin, die beinahe immer Applaus bekommt. Wenn nicht, sollte man sie nicht weiter engagieren.

So rasch kann man gar nicht zuhören, schon ist man mitten in der Auseinandersetzung um die holde Susanne. Figaro will den Herrn Grafen austricksen. Der Graf will sich des zwar noch sehr jungen, aber bereits gefährlichen Pagen entledigen. Bartolo will seine Haushälterin ein für allemal anbringen. Weil's aber früh am Morgen ist, nimmt man sich Zeit für alle die Intrigen, die man den Tag über spinnen wird. Das heißt: Der Graf überreicht Susanne den weißen Schleier, Zeichen ihrer Unschuld, noch nicht. Figaro zeigt dem kleinen Cherubin überdeutlich, wohin der Graf den Pagen senden will. Die beiden Kämpfer um Susanne beziehen Stellung.
Die Gräfin war einmal, aber in einer anderen Zeit und vor allem einer anderen Oper, das Mündel des Apothekers Bartolo, hat mit Hilfe des damals als Barbier arbeitenden Figaro den Grafen zum Mann bekommen. Seither sind Jahre vergangen, sie hat einen recht läufigen Ehemann, ist aber selbst treu. Susanne und Figaro ziehen sie in eine erdachte Komödie, in der beinahe das ganze Schloss mitspielen und zuletzt der Graf als Gefoppter dastehen soll: Der Page Cherubin soll als Mädchen, als Susannen-Ersatz, verkleidet werden, und der Graf soll auf ihn hereinfallen.

> Mit den „edlen" Partien ist es schwer: Die Gräfin hat große Gefühle auszudrücken und muss sehr, sehr klar singen, sonst ist sie verloren. Mehr als ihre Kollegen im „Figaro" ist sie exponiert und gefährdet. Sopranistinnen rätseln immer, ob ihre erste oder die zweite Arie schwieriger ist …

Freilich, noch während Cherubin im Schlafzimmer der Gräfin eingekleidet wird und dabei endlich auch die Gräfin einmal in die Nähe eines Verehrers kommt, beginnt das nächste Verwirrspiel. Der Graf kommt, Cherubin wird versteckt, im letzten Moment kann Susanne den Pagen aus dem Umkleidezimmer befreien – beinahe ist die Situation gerettet, aber Figaro weiß nur noch die vorletzte Entwicklung und weckt das Misstrauen des Grafen. War wirklich er bei Susanne? Was ist mit dem Patent des Cherubin, das ein Gärtner gefunden hat? Und wie will Figaro sich aus dem schriftlichen Eheversprechen, das er der freundlichen Haushälterin des Apothekers gegeben hat, winden?

Es wird langsam Mittag, und noch weiß man nicht, wer die Partie gewinnen wird.

Die nächste Runde geht eindeutig an das junge Dienerpaar. Zwar setzt der Graf – Susanne hat ihm schöne Augen gemacht und meint, das hilft – den Prozess an, doch ergibt sich eine erstaunliche Situation. Figaro kann nicht heiraten. Das prozessierende Paar ist unzweifelhaft sein leibliches Elternpaar. Gegen die Fakten ist auch der Graf hilflos. Er muss die Hochzeitszeremonie anordnen – Susanne und Figaro, Bartolo und seine langjährige Haushälterin werden gemeinsam feiern und sich vom gräflichen Paar die Insignien ihres Brautstandes überreichen lassen.

Susanne aber nimmt auch diesen Moment wahr. Die Gräfin hat ihr einen Brief diktiert, eine Einladung zu einem – so sagte man vielleicht damals – Stelldichein im Garten. Den Brief steckt Susanne dem Grafen beim Brauttanz zu. Und wieder ist nicht gewiss, wie der tolle Tag enden wird.

Denn jetzt haben die Frauen die Intrige für sich allein entdeckt, und der Graf und Figaro sind die Gefoppten. Figaro erfährt vom Brief und denkt, zu guter Letzt doch auch betrogen zu sein. Er hört das girrende Liebeslied seiner Susanne im Garten. Und weiß nicht, wem es gilt.

Der Graf glaubt, es ganz genau zu wissen. Und hat nur – wie Figaro – den Moment übersehen, in dem die Gräfin und Susanne ihre Kleider getauscht haben. Wieder ist der Graf im Nachteil, denn Figaro denkt rascher und kann sich mit seiner Susanne sogar noch eine kleine Szene leisten – er tut, als habe er die Verkleidung nicht gemerkt und überfällt die vermeintliche Gräfin in Liebe. In Liebe, die aber ausschließlich der wahren Susanne gilt.

Der Graf aber überrascht niemanden. Er glaubt, seine Frau mit

Figaro erwischt zu haben und schlägt Lärm. Endlich einmal ist er derjenige, der genüsslich eine verbotene Liebe zeigen und bestrafen kann.
Glaubt er. Denn es ist ja Susanne. Und die Person, der er im Garten den Hof gemacht hat? Die ist die Gräfin.
Was jetzt? Der Tag ist vorüber, die Nacht ist hereingebrochen. Der Graf hat nur eine letzte Chance. Er kniet in aller Öffentlichkeit vor seiner Frau nieder, bittet um Verzeihung. Es soll nicht wieder vorkommen.
Nicht wieder vorkommen? Niemand glaubt das. Aber jedermann will es wenigstens für diesen Tag glauben und die Nacht durchfeiern. Die Nacht nach einem tollen Tag.

> Jeder Opernfreund weiß es, trotzdem sollte man darauf hinweisen: Der „Vorhalt" des Grafen bei seiner Entschuldigung kann auch bedeuten, dass er selbstverständlich wieder fremd gehen darf ...

Man muss Rossinis „Barbier von Sevilla" nicht kennen, um „Figaro" zu lieben. Man muss Beaumarchais' dramatisches Vorbild, das Figaro als Revolutionär charakterisiert, nicht kennen, um Mozarts vergleichsweise wenig revolutionäre Oper zu verstehen. Aber man kann, wenn man will, nach „Figaro" beschließen, sich ein viel später entstandenes Schauspiel auch zu besuchen. „Figaro lässt sich scheiden" ist von Ödön von Horvath.

Don Giovanni

Libretto: *Lorenzo da Ponte*
Uraufführung: *29. 10. 1788 in Prag*
Personen/Stimmen: *Don Giovanni* (Bariton) – *Der Komtur* (Bass) – *Donna Anna* seine Tochter (Sopran) – *Don Ottavio* ihr Verlobter (Tenor) – *Donna Elvira* Don Giovannis verlassene Geliebte (Sopran) – *Leporello* Don Giovannis Diener (Bass) – *Masetto* ein Bauer (Bass) – *Zerlina* seine Braut (Sopran)

Das ist die Geschichte eines faszinierenden Mannes. Freilich streiten seit Jahrhunderten die Dichter und Gelehrten darüber, was seine Faszination tatsächlich ausgemacht hat.
War es seine erotische Ausstrahlung?
Mag sein, denn die junge Donna Anna, Tochter eines Komturs, also eines Ordensritters, und Verlobte eines ihr ebenbürtigen Adeligen, des Don Ottavio, wird von Giovanni des Nachts in ihrer Kammer heimgesucht. Und ruft erst nach Hilfe, als sie und Giovanni wieder am Tor des Palastes sind.
Was hat sich bei ihr abgespielt? Sie selbst verrät es nieman-

> Weiß – und merkt – man, dass die Ouvertüre „nachkomponiert", also erst im letzten Moment geschrieben ist? Mozart hat für sie nicht länger gebraucht als die Mitglieder der Strauß-Dynastie für einen Walzer. Freilich: Er hatte Musik, die er noch zu Papier bringen musste, immer schon vollkommen im Kopf.

dem, und also werden wir es nie wissen. Nur, dass sie den Mann in ihrer Kammer – in ihrem Bett? – nicht erkannt hat. Aber zurückhält, als er fliehen will.

Ihr Vater, vom Lärm geweckt, stellt Don Giovanni zum Zweikampf, wird von diesem erstochen – und sieht in seinem Todeskampf genau, wer der Mörder ist. Nur *er* erkennt ihn. Leporello, Vertrauter und Diener des Giovanni, will das alles gar nicht so genau sehen, er flieht mit seinem Herrn. Noch ehe Donna Anna wiederkehrt, ehe ihr Verlobter hinzukommt, ehe dieser von ihr zum Racheschwur aufgefordert wird.

Donna Anna und Don Ottavio haben Rache geschworen. Donna Elvira, eine von Don Giovanni in Burgos verlassene Geliebte, hat einen ähnlichen Schwur getan – sie will den zurück, der ihr die Ehe versprochen hat. Da es auf dieser Welt nur so von Zufällen wimmelt, spricht Don Giovanni Donna Elvira an und hat es schwer, ihr zu entkommen. Wäre da nicht Leporello, der ironisch und böse zugleich von den Abenteuern seines Herrn erzählt und erklärt, in ganz Europa gäbe es gebrochene Herzen, aber allein in Spanien eintausendunddrei ...

Zwei junge Menschen wollen Hochzeit feiern, Zerline und Masetto, mit ihren Freunden aus dem Bauernstand. Don Giovanni ist wieder am Platz, er lädt die ganze Gesellschaft auf sein Schloss und macht sich an die Braut heran. Mit keiner besonders originellen Erklärung. Sie sei zu hübsch für einen Bauern, wenn sie nur mit ihm käme, würde er sie heiraten. Das genügt scheinbar. Das genügte, käme da nicht Donna Elvira die Straße herauf und rettete die kleine Zerline vor Don Giovanni.

Donna Anna und Don Ottavio, erstmals nach dem schrecklichen Geschehen wieder auf der Gasse, treffen Don Giovanni – und gleich darauf wiederum Donna Elvira, die dem Virtuosen immer wieder in die Quere kommt. Kaum hat Giovanni sie für verrückt erklärt und sich von Donna Anna verabschiedet, weiß die, wer ihr die Hand geküsst hat. Der Mörder ihres Vaters. Wieder wallt Leidenschaft auf.

Nahe bei Don Giovannis Schloss beruhigt Zerline ihren eifersüchtigen Masetto, erklärt Don Giovanni seinem Diener, was der Sinn des festlichen Lebens ist. Treffen das edle Paar und die edle Verlassene gemeinsam und maskiert ein – sie haben das Ende des faszinierenden Don Giovanni im Sinn. Dass der sie übermütig zu seinem Fest einlädt, passt ihnen ins Konzept.

Immer noch denke ich daran: Wilhelm Furtwängler fragte einmal bei einer Probe nach, warum Donna Anna Don Giovanni „hält". Er war nicht naiv, sondern wollte die eine unbeantwortete Frage aufzeigen. Hat Don Giovanni wenigstens zu Beginn des Dramas noch einmal Erfolg gehabt?

Donna Elvira als komische Figur darzustellen ist Mode, aber gegen die Musik: Die klagt hochdramatisch die schwere Beleidigung, die der Frau angetan wurde. Ihr wurde die Ehe verprochen ...

Leporellos „Registerarie" enthält eine Falle: Völlig naives Publikum beginnt zu applaudieren, bevor sie zu Ende ist. Zum Beispiel bei den Salzburger Festspielen.

Bis zu diesem Augenblick hat es eine unsterbliche Arie nach der anderen gegeben. Wenn aber Donna Anna, Donna Elvira und Don Ottavio die Einladung zum Fest bei Don Giovanni angenommen haben, folgen drei Takte „Überleitung". Und Richard Strauss hat einmal geschrieben, für diese drei Takte gäbe er eine seiner Opern her. Beim Fest dann eine gefährliche Situation für Dirigenten: Sie haben vier Instrumen-

Noch aber ist das Ende Don Giovannis nicht gekommen. Allerdings kündigt es sich an. Er kann Zerline nicht einmal auf seinem eigenen Fest verführen. Er wird in seiner eigenen Pracht von den Rächern zur Rede gestellt. Es bebt der Boden.
Und nur deshalb kann Don Giovanni noch einmal seinem Schicksal entfliehen. Der Himmel will sich selbst rächen.
Giovanni versteht Zeichen und Mahnungen nicht. Er lebt sein Leben weiter, tauscht mit Leoporello die Kleider – nach einem Ständchen unter dem Fenster der Donna Elvira sinkt diese in die Arme des Dieners, und der Herr will sich um die Zofe kümmern.
Immer noch als Leporello verkleidet, verprügelt er Masetto und treibt ihn so endgültig in die Arme der Zerline – Don Giovanni hat kein Glück.
Sein Diener freilich auch nicht. Er wird von Donna Anna, Don Ottavio, Zerline, Masetto und schließlich auch von Donna Elvira gestellt und kann sich nur retten, weil er nicht Don Giovanni ist, sondern nur der Diener.
Aber alle die gefoppten Personen spüren, dass das Ende nahe ist. Nur Don Giovanni nicht. Er hat selbst auf dem Friedhof keinen Anstand, stört die Ruhe des von seiner Hand gefällten Komtur – ein Grabmal, versteht sich – und lädt ihn, als der aus dem Jenseits ruft, zum Abendessen ein.
Don Ottavio will seine Angelegenheiten regeln. Heiraten. Donna Anna, die wohl immer noch Giovanni im Blut hat, will erst die Rache. Sie erhält sie.
Bei Don Giovanni wird gespeist. Mit dem eines Edelmannes würdigen Aufwand, Dienerschaft und Tafelmusik. Mit einer klagenden Unterbrechung durch Donna Elvira, die Giovanni immer noch liebt und ihn zur Reue – mit ihr? – verführen will. Aber es ist zu Ende. Der Komtur selbst tritt ein, seine Statue vom Friedhof. Er hat die Einladung Don Giovannis angenommen und spricht jetzt die Gegeneinladung aus. Giovanni nimmt sie an – und fährt zur Hölle.
Und die Moral? Der Held der Geschichte ist nicht einfach tot, sondern zur Hölle gefahren. Diejenigen aber, denen er ein gefährlicher Held war, bleiben zurück. In einem vergleichsweise ruhigen Leben. Don Giovanni würde es ein langweiliges Leben nennen.

Man kann darüber nachdenken: Unzählige Dramen haben Don Giovanni schon vor seinem Weg in Mozarts Ewigkeit auf die Bühne gebracht. Unzählige Deutungen des Erotomanen

talensembles (drei auf der Bühne) im Takt zu halten, und niemand ahnt, was da alles danebengehen kann.

Die Posaunen, die den Gesang des Standbild des Komtur begleiten, sind eine geniale Eingebung des Komponisten. Seit seiner Zeit hat man das „Jenseits" immer wieder so instrumentiert.

Mozart leistet sich mitten im Sterben des Giovanni noch einen Spaß. Er zitiert „Una cosa rara", eine erfolgreiche Oper eines Konkurrenten. Und seinen eigenen „Figaro".

Der Komtur muss auf die Bühne. Alle Erfahrung zeigt es: Die Höllenfahrt erschüttert nur, wenn Don Giovanni einem sichtbaren Vollstrecker des Urteils gegenübersteht.

oder Freiheitshelden haben E.T.A. Hoffmann, Sören Kierkegaard und selbstverständlich Johann Wolfgang von Goethe geschrieben. Unzählige Versionen der Oper wurden erprobt. Vor allem eine hat vor hundert Jahren schon das versöhnliche Ende nicht mehr zeigen wollen. Die Höllenfahrt, die Bestrafung, war das Ende. Besonders bezeichnend: Es gibt zwei „Versionen" der Oper, eine für Prag und eine für Wien komponierte. Mozart hat jedoch nicht das Werk verändert, weil er „anders" musizieren wollte. Er hat nur für andere Solisten andere Arien vorgesehen, weil er ein Praktiker war.

Così fan tutte

Libretto: *Lorenzo da Ponte*
Uraufführung: *26. 1. 1790 in Wien*
Personen/Stimmen: *Fiordiligi* vornehme Dame (Sopran) – *Dorabella* vornehme Dame (Alt) – *Ferrando* Offizier (Tenor) – *Guglielmo* Offizier (Bariton) – *Don Alfonso* ein alter Philosoph (Bass) – *Despina* Kammermädchen (Sopran)

Manche Geschichte – oder Opernhandlung, wie man will – ist besonders klug. Eine ist für mich klüger als alle anderen. Denn sie handelt sowohl von Menschen wie auch davon, wie Menschen nicht nur einander, sondern auch sich selbst betrügen.
Nehmen wir zwei junge, verliebte Paare und nennen wir sie einfach nach ihrer Stimmlage. Alt und Tenor, Sopran und Bariton sind auf ewig ineinander verliebt. Glauben sie.
Ein „Philosoph" glaubt's nicht. Er bietet den beiden jungen Männern eine Wette an: Tun sie auch nur einen ganzen Tag, was er von ihnen fordert, dann werden sie erleben, was Untreue ist. Es geht ihm um hundert Zechinen, den beiden jungen Männern – Soldaten – um die Ehre.
Früh am Tag also müssen Tenor und Bariton zu ihren Liebsten, verkünden, sie seien zu einer Schlacht befohlen. Müssen herzzerreißenden Abschied nehmen und Alt und Sopran verzweifelt zurücklassen.
Dann allerdings haben sie in abenteuerlicher Verkleidung, als reiche Türken zum Beispiel, die jungen Damen zu besuchen und – die Bäumchen wechselnd – sich als neue Liebhaber zu etablieren. Der Philosoph hilft nach, erklärt die beiden zu seinen Freunden und nennt sie angenehm.

Meine Lieblingsoper, und ich kann keine Arie hervorheben und auf kein Ensemble hinweisen, denn sie alle sind meisterhaft. Oft werden einige Nummern gestrichen, seit neuestem aber musiziert man auch „Così" gottlob aus. Und zeigt die wechselnden und immer unsicheren Gefühle der vier Liebenden. Was ich allerdings anmerken muss: Je weniger man auf der Bühne mit dem Zeigefinger belehrt wird, um so eindrucksvoller ist dieses Lehrstück. Dass sich in letzter Zeit Regisseure mit dieser einfachen Regel nicht zufrieden geben, sondern uns ununterbrochen

Und? Selbstverständlich passiert erst einmal gar nichts, die plumpen Annäherungen des Bariton werden vom Alt zurück gewiesen, der Sopran kann sich überhaupt nicht vorstellen, den Tenor auch nur kennen zu lernen.
Aber der Tag ist noch lange nicht zu Ende. Der erste ernsthafte Angriff wird unternommen: Tenor und Bariton haben zu erklären, sie nähmen aus Verzweiflung Gift. Das hilft immer noch nicht, die Dienerin der beide jungen Damen erweckt sie, als Doktor verkleidet, zu neuem Leben, und trotzdem bleiben die Frauen standhaft. Und die Männer überaus zufrieden. Der Philosoph wird zahlen müssen.

Das aber ist noch lang nicht ausgemacht. Denn die beiden Schwestern unterhalten sich wenigstens schon über die neuen Verehrer, die Dienerin gibt lebenskluge Ratschläge, wie Damen sich über den Verlust von Liebhabern wegtrösten können. Und Tenor und Bariton bringen eine wunderbare Serenade dar – in Neapel kann man das, das gefällt Damen immer.
Beim Spaziergang durch den Park, in der vom Philosophen angeordneten neuen Ordnung, kommt Bewegung in das Geschehen. Der stürmische Bariton, der jetzt dem Alt Liebe schwört, muss plötzlich erkennen, dass er Erfolg hat. Er wird beinahe erhört. Dem Tenor ergeht es doppelt schlimm, er wird vom Sopran abgewiesen und muss erkennen, dass sein Alt wankelmütig geworden ist. Die halbe Wette also geht schon an den Philosophen?
Die ganze, selbstverständlich. Denn der Sopran muss sich gegen eine neue Liebe wappnen und wird vom jetzt doppelt und verzweifelt angreifenden Tenor überwältigt. Wie das? Nun, in die Liebeswerbung des Tenors hat sich ernsthafte Liebe gemischt, da geht's nicht mehr um eine Wette, da spürt der junge Mann echte Leidenschaft in sich. Oder glaubt er nur, sie zu spüren?
Faktum ist, noch vor dem Abendessen sind die beiden „neuen" Paare geschaffen, und die Verlierer der Wette fragen den Philosophen ratlos, was sie jetzt noch tun sollen. Heiratet doch in der neuen Version, ist dessen zynischer Rat.
Jedenfalls wird ein Essen aufgetragen, ein Notar gerufen, werden Heiratskontrakte vorgelegt und unterschrieben – gottlob ist kein Notar, sondern nur die wieder verkleidete Dienerin im Raum.
Und man hört Soldatisches, der Philosoph verkündet die

auch belehren wollen, ist ärgerlich und eine Mode. Und noch ein Kommentar: Selbstverständlich kann man „Così fan tutte" mit den besten Sängern aus allen Gegenden der Welt besetzen. Nichts aber geht über eine Aufführung, in der ein Opernhaus sein „Ensemble" für diese Oper hat – Karl Böhm wechselte „seine" Sänger immer erst, wenn sie für ihre Partien zu alt geworden waren. Und probte mit diesen, seinen Sängern beinahe vor jeder Aufführung wieder. Denn er war der richtigen Auffassung, man könne gar nicht zu viel und zu oft proben.

Rückkehr von Tenor und Bariton, in der allgemeinen Verwirrung stürzen die zwei aus dem Zimmer und kommen gleich wieder als Soldaten „heim". Finden die Heiratskontrakte und zücken empört ihre Degen. So rasch wurden sie hintergangen, vergessen, verraten?

Wer ist jetzt wer? Wer hat wen betrogen? Wie hat das alles geschehen können? Mit ihren muselmanischen Kleidern unter'm Arm zeigen Tenor und Bariton, wer sie vor wenigen Minuten noch waren und dass sie „alles" wissen.

Und wie löst man so eine Verwirrung der Gefühle wieder auf? Ganz genau erfahren wir das nicht. Denn selbstverständlich versöhnt man sich, sind Sopran und Bariton und Alt und Tenor bereit, gemeinsam zu Abend zu essen. Hinter dieser Bereitschaft aber, über der der Vorhang fällt, lauert eine Katastrophe. Wer wird nach diesem Tag noch jemandem oder sich selbst trauen können? Nur die einfachsten Gemüter können glauben, es wäre noch einmal alles gut ausgegangen. Nur die allereinfachsten.

„Così fan tutte" beruht angeblich auf einer wahren Geschichte aus der Gesellschaft. Die Oper war im neunzehnten Jahrhundert als banal oder zu anzüglich wenig geschätzt. Sie hat um die Wende zum zwanzigsten Jahrhundert eine Renaissance erlebt. Im Zeitalter des Gruppensex wäre sie beinahe wieder unmodern geworden. Gilt aber jetzt als höchst weise und menschliche Oper, die niemand missen möchte.

Die Zauberflöte

Libretto: *Emanuel Schikaneder*
Uraufführung: *30. 9. 1791 in Wien*
Personen/Stimmen: *Sarastro* (Bass) – *Tamino* (Tenor) – *Sprecher* (Bass) – *Erster Priester* (Tenor) – *Zweiter Priester* (Bass) – *Königin der Nacht* (Sopran) – *Pamina* ihre Tochter (Sopran) – *Erste Dame* (Sopran) – *Zweite Dame* (Mezzosopran) – *Dritte Dame* (Alt) – *Erster Knabe* (Sopran) – *Zweiter Knabe* (Sopran) – *Dritter Knabe* (Alt) – *Papageno* (Bass) – *Papagena* (Sopran) – *Monostatos* ein Mohr (Tenor) – *Erster geharnischter Mann* (Tenor) – *Zweiter geharnischter Mann* (Bass) – *Drei Sklaven* (Sprechrollen)

Wieder einmal ein Märchen? Eines, das Hand und Fuss hat, wenn man es Kindern oder kindlich gebliebenen Menschen erzählt, und das auf tausend Fragen stößt, wenn man es uns mit allen Wassern gewaschenen Menschen des einundzwanzigsten Jahrhunderts erzählen will? Ein Märchen also, bei dem wir uns sehr viele Wissenschafter herbeiwünschen, die Ägyptologie und die Lehre von der Freimaurerei studiert haben und uns Symbole erklären?

Lieber nicht. Nehmen wir einfach die Handlung, wie man sie uns bietet, und leiden und lachen wir mit den Personen, die uns vorgeführt werden, manchmal in prächtigen Farben, dann wieder in einer öden Gegend, manchmal freilich auch auf eine Art und Weise, die unsereins überkandidelt nennt. Was das heißt? Das sagt man so, wenn einer sich partout mit der rechten Hand hinter dem Kopf am linken Ohr kratzen will. Verstehen wir einander?

Betrachten wir es also reinen Herzens, und denken wir uns unser Teil.

Ein junger Mann, ein Prinz, ist zweifellos ausgezogen, um Abenteuer zu erleben und sich zu bilden. Wie Prinzen dies so tun. In einem Tal traf er auf eine Schlange, ein Ungeheuer, dessen er sich nicht erwehren konnte. Er fiel in Ohnmacht und sah nicht, wie drei junge Damen dieses Untier erlegten. Auch nicht, wie sie ihn selbst als jung und schön und liebenswert bezeichneten und meinten, von diesem jungen Manne müssten sie wohl ihrer Königin berichten.

Als er aus seiner Ohnmacht erwachte, sah er zuerst das tote Untier, dann ein seltsames Wesen – halb Mensch, halb Vogel, heiter und unbeschwert. Es erklärte gern, es fange Vögel für eine sternflammende Königin und erhielte im Tausch Zuckerbrot und Wein. Eine sternflammende Königin, hörte der Prinz, und war mehr als überrascht. Hatte er von einer seltsamen Königin der Nacht nicht schon einmal gehört?

Er sollte noch viel mehr von ihr hören. Die bewussten drei Damen kehrten zurück, gaben sich als seine Retterinnen zu erkennen, straften den Vogelhändler für seine Dreistigkeit und überreichten dem jungen Prinzen ein Bild. Das Bild eines unendlich hübschen jungen Mädchens, man musste sich sofort verlieben, wenn man es ansah.

Und das war auch der Zweck gewesen, unmittelbar danach erschien die sagenhafte Königin, von Sternen umgeben und höchlichst erregt. Sie erklärte dem Prinzen, die junge Unschuld hieße Pamina, sei ihre Tochter und von einem läs-

---

Selbstverständlich symbolisieren die drei Akkorde in der Ouvertüre das freimaurerische Element des Märchens. Dann aber, wenn nicht Sarastros Welt auf der Bühne ist, darf der Opernfreund die Lehren dieses Geheimbundes guten Gewissens wieder vergessen.

Über Generationen war es für einen Direktor Pflicht: Seine allerersten Sängerinnen hatten die Drei Damen zu singen. Und die Pflicht des Dirigenten: Er hatte ein Tempo zu wählen, das bei allen Auftritten der Drei Damen Verständlichkeit des Textes gewährleistete. So war es einmal, in der guten, alten Zeit.

Meine ganz persönliche und durch nichts untermauerte Erfahrung: Die Spitzentöne der Königin der Nacht sind erstens so spitz, wie erregte Frauen es nur sein können. Und werden zweitens am sichersten von jungen Sängerinnen gesungen, die noch nicht wissen, was ein hohes D und ein hohes F (!) bedeuten.

terlichen bösen Fürsten geraubt. Er aber sei unzweifelhaft dazu ausersehen, Pamina heimzubringen. Und sie zu heiraten, denn das sei ihr Ratschluss – wer ihr die Tochter wiederbringe, dem wolle sie sie auch zur Frau geben.

Voll Ungeduld war der Prinz darauf aus, sein erstes großes Abenteuer zu bestehen und Pamina zu retten. Der Vogelhändler Papageno, den man ihm als Diener mitgab, hatte zwar nicht die geringste Lust, in's Reich des großen Sarastro mitzukommen. Aber die beiden Abenteurer erhielten Zaubergaben. Der Prinz eine Flöte, die ihn in allen Gefahren schützen sollte. Und Papageno ein Glockenspiel, gewiss auch eines voll Zauberkraft. So etwas überzeugt.

Sarastros Reich, unweit dem Gebiet, in dem der Prinz auf die Königin der Nacht gestoßen war, wollen wir uns als ein wohlgeordnetes und nach weisen Regeln angelegtes Königtum denken. Weise Priester, schwarze Diener und ein unschuldiges Volk, das seinen Herrscher liebte, lebten dort, und niemand wusste, weshalb die junge Prinzessin, Pamina, ausgerechnet bei Sarastro in Gefangenschaft lebte.

Monostatos, der Sklavenaufseher, war unerlaubterweise in Pamina verliebt, seine Annäherungsversuche blieben aber unerwidert. Und vor dem vogelähnlichen Papageno, der seinem Prinzen vorausgelaufen war, erschreckte sogar der schwarze Diener. Pamina aber ließ sich von ihrer Mutter, vom Prinzen und von seinem Wunsch, sie heimzuholen, erzählen und machte sich mit Papageno rasch auf den Weg.

Der Prinz dagegen war in eine Art Tempelbezirk gedrungen, erfuhr von einem Priester, er sei bereits inmitten von Sarastros Reich und also von Tugend und Weisheit umgeben. Er wollte es nicht glauben, denn wann hat je ein tugendsamer Herrscher ein junges Mädchen seiner Mutter geraubt?

Er erhielt leider keine Antwort, außer dem Hinweis darauf, dass Pamina noch lebte und er sie vielleicht sehen sollte, hörte er nichts. Und als er seine zauberhafte Flöte spielen ließ, waren wenigstens aus der Ferne die Lockrufe Papagenos zu hören.

Trotzdem, die Geschichte ging nicht wirklich zur Zufriedenheit aller aus: Pamina und Papageno wurden von Monostatos entdeckt und konnten sich nur retten, indem sie Papagenos Glockenspiel erklingen ließen. Sie hatten aber keine Gelegenheit mehr, zu entkommen. Sarastro selbst war von der Jagd zurück, Monostatos hatte Tamino, den Prinzen, aufgestöbert.

Einmal ganz genau hinhören: Beim Duett „Bei Männern, welche Liebe fühlen …" gerät der Sänger des Papageno in Gefahr, falsch zu singen. Ein scheinbar einfaches Duett, bei Mozart aber ist auch das sehr kompliziert.

Der „Sprecher" ist die Lieblingsrolle erfahrener und beliebter Bassisten. Sie haben nur den einen Auftritt und können edel sein, ohne sich anstrengen zu müssen. Und sind noch vor der Pause fertig. Außer der Regisseur verdammt sie dazu, auch im zweiten Akt wieder aufzutreten.

Und Sarastro? Der erklärte geheimnisvoll, Tamino habe sich Prüfungen zu unterziehen, dann würde man weitersehen.
Sarastro war, das ließ sich unschwer erkennen, kein böser Mensch, sondern ein Fürst. Und oberster Priester einer Gemeinschaft, in die er Tamino aufgenommen wissen wollte – als tapferer, verschwiegener, edler Mensch sollte ihm dann Pamina durchaus als Frau geschenkt sein.
Die Prüfungen, denen sich wohl oder übel und immer ohne großen Erfolg auch Papageno unterzog, waren recht simpel. Die drei Damen der Königin der Nacht erschienen – und weder Tamino noch Papageno sprachen mit ihnen. Es wurde freilich schlimmer, auch Pamina kam – und wieder mussten die Prüflinge schweigen und Pamina ihrer Klage überlassen.
Für Papageno gab's noch so etwas wie eine kleine Extraprüfung. Er hatte Hunger und durfte nicht einmal mit dem alten Weib plaudern, das ihm Wasser und Brot brachte – es war unter seinen vielen Kitteln ein sehr junges Weib, das Papagena hieß, ein recht ansehnlicher Preis für einen Naturburschen. Aber er plapperte ...
Pamina, immer noch von Monostatos umschlichen, wurde auf ihre Art auch einer Prüfung unterzogen. Ihre Mutter erschien ihr, gab ihr einen Dolch und befahl ihr, Sarastro zu töten und den Sonnenkreis, den er auf der Brust trug, an sie zurückzugeben. Selbstverständlich weinte Pamina, sie könne nicht töten, wollte sich auch dem Monostatos nicht anvertrauen, wurde aber von Sarastro selbst getröstet. Kein Wort von Rache sollte in seinem Reich Gültigkeit haben, nur Tugend würde regieren.
Zu den letzten Prüfungen, die Tamino zu bestehen hatte, wurde schließlich sogar Pamina zugelassen. Das Mädchen hatte an Selbstmord gedacht, drei Knaben aber, die einmal Tamino, dann wieder sie beobachteten, führten sie dem Prinzen zu. Und die Zauberflöte, von Paminens Vater aus einem besonderen Baum geschnitten, half. Das junge Paar ging durch ein Feuermeer, dann durch gefährliche Wasserfluten – die Zauberflöte machte, dass ihnen nichts geschehen konnte.
In der eigens für ihn ausgedachten Prüfung, einfach zu schweigen, versagte Papageno ganz und gar, das junge Mädchen Papagena schien für ihn verloren – der Bursch wollte sich schon aufhängen, als ihn die drei Knaben an das Glockenspiel errinnerten. Und Papageno war schon da und für ihn war, wie es im Märchen heißt, alles, alles gut.

Sarastro ist, meine ich, eine unfassbar fade Partie. Und ein so kompetenter Mann wie Hildesheimer hat es auch gewagt, zu schreiben: Die Sarastro-Arien waren Mozart nicht wirklich wichtig. Wie man ja auch die Priester-Märsche im Grunde als Gebrauchsmusik streichen könnte!

Nur für diejenigen, die es auf einen Blick wissen wollen: Wenn während der Pamina-Arie sich irgend etwas auf der Bühne bewegt, dann ist man in einer neuen, verabscheuungswürdigen Inszenierung. Wenn da etwas anderes „geschieht" als Musik, dann hat die Musik verloren.

Noch ein Zitat, frei nach Richard Strauss: Genial ist, wenn man die beiden „Prüfungen" durch Feuer und Wasser nicht lautmalerisch verschieden komponiert, sondern in den Mittelpunkt stellt, worum es geht. Nämlich die Zauberflöte, die alle Gefahren bannt.

Monostatos aber hatte sich noch rasch zur Königin der Nacht durchgeschlagen, wollte mit ihr in den Tempel eindringen und Sarastro töten, Pamina rauben – ein völlig sinnloser Versuch, mit einem einzigen Donnerschlag wurden die Angreifer zur Hölle geschickt.

Denn der Zweck aller Prüfungen war erreicht, Tamino hatte sich als neues Mitglied der Priesterschaft Sarastros etabliert, der symbolische Sonnenkreis – er hatte Paminas Vater gehört und war an Sarastro weitergegeben worden – sollte ihn als nächsten Herrscher auszeichnen. Und Pamina? Also die wurde selbstverständlich seine Frau. Und wenn sie nicht gestorben sind …

Jedermann weiß, dass Emanuel Schikaneder den Papageno für sich selbst erdacht hat. Erstens dürfen also auch deftige Späße passieren. Und zweitens sind einige der gesprochenen Texte des Papageno so gut, dass man sie nie modernisieren darf.

Es ist Mode, in diesem Zauberspiel Mozarts bedeutendstes Werk zu sehen. Es gibt allerdings auch Musiker, die an der „Zauberflöte" gern nachweisen, wie sich das Genie Mozart zu banalen Priestermärschen, zu heiteren Volksliedchen und zu wundersamer Liebesmusik inspirieren ließ. Und zur bis heute populärsten aller Opern alle Arten von Musik schrieb. Nebstbei: Johann Wolfgang von Goethe liebte das Stück, inszenierte es in Weimar und versuchte, einen zweiten Teil zu dichten. War aber nicht naiv genug, um es mit einem Wiener Schauspieler und Theaterdirektor Emanuel Schikaneder aufnehmen zu können …

MODEST PETROWITSCH MUSSORGSKI

* 21. 3. 1839 in Karewo, † 28. 3. 1881 in St. Petersburg

Boris Godunow

Libretto: *Modest Mussorgski*
Uraufführung: *8. 2. 1874 in St. Petersburg*
Personen/Stimmen: *Boris Godunow* Zar (Bass) – *Fjodor* sein Sohn (Mezzosopran) – *Xenia* seine Tochter (Sopran) – *Xenias Amme* (Mezzosopran) – *Fürst Wassili Iwanowitsch Schuiski* (Tenor) – *Andrei Schtschelkalow* Geheimschreiber der Bojaren-Duma (Bariton) – *Pimen* Mönch und Chronist (Bass) –

Grigori Otrepjew Novize in Pimens Obhut, Usurpator als der falsche Dimitri (Tenor) – *Marina Mnischek* Tochter des Wojwoden von Sandomir (Sopran oder Mezzosopran) – *Rangoni* geheimer Jesuit (Bass) – *Warlaam* entlaufener Mönch (Bass) – *Missail* entlaufener Mönch (Tenor) – *Eine Schenkwirtin* (Mezzosopran) – *Gottesnarr* (Tenor) – *Nikititsch* Polizeioffizier (Bariton) – *Mitjucha* Bauer (Bass) – *Ein Leibbojar* (Tenor) – *Bojar Chruschtschow* (Tenor) – *Lowizki, Tschernjakowski* Jesuiten (zwei Bässe) – *Rusja* Marinas Dienerin (stumme Rolle)

Das Volk Russlands kennt das: Es lebt unter der Knute der Mächtigen und hat nichts anderes zu tun, als am Leben zu bleiben. Es hat zu beten, dass genau das geschieht, was die Mächtigen beschließen. Also, dass Boris Godunow sich endlich zum Zaren krönen lässt. Weit weg von Moskau ist ein junger Zarewitsch ums Leben gekommen, unter dem Stöhnen und Ächzen und Beten des Volkes lässt sich der neue Zar krönen und zeigt sich in seiner ganzen Herrlichkeit dem Volk.
In einem Kloster schreibt der uralte Mönch Pimen an der Chronik des russischen Volkes. Er ist bis zu der Stelle gekommen, an der er die Ermordung des Zarewitsch Dimitri zu schildern hat – Pimen war im Katharinenkloster, als man die Leiche des jungen Mannes ausstellte.
Wie alt er war? So alt wie der junge Mönch, der bei Pimen in der Zelle kauert und an Alpträumen leidet. Genau so alt? Pimen bestätigt. Genau so alt.
Das lässt in dem jungen Mönch einen erstaunlichen Entschluss reifen. Warum sollte er nicht der Zarewitsch sein und Boris um den Zarenthron bringen?
Wer herrscht, der hat es schwer. Nicht nur Verantwortung drückt ihn. Nicht nur die Sorge für seinen Sohn. Auch die Angst vor Verschwörungen. Und die Ungewissheit, was war, was kommen wird.
Boris ist lange genug auf dem Thron, um all das zu fühlen. Sind ihm die Fürsten, die Bojaren, wirklich ergeben? Ist nicht der mächtigste unter ihnen, Fürst Schuijski, ein Widersacher? Er ist der einzige, der bestätigen kann, dass der Zarewitsch tot war, ehe sich Boris krönen ließ. Oder?

An der Grenze Russlands ist der entflohene junge Mönch immerhin angekommen. Er hat noch eine kleine Meile, dann wird er in Polen sein und erklären können, er sei der wahre

---

Welche Fassung immer man spielt – erst einmal herrscht das Volk auf Moskaus Straßen, und wenn möglich hat man im Herrenchor einige der typisch hellen, russischen Tenöre. Und wenn der Chor auch in der Originalsprache singt – und das viel zusätzliches Studium gekostet hat – und die heimischen Solisten ebenso: Es hört sich im besten Fall russisch an.

Pimen ist eine grandiose Partie, kurz und einprägsam und sehr, sehr tief. Auch junge Bässe können ihn singen.

Mitten in einem Drama eine Kabarett-Einlage? Sie ist als Momentaufnahme notwendig, beruhigt auch die bereits erhitzten Gemüter des Publikums ...

Zarewitsch. Zwei Bettelmönche haben ihn begleitet, eine Wirtin hat ihn verköstigt, im letzten Moment entkommt er den Grenzposten, die angewiesen sind, nach einem ehemaligen Mönch und möglichen Aufrührer zu fahnden.

Russlands Geschichte ist bis auf den heutigen Tag anderen Völkern ein Rätsel. Das Volk lebt unter dem Zaren Boris nicht schlechter und nicht besser als vorher. Aber es lebt schlecht. Es lebt unter der Knute. Und findet immer noch solche, die es verehren oder verhöhnen kann. Fromme ziehen vorbei und verkünden, es werde besser werden. Ein Narr wird verhöhnt. Immerhin, er kann den Zaren selbst als Mörder bezeichnen, und ihm geschieht doch nichts. Boris Godunow hat Ehrfurcht vor Narren. Und Angst vor der Zukunft. Wie sein Volk.

Im fernen Polen hat der junge Mönch seine Karten ausgespielt. Er nennt sich Zarewitsch. Und eine junge Fürstin Marina ist geneigt, ihn auch so zu nennen. Zwar ist der junge Mann nicht, was sie anbetet. Doch ihr Beichtvater hat ihr gesagt, er könnte Zar werden. Und die ehrgeizige, schöne Marina kann sich nichts lebhafter vorstellen, als die Zarin aller Russen zu werden.

> Kommt Marina überhaupt vor? Ist der so genannte Polen-Akt in voller Länge (samt Ballett und dem Jesuiten Rangoni) angesetzt? Es wäre schade, wenn sich die Direktion für Sparmaßnahmen entscheidet. Und außerdem entfiele ein herrliches Liebesduett.

Moskau weiß von dem neuen, dem anderen Zarewitsch. Boris Godunow lässt die Mächtigen seines Reiches rufen. Soll es Krieg geben? Muss man Russland, muss man den Thron verteidigen? Fürst Schuiski führt den Mönch Pimen vor den Thron. Er soll berichten, was er gesehen, was er in seine Chronik geschrieben hat. Die ganze Wahrheit.

Boris aber kann es nicht ertragen. Er lässt seinen Zarewitsch rufen. Seinen Sohn. Und angesichts aller Großen seines Reiches erleidet er, was wir heute einen Infarkt nennen. Den Zarewitsch zerrt er auf den Thron. Und stirbt in Angst. Denn auch er weiß nicht, was die Bojaren beschließen werden.

> Die große Sterbeszene des Boris haben nicht nur bedeutende russische Interpreten unvergleichlich gestaltet. In einer Inszenierung Otto Schenks wurde zudem der „Herzinfarkt" medizinisch genau nachvollzogen und war trotzdem großes Theater. Und wenn ein Opernhaus „umstellt" und diese Szene als Finale nimmt, dann ist das auch keine schlechte Lösung.

An der Grenze aber ist längst Revolution und Aufruhr. Man will die Großgrundbesitzer hängen. Man will – genau weiß man nicht, was man will, denn man ist nicht gewohnt, zu denken.

Der aus Polen an der Spitze seines Heeres daherreitende Mönch, der von sich selbst sagt, er sei der Zarewitsch und bald auch der Zar, kann das Volk sofort beruhigen. Da ist wieder einer, vor dem man knien wird. Der arme Narr weiß das auch. Er jammert. Er jammert um Russland.

> Die bessere aber bleibt: Ein letztes großes Volksbild, das weiter unterdrückte Volk also, der einziehende „falsche Zarewitsch", und zuletzt der Narr, der überbleibt und trauert ...

Es gibt sehr viele so genannte Fassungen von „Boris Godunow". Ursprünglich finden sich der so genannte Polenakt nicht und auch der falsche Zarewitsch tritt am Ende nicht auf. In wenigstens zwei anderen Versionen entscheidet man sich je nach Geschmack des Opernhauses, wie das Stück zu Ende geht. Entweder mit dem Tod des gehetzten Boris Godunow oder mit der Klage des Narren. Legitim ist, was die Handlung anlangt, jede dieser Fassungen. Verpönt ist, neuerdings, die musikalische Bearbeitung von Rimski-Korsakow. Man spielt entweder aus der „originalen" Partitur oder eine Bearbeitung, die Dimitrij Schostakowitsch verfasst hat.

OTTO NICOLAI

* 9. 6. 1810 in Königsberg, † 11. 5.1849 in Berlin

Die lustigen Weiber von Windsor

Libretto: *Salomon Hermann Mosenthal*
Uraufführung: *9. 3. 1849 in Berlin*
Personen/Stimmen: *Sir John Falstaff* (Bass) – *Herr Fluth* Bürger von Windsor (Bariton) – *Frau Fluth* (Sopran) – *Herr Reich* Bürger von Windsor (Bass) – *Frau Reich* (Mezzosopran) – *Anna* deren Tocher (Sopran) – *Fenton* (Tenor) – *Junker Spärlich* (Tenor) – *Doktor Cajus* (Bass) – *Wirt und Kellner* im Gasthof „Zum Hosenbande" (Sprechrollen) – *Vier Bürger* (Tenor, drei Sprechrollen)

Selbstverständlich kann man ein und dieselbe Geschichte auf mehr als eine Art erzählen. Und die Geschichte, wie Sir John Falstaff gegen Ende seines an sich heiteren Lebens in Windsor zum Narren gemacht wurde, die ist schon wert, dass man sie auch einmal sehr naiv und einfach erzählt.
Zum Beispiel so, dass man nicht lange fackelt, sondern gleich einmal von den beiden jungen Ehefrauen Fluth und Reich berichtet, die verliebte Briefe des Alten bekamen und austauschten und beschlossen, ihm eine Falle zu stellen – ein Rendezvous mit der einen, bei dem die andere quasi als Überraschung erscheinen wollte.
Und beinahe unmittelbar darauf die Geschichte selbst, wie Falstaff zu Frau Fluth kam, dabei von Frau Reich überrascht wurde – und beide Frauen schon einen überdimensionierten

Kein Italiener wird imstande sein, die Qualitäten dieser Oper zu schätzen, denn Giuseppe Verdi hat ja „Falstaff" komponiert. Und Hand aufs Herz – in der Fassung von Otto Nicolai sind die Ouvertüre und ein paar „Nummern" schön, als Musikfreund aber sehnt man sich nach der italienischen Genietat. Immerhin, die Ouvertüre sollte man immer wieder hören.

Waschkorb vorbereitet hatten, um ihn ins Wasser werfen zu lassen, weil der eifersüchtige Herr Fluth zu erwarten war.

Ein wenig anders geht die Geschichte weiter als in anderen Berichten: Denn Herr Fluth war wirklich unausstehlich eifersüchtig und Sir John Falstaff wirklich dumm und eingebildet und bereit, sich auch gleich auf ein zweites Rendezvous einzulassen: Er trank junge Jäger unter den Tisch und erklärte dem sich verstellenden Herrn Fluth, er werde gern für ihn bei der angeblich angebeteten Frau Fluth die Türen öffen, indem er sie erst einmal heftig verführte.

Und er kam wieder zu den so genannten „Weibern" und entkam wieder im letzten Moment der Hausdurchsuchung, diesmal verkleidet als eine in der Gegend bekannte alte Frau, die Herr Fluth mit Stockschlägen aus dem Haus trieb.

Da allerdings war nebenbei sehr viel geschehen: Herr Reich hatte einen dümmlichen Verehrer für seine Tochter quasi anerkannt und weder einen heiter eifersüchtigen Franzosen noch einen hübschen jungen Einheimischen namens Fenton hören wollen. Aber, seine Tochter Anna hatte sich längst und aus eigenem für diesen Fenton entschieden – und das genügt, wie wir Väter als leidvolle Gewissheit erzählen können.

Und darum war auch beim dritten Versuch, Sir John Falstaff – mit Elfenspuk und in Verkleidung im Park von Windsor – zu narren, die Hauptsache: Der dicke Falstaff bekam keine der munteren Frauen, und die junge Anna bekam ausdrücklich den von ihr gewünschten jungen Mann. Herr Fluth musste ein für allemal seine Eifersucht vergessen und Herr Reich seine Hoffnungen auf den von ihm ausgewählten Schwiegersohn.

Und wir? Wir haben, wenn wir uns die Geschichte so einfach erzählen lassen, besonders liebliche Musik gehört.

JACQUES OFFENBACH

* 20. 6. 1819 in Köln, † 5. 10. 1880 in Paris

Les Contes d'Hoffmann / Hoffmanns Erzählungen

Libretto: *Jules Barbier und Michel Cané*
Uraufführung: *10. 2. 1881 in Paris*
Personen/Stimmen: *Hoffmann* Dichter (Tenor) – *La Muse/ Niklaus* (Mezzosopran) – *Olympia* mechanische Puppe (Sopran) – *Giulietta* Kurtisane (Sopran) – *Antonia* Sängerin (Sopran) – *Stella* Sängerin (Sprechrolle) – *Lindorf* Stadtrat (Bariton) – *Coppélius* Spalanzanis Widersacher (Bariton) – *Le capitaine Dappertutto* Zauberer (Bariton) – *Le docteur Miracle* (Bariton) – *Spalanzani* Erfinder (Tenor) – *Crespel* Antonias Vater (Bass) – *Peter Schlémil* Giuliettas Liebhaber (Bass) – *Andrès* Stellas Diener (Tenor) – *Cochenille* Spalanzanis Diener (Tenor) – *Pitichinaccio* Verehrer Giuliettas (Tenor) – *Franz* Crespels Diener (Tenor) – *Nathanaël* Student (Tenor) – *Hermann* Student (Bass) – *Stimme der Mutter Antonias* (Mezzosopran) – *Luther* Wirt (Bass)

Wir müssen uns erst einmal über einige Wahrheiten im Klaren sein. Eine Frau ist niemals eine Frau, sondern mindestens drei Frauen. Drei sehr verschiedene.
Im Wein – in manchen Ländern im Punsch – findet man eine Art von Wahrheit, die völlig stimmig ist, wenn alle rundum auch Wein oder Punsch getrunken haben. Wer aber nüchtern bleibt und zuhört, den befallen Zweifel an dem, was die anderen wahr nennen. Und drittens und vor allem: Ein Dichter kann ernsthaft nur seine eigenen Geschöpfe lieben. Er lebt überhaupt nur mit und unter ihnen, und er geht zugrunde, wenn er ihnen nicht überall begegnet.
Hoffmann ist ein Dichter, man schätzt ihn in Luthers Weinkeller in Berlin auch als Animator. Wenn er genügend trinkt, fallen ihm Geschichten ein …
Stadtrat Lindorf ist alles andere als ein Dichter. Er wäre gern der Liebhaber der genialischen Sängerin Stella, die aber anscheinend Hoffmann vorzieht. Immerhin, einen Brief Stellas an Hoffmann samt Schlüssel zu ihrem Zimmer weiß sich

Wir alle wissen, dass diese Oper zu Lebzeiten des Komponisten nicht aufgeführt wurde. Auch wenn man heute „nach dem Original" ankündigt oder eine „endgültige Fassung", bleibt das eine Irreführung des Publikums. Offenbach hätte vielleicht nach der Premiere umgeschrieben?

Lindorf unschwer zu verschaffen. Er hat einen kühlen Kopf und zahlt gut ... Und Hoffmann wird, wenn Stella von der Vorstellung kommt, schon zu betrunken sein, um etwas gegen Lindorf unternehmen zu können.

Vorläufig beginnt er, Hoffmann, erst seinen Abend. Er singt seiner studentischen Klientel ein Lied vom armen Zwerg Kleinzack, bleibt zwischendurch drin hängen, weil er Stella im Kopf hat, findet aber doch zu einem fulminanten Ende. Und ist noch nüchtern genug, seine Freunde vor ihren Geliebten zu warnen. Sie allesamt sind nicht, was sie scheinen. Er kann es aus Erfahrung sagen. Seine Erfahrungen mit gleich drei Frauen beweisen es.

Da war erst einmal Olympia ...

Selbstverständlich erleben wir nüchtern, was dem allmählich trunkenen Dichter von Olympia in Erinnerung geblieben ist:

Olympia war eine Puppe, ihr Schöpfer der Physiker Spalanzani, der sich freilich die Augen seines Wunderwerks von einem Optiker, Coppelius, konstruieren lassen musste. Besagter Coppelius, der Stadtrat Lindorf ähnlich sah, verkaufte Hoffmann Brillen, durch die man die Welt anders und Olympia wahrhaft lebendig sah.

Wundert es, dass Hoffmann sich verliebte, die sängerischen Darbietungen der Kunstfigur begeistert erlebte, mit ihr zu tanzen versuchte?

Aber Spalanzani hatte dem Optiker Coppelius einen ungedeckten Scheck ausgestellt. Also wütete der und zerriss die Puppe Olympia und des Dichters Hoffmann Phantasie mit einem Mal.

Antonia war die Tochter einer früh verstorbenen Sängerin und des Musikers Crespel. Sie hatte die Schwindsucht ihrer Mutter geerbt und sollte nicht singen. Hoffmann liebte sie über alles und wusste von der furchtbaren Krankheit nichts. Aber er war dem Vater ein Dorn im Auge – ein Anreiz für Antonia, wieder zu musizieren, zu singen.

Doktor Mirakel, er sah dem Stadtrat Lindorf sehr ähnlich, hatte schon die Mutter zu Tode gepflegt. Er kam, das auch mit der Tochter zu tun. Unheimlich, wie er war, kam er nicht nur durch die vom schwerhörigen Diener Franz geöffnete Tür, sondern manchmal auch durch die Wand.

Hoffmann musste untätig zusehen, wie Doktor Mirakel Antonia zum Singen verleitete – erst ließ der das Bild ihrer geliebten Mutter singen, dann riss er sich eine Geige ans Kinn und

---

Dergleichen ist selten zu behaupten und wird auf Widerspruch stoßen: Nicolai Gedda hat die allerschönste Interpretation des Lieds von Kleinzack gesungen (und gottlob auf Platte verewigt). Da sind der Humor und die plötzliche Liebe – mitten im Lied – genialisch nebeneinander zu spüren.

Keine Neuigkeit: Die drei Frauenpartien können auch von einer einzigen Künstlerin gesungen werden. Allerdings nur, wenn sie zu allen ihren Qualitäten auch ein hohes Es (für die Olympia) sicher zur Verfügung hat. Natalie Dessay singt in Wien ein hohes G!

In diesem Akt darf ein verdienter älterer Tenor (er singt die Nebenpartien) als tauber Diener Franz sein Lied haben und mit dem Publikum abrechnen. Antonia aber ist die fadeste der drei Frauenpartien.

steigerte die Leidenschaft der blassen Antonia bis in ihren eigenen Tod.
Hoffmann und Vater Crespel sahen einander fassungslos an – Doktor Mirakel aber war da und verkündete, Antonia sei tot.
Giulietta war eine Kurtisane. Ein umworbenes Weib in Venedig, Geschöpf eines offenbar so reichen wie bösen Menschen. Er hieß Dappertutto und erinnerte nicht nur entfernt an den Stadtrat Lindorf. Giulietta lieferte ihm Seelen – Männer, die ihr verfielen, mussten ihren Schatten zum Geschenk machen. Die Seele?
Hoffmann verliebte sich unsäglich in Giulietta. Selbstverständlich schenkte er ihr seinen Schatten.
Dann aber erfuhr er, dass ein gewisser Schlémil den Schlüssel zu ihren Gemächern habe. Er tötete den Nebenbuhler – Dappertutto lieh ihm dazu seinen Degen, und Hoffmann konnte plötzlich erfolgreich fechten.
Giulietta aber fuhr da schon in ihrer Barke weg. Zu ihren Füßen kauerte der kleine Pitichinaccio, der entfernt an den Diener Franz, an den Gehilfen des Physikers Spalanzani, aber auch an den Diener bei den Crespels erinnerte.
Hoffmann hat drei Geschichten erzählt. Jetzt ist er endlich betrunken – die Puppe, die Künstlerin, die Kurtisane sind drei Personen, aus denen die Sängerin Stella gemacht sein könnte.
Die aber kommt von der Vorstellung, sieht einen betrunkenen Dichter und lässt sich von einem nüchtern gebliebenen Stadtrat heimfahren.
Was bleibt dem Zurückgelassenen? Ein Freund hat ihn in allen seinen Geschichten begleitet. Seine Muse. Sie ist treu. Im Wein, im Punsch, aber auch wenn er an seinem Schreibtisch sitzt, hat der Dichter seine Beschützerin. Er dankt es ihr mit Erzählungen.

Offenbach hat seine Oper zu Ende komponiert, aber die Uraufführung nicht mehr erlebt. Seit 1881 werden „Hoffmanns Erzählungen" in immer neuen, dem Stand der Musikwissenschaft folgenden „Fassungen" aufgeführt. Die drei Episoden werden vertauscht, Vorspiel und Finale – der Triumph der Muse – werden gezeigt oder nicht. Im Grunde ist es nicht von Bedeutung, ebenso wenig wie die Tatsache, dass Offenbach sein Werk nicht mehr selbst instrumentieren konnte und immer neue Bearbeiter (und Operndirektoren) Arien hinzufügen

Zwei Kleinigkeiten, die jeder Opernfreund weiß: Die weltbekannte „Barcarole" ist nicht für diese Oper komponiert, muss aber in dieser Oper vorkommen. Und die so genannte „Diamanten-Arie" („Spiegel-Arie") des Bösewichts ist wiederum so ein Glanzstück, bei dem der Bariton zum hohen A (der höchsten Note des Siegmund in der „Walküre" Wagners) getrieben wird. Obgleich es auch ohne diesen Spitzenton gehen müsste.

Ein Dank an alle Häuser, in denen man das ganze Nachspiel gibt und Hoffmann zuletzt nicht betrunken allein bleibt, sondern seine Muse ihn tröstet.

oder weglassen. „Hoffmanns Erzählungen" vermittelt immer die Faszination, die sich der Theatermann Offenbach am Ende seiner Tage, als er endlich eine große Oper schreiben wollte, erhofft hat.

HANS PFITZNER

* 5. 5. 1869 in Moskau, † 22. 5. 1949 in Salzburg

Palestrina

Libretto: Hans Pfitzner
Uraufführung: 12. 6. 1917 in München
Personen/Stimmen: *Papst Pius IV.* (Bass) – *Giovanni Morone* Kardinallegat des Papstes (Bariton) – *Bernardo Novagerio* Kardinallegat des Papstes (Tenor) – *Kardinal Christoph Madruscht* Fürstbischof von Trient (Bass) – *Carlo Borromeo* römischer Kardinal (Bariton) – *Kardinal von Lothringen* (Bass) – *Abdisu* Patriarch von Assyrien (Tenor) – *Anton Brus von Müglitz* Erzbischof von Prag (Bass) – *Bischof von Budoja* (Tenor) – *Theophilus* Bischof von Imola (Tenor) – *Avosmediano* Bischof von Cadix (Bassbariton) – *Graf Luna* Orator des Königs von Spanien (Bariton) – *Giovanni Pierluigi Palestrina* Kapellmeister an der Kirche Santa Maria Maggiore in Rom (Tenor) – *Ighino* sein 15-jähriger Sohn (Sopran) – *Silla* Palestrinas 17-jähriger Schüler (Mezzosopran) – *Bischof Ercole Severolus* Zeremonienmeister des Konzils (Bassbariton) – *Kapellsänger* an Santa Maria Maggiore (zwei Tenöre, drei Bässe) – *Erscheinung Lukretias* Palestrinas verstorbener Frau (Alt) – *Erscheinung* von neun verstorbenen Meistern der Tonkunst (Tenöre, Baritone, Bässe) – *Drei Engelstimmen* (Soprane)

Bereits aus dem Personenverzeichnis kann man ablesen: Diese Oper wurde für ein großes, altmodisches Opernhaus mit einem stattlichen Ensemble geschrieben. Seit der Uraufführung gibt es deshalb auch nur Aufführungen dieser Art – und bei den Salzburger Festspielen gab es einen „Palestrina", als noch so gut wie die ganze Wiener Staatsoper im Sommer in Salzburg engagiert war.

Seit Jahren tagt zu Trient das Konzil. Fragen der Heiligen Römischen Kirche, vor allem der Weltpolitik stehen zur Diskussion. Spanier, Italiener und Deutsche sollen sich zur Situation der Kirche äußern, die von den Lutheranern von Grund auf verändert ist. Und bleiben dabei aber auch Spanier, Italiener und Deutsche.

Sehr am Rand wird auch die Liturgie diskutiert: Soll die Heilige Messe reformiert werden, will der Papst beim Gottesdienst die (anderen längst altmodisch erscheinende) Figuralmusik verbannen und den noch älteren gregorianischen Choral allein gestattet wissen?

Die Zeit ist, wie beinahe immer, im Umbruch. Die Musik, die Giovanni Pierluigi da Palestrina, Kapellmeister in Rom, schreibt, ist nicht mehr in Mode. In Florenz sind Neuerer am Werk. Freilich noch lange nicht im Dunstkreis der Kirche, die Palestrina zu den anerkannten Musikern seiner Zeit zählt.

Kardinal Borromeo, ein Kirchenfürst, wie man ihn sich auch heute noch vorstellen kann, also mächtig und kunstliebend zugleich, hat dem Heiligen Vater einen Kompromiss abgerungen. Eine neu komponierte Messe solle nachweisen, wie sehr die Frömmigkeit doch auch auf Giovanni Pierluigi da Palestrinas Weise gefördert wird. Der Weg zurück soll nicht beschritten werden.

Palestrina aber, den Borromeo mit dieser Aufgabe betraut, will seinem großen Förderer die Messe nicht schreiben. Schon weiß er von der Zukunft, zu der sein eigener Schüler drängt. Schon fühlt er sich alt, verbraucht und seit dem Tod seiner Frau vereinsamt. Mit seinem Knaben Ighino allein gelassen. Die Zukunft, auch die der Kirchenmusik, ist ihm kein Anliegen mehr.

Der Fürst der Kirche und der Fürst der Musik verstehen einander nicht mehr. Der Kardinal verlässt Palestrina zornig und enttäuscht.

Und eines der Wunder, von denen man weiß, dass sie wahr sind, geschieht. Palestrina erscheinen die großen Vorgänger und beschwören ihn, ihr Erbe nicht zu verschleudern. Es erscheint seine Frau und gibt ihm Zuversicht. Die Engel selbst singen ihm eine Messe vor.

Er muss nur eine Nacht lang niederschreiben, was der Himmel diktiert. Am Morgen finden sein Sohn und sein Schüler Silla Palestrina schlafend über den Notenblättern der geforderten großen Messe.

Das Konzil zu Trient ist eine überaus weltliche Angelegenheit, die ehrwürdigen Würdenträger der Kirche sind genau genommen entweder Parteigänger des Papstes oder des Kaisers, sie sind längst nicht mehr alle treue Diener Roms – was sie bewegt, ist die Angst vor den Protestanten, die Herrlichkeit der Einigkeit von Kirche und Staatsmacht. Oder, auch Klein-

---

Dass Palestrinas Schüler dem Sohn Palestrinas „neue" Musik vorspielt, begreift unsereins erst wieder, seit es Experten für alte Musik gibt.

Nennen wir es eine berühmte Szene? Es ist einer der berühmtesten Versuche, die Entstehung einer Komposition in einer Komposition darzustellen. Und sie endet nicht mit der mehrfach zitierten Messe, sondern mit den Morgenglocken, die über Rom läuten.

Von Anfang an hetzt die Musik: Kein Wunder, dass die ehrwürdigen hohen geistlichen Würdenträger (die Kardinäle ausgenommen) alle rasch und abgehackt singen und kein ehrwürdiges Bild vermitteln.

geister treiben sich auf dem Konzil herum, die Frage nach den Diäten, die man Bischöfen doch bezahlen müsste …

Kommt da in dieser Sitzung, bei der Angelegenheiten von größter Wichtigkeit in der kleinlichsten Form diskutiert werden, auch die Kunst vor?

Mit zwei kleinen Sätzen. Borromeo berichtet seinem Kardinal-Bruder, er habe den aufsässigen Musiker ins Gefängnis werfen lassen. Und dem Konzil auf Anfrage, die vom Heiligen Vater „bestellte" Messe werde geschrieben.

> Besagter Bruder heißt Giovanni Morone, ist Kardinallegat des Papstes, ist Bariton, und hat eine diplomatische Rede zu singen. Neuerdings wird auch er als Karikatur gezeichnet – das muss nicht sein, es gibt genügend andere „Bischöfe", die dafür auf der Bühne sind.

Dann nimmt die Tagung wieder ihren sehr weltlichen Lauf, ein Antrag, die Protestanten einzuladen, sprengt sie beinahe. Aber ehrwürdige Geistliche wissen, dass man mit einer kleinen Mittagspause und einigen Drohungen ein Konzil durchaus vorantreiben kann.

Und wir begreifen, dass der Lauf der Welt auch das Schicksal der Musik nicht bestimmt. Palestrinas Messe ist gefunden, einstudiert, wird vor dem Heiligen Vater gesungen. Der Komponist ist wieder daheim.

Sein Triumph scheint vollkommen. Erst kommen die Sänger, die von der wundersamen Wirkung der Messe berichten. Dann kommt, auf der Sedia gestatoria getragen, der Heilige Vater selbst und nennt den Musiker seinen Diener und Freund für alle Zeiten. Und selbstverständlich ist auch Kardinal Borromeo gekommen, der jetzt vor dem Geschenk Gottes, das er ins Gefängnis werfen ließ, kniet.

Aber Palestrina erreichen alle die Nachrichten kaum. Er hat seinen Schüler verloren. Er schickt seinen Buben hinaus ins brodelnde Rom. Er bleibt vor seiner Orgel sitzen und weiß, was er ist. Der letzte Stein an einem der tausend Ringe Gottes. Ein Werkzeug. Er will es bleiben. Still und demütig.

> Ein echter Abgesang. Von draußen, von der Straße her, wird heiter gesungen wie im letzten Akt der „Traviata". Und Palestrina zieht die Bilanz seines Lebens. Das können auch Tenöre, die nicht mehr im Zenith ihres stimmlichen Daseins stehen, ausgezeichnet.

Dass die Jahrhunderte vorübergehen und ausgerechnet seine Messe überdauern wird? Und dass in Wahrheit eine Messe überdauern wird, die gar nicht auf Wunsch des Heiligen Vaters komponiert wurde? Dass eine halbe musikwissenschaftliche Wahrheit und eine ganze unfassbar schöne Messe den Namen Palestrina in die Ewigkeit weben? Er erduldet es.

GIACOMO PUCCINI

* 22. 12. 1858 in Lucca, † 29. 11.1924 in Brüssel

Manon Lescaut

Libretto: *Marco Praga, Domenico Oliva und Luigi Illica*
Uraufführung: *1. 2. 1893 in Turin*
Personen/Stimmen: *Manon Lescaut* (Sopran) – *Sergeant Lescaut* ihr Bruder (Bariton) – *Chevalier Des Grieux* Student (Tenor) – *Géronte de Ravoir* königlicher Steuerpächter (Bass) – *Edmondo* Student (Tenor) – *Der Wirt* (Bass) – *Der Musiker* (Mezzosopran) – *Der Ballettmeister* (Tenor) – *Lampenanzünder* (Tenor) – *Sergeant* der Bogenschützen (Bass) – *Ein Seekapitän* (Bass)

Anfang des 18. Jahrhunderts gab es noch das, was wir gesellschaftliche Schranken nennen und, in der harmlosesten Art, auch anerkennen. Man war und lebte in dem Stand, in dem man geboren wurde. Das ist heutzutage nicht mehr unbedingt so. Es gibt da Beispiele.
Vor der Post von Amiens sieht der junge Chevalier Des Grieux zum ersten Mal das wunderbare Mädchen Manon Lescaut. Es ist mit seinem Bruder, dem Sergeant Lescaut, eingetroffen. Die beiden sind arm, für das Mädchen gibt es nur eine Lebensaussicht. Sie soll in ein Kloster ... Géronte de Ravoir, ein dümmlich reicher Steuerpächter, war ebenfalls in der Kutsche. Er hat vor, Manon als seine Geliebte zu entführen.
Des Grieux aber, sofort unsterblich verliebt und wiedergeliebt, handelt rasch. Als der Steuerpächter ans Werk will, sind Manon und Des Grieux bereits gemeinsam geflohen.
Das Glück war kurz. Manon hat ihren jungen Geliebten verlassen, als ihm das Geld ausging. Sie lebt in Paris, wird von dem Steuerpächter ausgehalten und ist so reich wie unglücklich. Sie hat ihr Schicksal selbst gewählt und will es doch nicht tragen. Schmuck von Géronte de Ravoir? Zuspruch des Bruders? Nichts hilft.
Des Grieux ist wieder da, sie lebt auf und beschließt, mit ihm zu fliehen. Freilich, sie ist noch immer dumm. Schon weiß sie, dass ihr Géronte mit der Wache kommt, da will sie noch ihren Schmuck retten. Und wird verhaftet. Als Diebin, der die Deportation droht.

Im Hafen von Le Havre werden verurteilte Gefangene auf ein Schiff gebracht, darunter auch Manon. Weder ihr Geliebter noch ihr Bruder haben ihr helfen können. Manon muss auf das Schiff. Des Grieux wirft sich vor dem Kapitän in den Staub, er hat nichts zu bieten – immerhin, er darf Manon auf ihrem Weg in die Ferne begleiten.

Dieser Weg führt in den Tod. Manon und Des Grieux fliehen in Amerika aus der Gefangenschaft. Aber sie sind ohne Mittel und verirren sich in einer Art Wüste. Still und mutlos ergeben sie sich ihrem Schicksal und sterben gemeinsam. Eine kleine dumme Person und ein junger, gedankenloser Mann sterben an einer herzzerreißenden Passion füreinander.

La Bohème

Libretto: *Giuseppe Giacosa und Luigi Illica*
Uraufführung: *1. 2. 1896 in Turin*
Personen/Stimmen: *Rodolfo Dichter (Tenor) – Schaunard Musiker (Bariton) – Marcello Maler (Bariton) – Colline Philosoph (Bass) – Mimi (Sopran) – Musetta (Sopran) – Benoît Hausherr (Bass) – Alcindoro Staatsrat (Bass) – Parpignol (Tenor)*

Selbstverständlich ist das wilde Leben der jungen, wilden Literaten und Maler und Musiker heutzutage aufregend. Selbstverständlich erfahren die – und ihre Modelle und Musen und Freundinnen – manchmal auch, was Liebe oder Tod ist.

Einmal eine Oper ohne Ouvertüre – wenige Takte, und wir sind mitten im sozusagen studentischen Geschehen, glauben noch, eine heitere Geschichte zu erleben.

Anno dazumal in Paris ging es ähnlich wild, doch etwas zärtlicher zu als heutzutage. Man war noch nicht emanzipiert. Noch nicht verdorben – und ich meine damit vor allem, dass man noch nicht ununterbrochen den nackten Busen zeigte und was man sonst noch so sehen kann.

Aber: Auch damals war man arm, wenn man am Anfang seiner Karriere stand. In den Mansarden der oft wunderschönen Zinshäuser von Paris lebte man sozusagen unter dem Dach und dem Existenzminimum ...

Zum Beispiel der junge Maler Marcel, der junge Dichter Rudolf, der nicht ganz so junge Philosoph Collin und der junge Musiker Schaunard.

Marcel und Rudolf, die am Weihnachtsabend froren, waren schon dabei, die Manuskripte des Dichters zu opfern, um wenigstens etwas Feuer im Ofen zu haben, Collin wollte schließlich helfen, den Autor selbst zu verheizen. Da geschah das kleine Wunder, und Schaunard brachte Geld und Essen. Er hatte Glück gehabt.

Beinahe hätten die vier gefeiert. Aber der Hausherr klopfte, wollte seine Miete und konnte nur mit List wieder entfernt werden. Man schenkte ihm ein Gläschen ein, man unterstellte ihm, er sei doch ein Mann von Welt. Und als er das nicht leugnen wollte, von einem Liebesabenteuer zu erzählen begann – da warf man ihn entrüstet hinaus. Und beschloss, wie alle Welt ins Café Momus zu gehen. Denn Weihnachten feierte man in Paris fröhlich und laut.

> Der Hausherr Benoît wird als Bass angeschrieben. Völlig sinnlos, er ist ein ausgeschrieener Buffo.

Rudolf, der noch einen Artikel zu Ende schreiben wollte, fand sein Glück. Eine junge Nachbarin klopfte an, bat um Feuer für ihre Kerze. Die beiden stellten sich beinahe formvollendet vor. Rudolf als Poet. Und die Nachbarin einfach als Mimi, die Blumen stickt und einsam ist. War es ein Wunder, dass der Wind – wirklich der Wind? – alle Lichter ausblies. Dass der Wohnungsschlüssel von Mimi verloren ging und man nach ihm suchen musste und dabei – endlich – Gelegenheit fand, einander näher zu kommen?

Kein Wunder, nur die kleine Liebe junger Menschen.

> Mit dem Auftreten der Mimi wandelt sich die Musik, wird's dunkel auf der Bühne und intim. Und wir warten auf zwei der berühmtesten Arien. Tenor und Sopran stellen sich vor. Und gehen zum Ende des Aktes mit einem hohen C ab.

Im Quartier latin waren die Freunde wieder beisammen. Rudolf stolz mit Mimi, der er eine Haube kaufte, und Marcel mit, nein erst einmal allein, bald aber doch mit seiner ewigen Flamme Musette. Die kam mit einem älteren Herrn ins Café Momus, produzierte sich etwas zu laut vor ihrem ehemaligen Freund, fand dann aber auch eine Lösung für diesen Weihnachtsabend. Sie hatte Probleme mit ihrem Schuh, schickte ihren Begleiter auf die Suche nach einem Schuster …

Und alle sahen zu und lachten und gingen rechtzeitig – die Rechnung für den Abend überließen sie dem abgeblitzten alten Herrn.

> Auch Musette hat einen „Schlager" zu singen. Ljuba Welitsch, die unvergessene Künstlerin, machte ihn allerdings einmal zu einer peinlichen Nummer. Das darf nicht sein. Die ganze Oper ist eine Ensemble-Oper. Der Walzer ist übrigens zuerst komponiert, weil Puccini ihn wollte. Und dann erst textete man ihn für Musette.

Plötzlich war Rudolf wieder allein. Mehr noch, einsam. Mimi war nicht mehr in der Mansarde und auch nicht nebenan. Marcel war ausgezogen, er lebte und stritt mit Musette an der Barrière d'enfer, wo sich Paris hinaus in die Vororte verliert und Zöllner die Körbe der Marktweiber untersuchten, die in die Stadt wollten.

Rudolf suchte Marcel und Musette auf – er wollte Mimi wiederhaben, wollte sie wenigstens für die kurze Zeit bei sich haben, die sie noch zu leben hatte.

Denn er wusste, dass sie todkrank war. Mimi erfuhr das nur,

> Der Winter wird im Orchester gezeichnet. Die Kombination aus Flöte und Harfe faszinierte Anton von Webern – ein seltener Fall, dass ein großer Mann der Zwölftonmusik einen „Kitschier" wie Puccini beneidete.

weil sie in dem kalten Morgennebel stand und zuhörte. Und begriff, dass Rudolf sie wirklich liebte.

Scheinbar aber liebten die Herren nicht genug. Monate später waren sie in ihrer Mansarde, malten, dichteten und waren wieder „einsam". Und fühlten sich elend. Immerhin so elend, dass sie eine Rauferei inszenierten, um Leben in die Einsamkeit zu bringen.

Da gibts die „Mantelarie" des Philosophen Collin, einen Ruhepunkt vor dem traurigen Ende und ein Dankeschön für das Ensemblemitglied ...

Da kam Musette und brachte Mimi. Die tapfere Musette die sterbende Mimi. Damit sie noch einmal ihre Freunde sehen konnte.

Die Rührung und Erregung war groß. Die Versuche zu helfen waren großartig. Collin versetzte seinen Mantel, Musette opferte ihren Schmuck für einen kleinen, hübschen Muff. Man wollte einen Arzt, Medizin herbeischaffen.

Ausnahmsweise eine Art Anweisung: Der Tod Mimis muss leise, unsensationell gespielt sein. Wir weinen dann schon.

Mimi aber starb. Ganz leise und in einem Augenblick, in dem ihr geliebter Rudolf aus dem Mansardenfenster sah.

Das war die ganze Geschichte von den jungen Künstlern in Paris anno dazumal. Sie hat keine besondere Moral. Aber wer sie sich in der Oper einmal richtig hat erzählen lassen, der vergisst sie nie.

Tosca

Libretto: *Giuseppe Giacosa und Luigi Illica*
Uraufführung: *14. 1.1900 in Rom*
Personen/Stimmen: *Mario Cavaradossi* Maler (Tenor) – *Cesare Angelotti* einstiger Konsul (Bass) – *Baron Scarpia* Chef der Polizei (Bariton) – *Floria Tosca* berühmte Sängerin (Sopran) – *Spoletta* Agent der Polizei (Tenor) – *Sciarrone* Gendarm (Bass) – *Der Mesner* (Bass) – *Ein Hirte* (Mezzosopran oder Knabenstimme) – *Ein Schließer* (Bass) – *Roberti* Gerichtsscherge (stumme Rolle)

Wieder ein Beginn mit vier Takten. Und wieder eine Oper, die auf ihre Art selbst zu leiden hat: Drei bedeutende Interpreten können sie allein und ohne jede Art von „Regie" spielen. Das ärgert heutige Regisseure und lässt sie abschätzig von ihr sprechen.

Liest man die wöchentlich erscheinenden illustrierten Blätter, die uns die Sorgen und die Lieben aus den uns unzugänglichen Kreisen der Aristokratie oder der Politik schildern, so glauben wir einfach, was wir lesen. Was sollen wir sonst tun? Daran zweifeln, dass eine große Sängerin, ein bedeutender Maler und ein mächtiger Polizeipräsident einander zu Tode quälen können? Und warum sollten wir daran zweifeln, dass in der Zeit Napoleons im heißen Rom keine Tragödie zwischen drei Menschen geschehen konnte?

Rom 1800. Über die Stadt herrscht Baron Scarpia, der Chef der Geheimpolizei. Und nicht die von Bonaparte eingesetzte Königin. Noch weniger der Adel, der sich bereits demokratischen Prinzipien verpflichtet hatte, den Neuschöpfer Europas aber als Emporkömmling betrachtete. Scarpia ist als Machtmensch der Vollstrecker des Willens Napoleons, der alte Adel ist eingekerkert, die neue große Gesellschaft lernt erst allmählich ihre Rolle.

Mario Cavaradossi ist Maler und anerkannt. Er arbeitet an einem Altarbild in der Kirche Sant' Andrea della Valle. Er kann es sich leisten, nach Laune zu arbeiten, er hat einen Landsitz, er hat Vermögen.

Und er hat ein gutes Auge. Eine junge Frau, die oft in der Kirche betet, hat ihn inspiriert. Seine Maria Magdalena sieht ihr sehr ähnlich. Dass diese junge Frau eine geborene Attavanti ist, dass ihr Bruder auf der Engelsburg eingekerkert war, aber entsprungen ist und sich in der Kapelle der Familie – in dieser Kirche – versteckt hat, weiß Cavaradossi nicht. Er malt. Freilich, als ihn der Flüchtling unterbricht, ist er zu Hilfe bereit, einen einstigen Konsul unterstützt man. Für Napoleon hat man nichts übrig.

Cavaradossi erhält Besuch. Floria Tosca, die berühmte Sängerin, seine Geliebte – auch sie hat ein scharfes Auge, sie entdeckt in der Maria Magdalena ein ihr bekanntes Gesicht. Und in sich Eifersucht.

Wie es Sopranistinnen gewohnt sind, wäre sie bereit, ihrem Geliebten eine Szene zu machen. Aber: In der Kirche geht das nicht. Wäre effektvoll, ist aber im Heiligen Rom unangebracht.

Gottlob, denn der in seinem Versteck wartende einstige Konsul der Republik, Cesare Angelotti, der Bruder der Attavanti, ist in akuter Gefahr. Ein Schuss von der Engelsburg macht deutlich, dass man seine Flucht entdeckt hat. Cavaradossi, der Patriot – und Gegner Scarpias auch, weil der ein Auge auf Tosca geworfen hat – lässt sein Altarbild und nimmt Angelotti mit. Auf seinem Landgut gibt es eine Zisterne, die findet auch die geheime Polizei nicht.

Rasch knüpfen sich die Fäden einer Tragödie scheinbar von selbst. Scarpia und seine Gefolgsleute sind in der Kirche, Floria Tosca sucht nach ihrem Geliebten. Scarpia suggeriert ihr, es gäbe einen Zusammenhang zwischen dem Maler und der Attavanti.

Wieder ist die Diva einer großen Szene nahe. Die aber stiehlt

---

Endlich beginnt der Tenor zu brillieren: „Wie sich die Bilder gleichen" wird nur deshalb nie wiederholt, weil es zu früh am Abend ist.

Für Jüngere: „Mario, Mario", noch hinter der Szene gesungen, kann eine grandiose Darstellerin der Tosca schon zu einem Erlebnis machen. In Wien, nach dem Zweiten Weltkrieg, kam Maria Jeritza noch einmal und bewies im Theater an der Wien, wie man sich da als Star seinen Auftritt vorbereitet.

ihr diesmal die Kirche. Ein Dankgottesdienst wird gefeiert. Da dröhnt der Raum und Weihrauch erfüllt ihn. Da hat man das Te Deum zu singen – Tosca rauscht ins Freie, Scarpia singt fromm und voll Gewalt mit der Geistlichkeit und dem Volk.

Er ist der geborene Intrigant, er ahnt die Zusammenhänge, er verwirrt sie gleich wieder. Er bittet Floria Tosca – sie hat vor der Königin gesungen – zu sich. Er lässt sie erleben, wie er Mario Cavaradossi verhaftet, weil dieser den Aufenthaltsort eines Feindes nicht verraten will. Er lässt den Maler foltern. So lange, bis die Sängerin die Schreie ihres Geliebten nicht mehr erträgt und verrät, es gäbe da eine Zisterne ...

Dem gefolterten Cavaradossi bleibt eine Sekunde des Triumphs. Noch während er begreift, dass das Versteck verraten ist, trifft die Nachricht ein: Napoleon hat eine vernichtende Niederlage erlitten. „Vittoria" schreit Cavaradosi aus voller Seele, singt die Hymne der alten Republik – und ist damit zum Tod verurteilt. Scarpia kann rasch sein, wenn er es eilig hat.

Und er hat es eilig, denn nie mehr wird die Situation so günstig sein für Liebe und Vergewaltigung. Er stellt der Tosca sein Ultimatum. Liebt sie ihn auf der Stelle, lässt er die angeordnete Hinrichtung simulieren und stellt dem Paar einen Pass aus. Tosca kann nur noch nicken. Sie hat keine Wahl.

Oder doch? Sie greift im letzten Augenblick zu einem Messer und ersticht Scarpia, die Bestie, die über sie herfallen will. Welch eine Szene. Floria Tosca kostet sie aus, sie entzündet Kerzen und legt ein Kreuz zu dem Ermordeten, ehe sie geht, um Cavaradossi zu holen und in die Freiheit zu fliehen.

Auf dem Dach der Engelsburg soll die Hinrichtung stattfinden. Cavaradossi schreibt einen letzten Brief an seine Geliebte. Die aber kommt und flüstert ihm das große Geheimnis zu. Sie werden frei sein, die Bestie ist tot, für immer werden sie aus dem Käfig Roms entkommen. Nur noch die simulierte Hinrichtung, und dann nichts mehr als Liebe.

Ein wahrer Intrigant aber rächt sich auch noch im Tod. Die kleine Szene, die Scarpia seinem Opfer vorgespielt hat, lief darauf hinaus, Cavaradossi „wie den Conte Palmieri" zu erschießen. Also keineswegs simuliert.

Jetzt geschieht es, und Floria Tosca hat verloren. Ihr Geliebter ist tot. Ihr Mord ist entdeckt. Sie stürzt sich aufschreiend in die Tiefe.

Scarpias Auftritt hat nicht weniger Effekt – er platzt in den kleinen Freuden-Kinder-Chor. Und auch Scarpias „Arie" zum Finale bringt es: Sie endet in einem Te Deum des Chores, und jeder Scarpia hat es noch zuwege gebracht, über Chor und Orchester zu triumphieren. Der Trick: Er hält sich nicht präzise an die Anweisungen des Dirigenten.

Wieder darf der Tenor zuerst hinter der Bühne schreien und sich so auf sein allseits erwartetes „Vittoria, Vittoria" vorbereiten, mit dem er auch schon wieder abgeht.

Noch ein Hinweis, den kein Opernfreund braucht. „Nur der Schönheit weiht' ich mein Leben" ist die große Arie der Tosca, aus der heraus sie beinahe unmittelbar zur Mörderin werden darf. Was für Theatraliker haben sich doch diese Szenen ausgedacht.

Diese große Arie des Cavaradossi ist oft und oft schon nach Jubelstürmen noch einmal gesungen worden. Das passt überhaupt nicht in eine so blutvolle Oper. Aber: sie ist zugleich eine so grandiose Gelegenheit für drei Sänger. Und denen verzeiht, nein verlangt man Stillosigkeiten machmal ab.

Ein großer Maler, eine Primadonna, ein mächtiger Polizeichef – alle sind tot, und ganz genau wird man die Tragödie nie nachvollziehen können. Nicht in Wochenzeitungen. Erst hundert Jahre später in einer Oper.

Sehr am Rande. Ausgerechnet „Tosca" ist eine Oper, die nichts braucht als drei bedeutende Sänger. Wahrscheinlich wird sie deshalb von fortschrittlichen Direktoren und Regisseuren so gering geachtet. Und von bedeutenden Sängern so geliebt. Denn diese müssen sich wenigstens in der Regel nicht um „Interpretationen" kümmern, sondern sind es selbst, die ergreifen.

> Es ist erst einmal passiert, aber ich muss es erwähnen. Einmal erschien das Hinrichtungskommando nicht rechtzeitig auf der Bühne. Cavaradossi konnte nicht sterben. Der Vorhang musste fallen. In der Wiener Staatsoper.

Madama Butterfly

Libretto: *Giuseppe Giacosa und Luigi Illica*
Uraufführung: *17. 2. 1904 in Mailand*
Personen/Stimmen: *Cio-Cio-San* genannt Madama Butterfly (Sopran) – *Suzuki* ihre Dienerin (Mezzosopran) – *Benjamin Franklin Linkerton* Leutnant der US-Marine (Tenor) – *Kate Linkerton* (Sopran) – *Sharpless* amerikanischer Konsul in Nagasaki (Bariton) – *Goro* (Tenor) – *Fürst Yamadori* (Tenor) – *Onkel Bonze* (Bass) – *Kaiserlicher Kommissar* (Bariton) – *Der Standesbeamte* (Bass)

Irgendwo auf der Welt ist immer Krieg. Irgendwo auf der Welt mischt sich immer eine fremde Macht ein. Irgendwann ist dieser Krieg dann zu Ende und die fremde Macht zieht sehr langsam wieder ab. Bevor sie das aber tut, ist sie mit dem Land, in dem sie stationiert ist, vertraut. Meist sind es die einfacheren Soldaten, die besonders vertraut sind mit den einfacheren Menschen in dem bewussten Land.
Denn immer sind es einfache Dinge wie essen, trinken und lieben, die man überall auf der Welt kennt. Also ist es auch eine sehr einfache Geschichte, die wir mit Anteilnahme und Rührung erleben.
Ein kleiner amerikanischer Besatzungssoldat hat sich in Nagasaki verliebt. Er ist Marineleutnant, das Mädchen stammt aus einer armen, adeligen Familie. Der Heiratsvermittler hat arrangiert, was nötig ist, um die Wünsche des B. F. Linkerton zu erfüllen. Es war nicht teuer.
Da ist ein kleines japanisches Haus auf einer Anhöhe, man

> Marcel Prawy hat in Japan das „Ur-Lied" entdeckt, das Puccini für seine Oper verwendete. Wenn man Vergleiche zieht – es ist erst dank Puccini zu einem Schlager geworden.

kann bequem den Hafen sehen. Da ist Dienerschaft. Da ist eine Zeremonie vorbereitet, die entfernt an eine Hochzeit erinnert. Der amerkanische Konsul ist eingeladen, die Braut wird mit ihrer Verwandtschaft herbeigeführt, der Standesbeamte des Ortes kommt bereitwillig in den Garten. Das alles hat so gut wie nichts gekostet und erfüllt doch seinen Zweck.

> Und Puccini verwendet selbstverständlich auch die US-Hymne, die gar nicht schlecht in eine Oper passt.

Die kleinen Zwischenfälle am Rande begreift der liebeshungrige Amerikaner kaum. Butterfly hat all ihre Habseligkeiten mitgebracht, darunter einen Dolch, mit dem ihr Vater einst Harakiri, also den ehrenvollen Selbstmord, vollzogen hat. Ein „Onkel Bonze" ist erschienen, hat Flüche gegen die entartete Japanerin ausgestoßen und die Hochzeitsgesellschaft auseinandergejagt.

Aber was soll das schon? Linkerton hat seine Butterfly, und sie gehört ihm ganz allein. Die zwei sind glücklich in ihrem Haus hoch oberhalb des Hafens von Nagasaki.

Wir alle wissen, dass Glück nicht ewig hält. Schon gar nicht, wenn es mit ein wenig Geld erworben worden ist.

> Ein Liebesduett. Scheinbar nicht schwer zu singen – allerdings ist es nicht anzuhören, wenn da nicht zwei gute Sänger auf der Bühne stehen. Denn wieder steht's in der Musik: Das männliche Drängen des Tenors und die zärtliche Hingabe des Soprans.

Die kleine Madame Butterfly lebt längst ohne ihren Mann. Er ist vor allem Leutnant und deshalb wieder zurück in seiner Heimat, den Vereinigten Staaten von Nordamerika. Weit, sehr weit weg.

Der Heiratsvermittler kennt die Welt und hat einen anderen, einen seriösen Anwärter an der Hand. Einen reichen Japaner – das wäre eine gute, eine haltbare Partie für die verlassene Frau. Aber die nennt sich Linkerton und erklärt, sie sei gut verheiratet. Was soll man tun?

Der amerikanische Konsul kennt die Welt auch. Er hat die grausame Pflicht, der Japanerin die ungeschminkte Wahrheit zu überbringen: Leutnant Linkerton hat in den Staaten geheiratet. Mag sein, dass ihn sein Dienst noch einmal nach Nagasaki bringt. Aber gewiss nie wieder zu seiner einstigen japanischen Liebe.

Und das Kind?

> Viel zu oft schon habe ich in dem erschütternden Moment lachen müssen: Die kleine Madame Butterfly und der von einem dunklen Italiener gesungene Linkerton haben – Abendregisseure denken nicht immer mit – einen blonden Buben!

Butterfly hat von Linkerton einen Sohn. Das ist die große Tragödie der kleinen Japanerin, an der sie zerbrechen muss. Sie glaubt dem Konsul nicht, sie hat einen seit Jahren gehüteten Liebesbrief ihres Mannes, sie wartet, will auf ihn warten.

Scheinbar hat sie ihre Geduld lang genug strapaziert. Ein Kanonenschuss hat die Ankunft eines Schiffes angekündigt, es ist die „Abraham Lincoln", auf der B. F. Linkerton Dienst macht. Er kommt.

Eine Nacht lang hat Butterfly in dem mit Blüten geschmückten Haus gewartet, das Kind hat geschlafen. Und Suzuki, die treue Dienerin, erfährt die wahre Tragödie vor ihrer Herrin: der Konsul, Linkerton und eine fremde weiße Frau kommen. Die fremde weiße Frau ist klüger und härter als ihr Mann. Sie hält es aus, dass sie das Kind der Butterfly mitnehmen soll. Linkerton wagt es nicht einmal, die Mutter seines Kindes noch einmal zu sehen. Er ist ein Soldat, aber feig vor dem, was immerhin er getan hat.

Das Ende? Butterfly verspricht der Fremden, das Kind auszuliefern. Sie tut es auch. Gleichzeitig begeht sie Harakiri. Was soll sie noch in einer Welt, in der weder ihre Liebe noch ihr Kind existieren sollen?

Das Ende kommt, wie immer in Tragödien, furchtbar rasch. Niemand kann die kleine Butterfly hindern. Niemand ist schuld daran, dass die kleine Butterfly an der Gier und der Feigheit eines Amerikaners zugrunde gegangen ist. Und an ihrer übergroßen Liebe, selbstverständlich.

Ursprünglich gab es eine dreiaktige Version der Oper, und die war nicht erfolgreich. Mit dem Zwischenspiel, das Butterflys Nacht des Wartens erzählt, wird die Spannung bis zum tragischen Tod gehalten.

Gianni Schicchi

Libretto: *Giovacchino Forzano*
Uraufführung: *14. 12. 1918 in New York*
Personen/Stimmen: *Gianni Schicchi* (Bariton) – *Lauretta* seine Tochter (Sopran) – *Zita* gen. „die Alte", Base des Buoso (Alt) – *Rinuccio* ihr Neffe (Tenor) – *Gherardo* Neffe des Buoso (Tenor) – *Nella* seine Frau (Sopran) – *Gherardino* beider Sohn (Alt) – *Betto di Signa* Buosos Schwager (Bass) – *Simone* Buosos Vetter (Bass) – *Marco* sein Sohn (Bariton) – *Ciesca* Marcos Frau (Mezzosopran) – *Magister Spinelloccio* Arzt (Bass) – *Amantio di Nicolao* Notar (Bariton) – *Pinellino* Schuster (Bass) – *Guccio* Färber (Bass)

„Ich habe noch nicht mit ihm geerbt", hat eine liebe Bekannte zur Antwort gegeben, als ich sie über den Charakter eines gemeinsamen Bekannten befragte. Das ist, genau genommen, die Essenz eines wunderbaren Einakters von Giacomo Puccini.

Der reiche Buoso Donati in Florenz ist gestorben. Die Verwandtschaft versammelt sich und trauert. Und berät die Erbschaft. Sie sollte möglichst sofort und möglichst gerecht verteilt werden. Man kennt das.

In dieser Oper gibt es, aufrichtig, nur großartig komponierte Ensembles, und das muss genügen. Aber: Da hat Lauretta eine kleine Arie, in der sie ihr teures Väterchen bittet, doch allen – und vor allem ihrer Liebe – zu helfen, und die ist wunderschön. Und da hält Gianni Schicchi zuletzt seine Ansprache an das Publikum, und die erinnert von weither an das selbstverständlich unerreichbare Finale des „Falstaff". Auch darum nimmt man diesen Einakter immer wieder in das Repertoire.

Ein aus der Art geschlagener Neffe, Rinuccio, der endlich das Testament findet, erwartet sich von der versammelten Familie vor allem: Sie soll ihn, wenn er jetzt reich ist, Lauretta, die Tochter des Gianni Schicchi, heiraten lassen.

Die Familie ist empört. Was soll ihnen die Verheiratung eines Mitglieds der Familie mit der Tochter eines Dahergelaufenen, der nicht einmal Florentiner ist? Mehr noch, was soll ihnen ein Testament, das alle Reichtümer des Verstorbenen dem Kloster vermacht?

Gianni Schicchi, von Rinuccio längst ins Haus gebeten, wird nicht geschätzt, aber sein Rat wird angenommen. Er wollte ihn zuerst gar nicht geben, denn er lässt sich nicht beleidigen. Aber Lauretta, die ihren Rinuccio trotz der neuen Verwandtschaft haben will, muss den Vater nur bitten, dann wird er schon weich … Und hat eine Lösung des Problems parat.

Niemand Fremder weiß bisher vom Tod des reichen Onkels. Der zur Visite kommende Doktor lässt sich vom rasch ins Bett geschlüpften Gianni Schicchi täuschen. Also, wird auch ein Notar zu täuschen sein, der ein neues Testament aufsetzen soll?

Der Notar erscheint, und der falsche Buoso Donati diktiert sein Testament. Nicht ohne vorher alle lieben Verwandten daran erinnert zu haben: Wer sich an einem Testamentsschwindel beteiligt, dem wird in Florenz die rechte Hand abgehackt …

Die Klosterbrüder erhalten so gut wie nichts, die Verwandten sollen ordentlich mit Geld versehen werden. Die wahren Reichtümer aber hinterlässt Buoso Donati seinen lieben Freund Gianni Schicchi.

Kaum ist der Notar aus dem Haus, ist der Teufel los. Gegen das neue Testament kann niemand etwas sagen. Und gegen Gianni Schicchi ist jedermann machtlos. Oder? Der kluge Mann versichert sich sogar der Sympathie des Publikums: Er meint, die kleine Geschichte sei immerhin von Dante. Und der werde ihn schon nicht in die Hölle schicken. Das verehrte Publikum aber könne ja einfach herzlich danken. Mit Beifall?

Turandot

Libretto: *Giuseppe Adami und Renato Simoni*
Uraufführung: *27. 4. 1926 in Mailand*
Personen/Stimmen: *Turandot* chinesische Prinzessin (Sopran) – *Altoum* Kaiser von China (Tenor) – *Timur* entthronter König der Tataren (Bass) – *Der unbekannte Prinz* (Kalaf) sein Sohn (Tenor) – *Liù* eine junge Sklavin (Sopran) – *Ping* Kanzler (Bariton) – *Pang* Marschall (Tenor) – *Pong* Küchenmeister (Tenor) – *Ein Mandarin* (Bariton) – *Der junge Prinz von Persien* (Tenor) – *Scharfrichter* (stumme Rolle)

Die ganze Welt hat einen einzigen Mittelpunkt. Das ist, wie man weiß, der Thron des Kaisers von China. Oder zweifelt jemand an dieser Bestimmung des Mittelpunkts? Dann wird er geköpft.

Die Zeiten, die Jahrtausende, mögen die Welt verändert haben. Unsereins kann als Tourist nach China. Wenn man genau genug hinsieht – oder wenn man die Politik des Landes begreift, dann weiß man, dass der Mittelpunkt der Welt der Kaiser von China ist. Auch heute noch darf niemand in Peking daran zweifeln.

Gibt es Aufregenderes als die größte Macht der Welt?

Altoum, der Kaiser von China, hat eine Tochter. Er scheint ihr ausgeliefert zu sein. Denn anders ist nicht zu erklären, dass er ihr stets ihren Willen lässt.

Sie will nur einem Mann gehören, der klüger ist als sie. Sie stellt ihm, soferne er von königlichem Geblüt und wagemutig ist, drei Fragen. Kann er sie nicht beantworten, stirbt er „durch die Hand des Henkers".

Und es gibt immer wieder Prinzen, die nach Macht gieren und das Risiko auf sich nehmen – und sterben. Denn offenbar sind sie alle nicht klug oder konzentriert genug, um die Prinzessin Turandot zu sehen und ihre Fragen richtig zu beantworten.

Ganz Peking stöhnt unter diesen Rätseln. Und unter Turandots unerbittlicher Regel. Und auch unter der Aussicht, dass es eines Tages eine Kaiserin geben wird.

Kalaf ist Prinz und wurde aus seinem Land vertrieben. Er kommt nach Peking, findet seinen tot geglaubten Vater unter der Obhut einer treu ergebenen Sklavin. Und er findet Turandot. Ein dummer Prinz hat die drei Fragen nicht beantworten können und wird soeben zum Richtplatz geführt.

„Turandot" beginnt mit einer der aufregendsten Chorszenen, die Puccini je komponiert hat – er zeigt mit wenigen „chinesischen" Anklängen die gesamte Kaiserstadt, das „Regime", die „Hierarchie", zugleich die Stimmung, die über Peking liegt. Alle handelnden Personen treten auch auf, verlieren sich aber beinahe wieder in der Menge. Selbst Turandot bleibt nur ein Bild. Aber: Man kennt die Oper, wenn der Vorhang zum ersten Mal fällt.

In diesem Augenblick, dem seltenen, in dem sich die Prinzessin zeigt, ist es um Kalaf geschehen. Er meldet sich als nächster Kandidat.

Jedermann rät ihm ab. Sein Vater, Liu, die treue Sklavin. Drei Minister des Kaisers, die dem grausamen Spiel auch nicht mehr beiwohnen wollen.

Kalaf lässt sich nicht beirren. Er schlägt den Gong. Er will die drei Fragen hören und Turandot besitzen.

Eine Stadt ist, nicht zum ersten Mal, auf den Beinen. Schon wieder ein Prinz. Schon wieder ein Rätselspiel. Schon wieder ein Kopf, den der Henker in seinen Korb werfen wird.

> Der Sohn des Himmels ist der dienstälteste Tenor des Hauses. Immer eine ehrfurchtgebietende Person.

Die Zeremonie ist vor dem mächtigsten Kaiser der Welt voll Großartigkeit. Der Sohn des Himmels will keine toten Bewerber mehr. Kalaf aber will die drei Rätsel lösen.

Turandot erscheint und stellt ihre drei Fragen. Geheimnisvolle … Die Antworten wurden vorher Richtern übergeben, um die Richtigkeit überprüfbar zu machen.

Kalaf weiß die richtigen Antworten.

> So leid es mir tut, so was auch zu behaupten: Turandot, die die Stimme einer Hochdramatischen haben muss, ist ohne ihre meterlange Schleppe nicht Turandot. Sie ist außer einer grandiosen Sängerin immer auch ein Kostümstück in sich selbst.

Turandot ist entzaubert. Sie wird nie Kaiserin, sondern die Frau eines Fremden. Ihre Klagen sind vergebens. Sie hat ihren Willen gehabt. Jetzt hat sie sich in ihren eigenen Schlingen gefangen.

Aber Kalaf will keine Frau, die sich dagegen wehrt, seine Frau zu sein.

Er stellt ebenfalls eine Frage. Wenn Turandot nach dieser einen einbrechenden Nacht seinen Namen weiß, will er nicht nur auf sie verzichten. Er will getötet werden wie die anderen unglücklichen Prinzen.

Durch Peking geistern die Boten. Niemand soll schlafen. Jeder soll nach dem Namen dieses Prinzen forschen.

> „Keiner schlafe" war drei Generationen eine Tenor-Arie. Dass sie jetzt die inoffizielle Hymne der „Drei Tenöre" geworden ist und Fussballstadien zum Toben bringt, ist Luciano Pavarotti zu verdanken. Ob deshalb mehr Menschen in die „Turandot" gehen, bezweifle ich.

Kalaf findet auch keinen Schlaf. Zwar wird er unerkannt bleiben. Aber wie wird er je Turandot zu Liebe zwingen können? Im Mittelpunkt der Erde geschehen keine Wunder. Turandots Häscher finden Vater und Sklavin. Die beiden Menschen, die den Namen des Wahnwitzigen kennen.

Turandot will den Namen. Aber sie hört ihn nicht. Der Vater stirbt. Die kleine Sklavin Liù nimmt sich, um nicht gefoltert zu werden, das Leben.

> Das Finale nach dem Tod der kleinen Sklavin Liù wird derzeit (2000) von Luciano Berio neu komponiert (nicht nur instrumen-

Und das ist auch im Mittelpunkt der Erde noch nie geschehen. Turandot, der Kalaf in seiner Verzweiflung die Lösung seines Rätsels verraten will, erklärt dem Volk, sie habe das Geheimnis selbst gelöst. Nicht der Name ist es, den sie jetzt weiß. Sie weiß, was Liebe ist.

Ein Märchen.
Die Moral aber dieses Märchens ist, dass es immer eine Siegerin über das Mächtigste gibt. Die Liebe.

Wir erinnern uns: Giacomo Puccini konnte seine Oper nicht vollenden. Arturo Toscanini dirigierte die Uraufführung und endete, wo Puccini aufhören hatte müssen. Mit dem Tod der Liù. Heutzutage ist man nicht mehr so pietätvoll. Man will das große Finale. Und erhält es in jedem Opernhaus der Welt. Noch ...

tiert). Alte Opernfreunde haben ihr Finale im Kopf. Sie werden zu diskutieren haben ...

MAURICE RAVEL

* 7. 3. 1875 in Ciboure, † 28. 12.1937 in Paris

L'Heure espagnole / Die spanische Stunde

Libretto: *Franc-Nohain (Maurice Etienne Legrand)*
Uraufführung: *19. 5. 1911 in Paris*
Personen/Stimmen: *Concepción* Uhrmachergattin (Sopran) – *Gonzalvo* Schöngeist (Tenor) – *Torquemada* Uhrmacher (Tenor) – *Ramiro* Maultiertreiber (Bariton) – *Inigo Gomez* Bankier (Bass)

Manchmal muss man sich auch naiv und ohne viel Tiefsinnigem unterhalten können. Freilich, es ist schon gut, wenn man sich nachher nicht schämen muss. Und es ist beinahe absonderlich, wenn man es angesichts einer kleinen Farce tun kann, die man auch Oper nennen kann, die in Spanien spielt, aber nicht in Sevilla.
Diesmal sind wir in Toledo. Torquemada ist der offizielle Uhrmacher der Stadt, er inspiziert jeden Donnerstag gegen Mittag alle Uhren an öffentlichen Gebäuden – und seine junge Frau Concepción weiß genau, wie viel Zeit das braucht. Mindestens eine Stunde hat sie für sich.
Diesmal hat sie sie nicht ganz für sich – knapp bevor ihr Mann loszieht, kommt ein junger kräftiger Maultiertreiber, Ramiro, der eine kostbare Uhr gerichtet haben will. Und im Laden wartet ...
Also muss er beschäftigt werden, gern schleppt er eine

Diese kleine, heitere Oper ist de facto für einen Sopran und einige nicht wirklich erregende Herren geschrieben, wird immer nur als „Zusatz" zu einem anderen Einakter aufgeführt. Ravels besondere Instrumentationskunst erkennt man gar nicht – es sei denn, man nennt das Abschnurren der Geschichte eine geniale Nachahmung der Uhrwerke, die einen Großteil der Handlung ausmachen. Ein Riesenspaß also, aber immerhin von Ravel.

schwere Standuhr oben in der Wohnung von einem Zimmer in das andere – Gonzalvi, der dumme Student, hat trotzdem keine Ruhe unten im Laden, denn Ramiro ist rasch. Und darum lässt die kluge Concepción ihn auch in eine Standuhr schlüpfen und von Ramiro in die Wohnung hinauf tragen. Don Inigo Gomez, Bankier und reich und auf die schöne Uhrmachersfrau versessen, hat auch kein Glück – kaum weiß man mehr genau, wer in und wer mit einer Uhr unterwegs ist, muss auch er sich verstecken. Auch er wird jetzt in die Wohnung hinaufgetragen, Ramiro ist kräftig genug, der Bankier aber dick genug, um nicht mehr aus dem Gehäuse herauszukommen.

Concepción begreift, welche Stunde es geschlagen hat. Ihr heimkehrender Mann findet zwei komische, verdatterte Männer in Standuhren – beide beteuern, sie seien begeistert von den Kunstwerken und kaufen sie sofort. Ramiro aber hat offenbar noch Kraft genug gehabt, der Uhrmachersfrau Freude zu bereiten. Er verspricht, er werde ab jetzt immer wieder und pünktlich vorbeikommen.

Die Geschichte, so unmoralisch sie auch ist, birgt eine tiefe Wahrheit. Nicht unbedingt die Verliebten sind es, an denen Frauen ihre Gefallen haben. Gute Liebhaber sind ihnen lieber.

GIOACCHINO ROSSINI

* 29. 2. 1792 in Pesaro, † 13. 11. 1868 in Paris

Il barbiere di Siviglia / Der Barbier von Sevilla

Libretto: Cesare Sterbini
Uraufführung: 20. 2. 1816 in Rom
Personen/Stimmen: Il Conte d'Almaviva (Tenor) – Bartolo Doktor, Vormund Rosinas (Bass-Buffo) – *Rosina* sein Mündel (Mezzosopran) – *Berta* Haushälterin Bartolos (Sopran) – *Basilio* Rosinas Musiklehrer (Bass) – *Figaro* Barbier (Bariton) – *Fiorillo* Diener des Grafen (Bass) – *Ambrogio* Bartolos Diener (Bass) – *Offizier der Wache* (Tenor)

Wir sind wieder einmal in jener spanischen Stadt, in die sich so viele Erzähler und Musiker verliebt haben. In Sevilla also, diesmal aber weit weg von jeder Stierkampf-Arena und in einer Zeit, in der die Don Giovannis nicht mehr mordend durch die Gegend ziehen.
Junge Grafen gibt es freilich. Einen Almaviva, der sich in ein hübsches junges Gesicht verliebt hat – es dürfte sich um die Tochter des Apothekers Bartolo handeln. Das genauer zu erkunden, engagiert der Graf eine kleines Orchester und bringt dem Mädchen eine Serenade. Die bezahlten Musiker musizieren, er singt zum Fenster der Angebeteten hinauf. Die aber zeigt sich nicht.
Was soll man da noch versuchen? Junge Grafen sind wenig einfallsreich. Sie sind auf Helfershelfer angewiesen.
Und damit wir auf unsere Kosten kommen, ist ein idealer Helfershelfer auf der Straße. Figaro. Ein Barbier. Er hat zwar auch einen Laden, vor allem aber ist er jeden Tag in der Früh unterwegs und rasiert die bessere Kundschaft. Das heißt, er kommt in jedes Haus und kennt jeden wichtigen Menschen in Sevilla und spricht auch mit ihm.
Selbstverständlich kennt er auch den Grafen Almaviva. Und kann ihm alles über den Apotheker Bartolo erzählen und über die schöne Rosina, die nicht seine Tochter, sondern sein Mündel ist. Und selbstverständlich ist er auch bereit, sich eine Art von Überfall auf den Apotheker auszudenken. Denn der Graf hat Geld, und Figaro braucht Geld.
Wie wäre es, wenn der Graf Almaviva sich als leicht betrunkener Soldat bei Bartolo einquartierte?
Das hübsche junge Mündel – also eine junge weitschichtige Verwandte, die Bartolo bei sich aufgenommen hat und am liebsten selbst heiraten würde – hat die Serenade gehört. Und den Sänger gehört. Und ist längst begeistert von ihm. Denn eingeschlossen bei dem Alten und seiner Haushälterin, da hat man schon so seine Anwandlungen. Ist ja verständlich.
Figaro, der zum morgendlichen Rasieren kommt, kann Rosina leicht einen Brief des jungen Mannes, angeblich eines Studenten, zustecken. Und bemerken, dass er rasch Antwort haben wird. Sein Dienst als Zwischenträger mag den jungen Leuten schwierig erscheinen, in Wahrheit ist der mehr als einfach.
Viel schwieriger wird's, als Graf Almaviva selbst auftritt. Er ist als Soldat verkleidet, er scheint betrunken, er hat – wofür hat

Ich will auch das einmal erwähnen: Einen Monat hatte Rossini Zeit, diese Oper zu schreiben. Und machte aus ihr ein Meisterwerk nicht nur der großen Arien wegen, sondern auch weil ihm Ensembles und Zwischenmusiken gelangen und er ein Meister der Opernbühne war. In einem einzigen Monat schrieb er diesen „Barbier"!

Almavivas erste Arie ist schon vorbei, da kommt der Knüller: Das Auftrittslied des Figaro, zumeist ein wenig zu schnell dirigiert, viel eindrucksvoller, wenn man begreift, dass die Musik allein die Atemlosigkeit des Barbiers erzählt. Nebstbei: Das ist eine der Opern, die man im Publikum verstehen sollte. Andernfalls hat man zu wenig von ihr, oder die Interpreten beginnen, das spürend, heftig zu übertreiben.

Rosina – ein Mezzo oder ein Sopran, jedenfalls eine virtuose Sängerin – muss es zuwege bringen, wirklich jung zu wirken und zugleich die Kunst einer Callas ahnen zu lassen. Vertraut sie dem, was ihr Rossini in ihrer ersten Arie komponiert hat, dann hat sie schon gewonnen.

> Die Verleumdungs-Arie des Basilio kennt man: Sie ist, was man ein Kabinettstück nennt, und ihretwegen kann man bedeutende Bassisten für diese sonst kleine, komische Partie gewinnen.

man Beziehungen? – einen Einquartierungsbescheid. Jedoch er ist selbstverständlich viel zu auffällig und tolpatschig und weder Bartolo noch der Musiklehrer Basilio noch irgendwer im Haus nimmt ihn ernst. Der Apotheker ist dermaßen erregt, dass sogar „die Wache" kommt und bereit ist, den Ruhestörer Almaviva abzuführen.

Da freilich muss dieser dem Hauptmann nur andeutungsweise seinen Rang merken lassen, und schon werden alle stumm und wissen nicht, was sie tun sollen. So einen Herrn abführen?

> Wir kennen das schon? Das Finale des ersten Aktes, das quasi nach einem überraschenden Punkt der Handlung alle Figuren ruhig stehen lässt, damit sie einfach singen können. Es gibt manchmal Regisseure, die für dieses Finale „Einfälle" haben. Dann muss man halt die Augen schließen und nur zuhören.

Und Bartolo und sein Haushalt versteht auch nicht, was da los ist? Warum wird der Betrunkene nicht abgeführt? Es scheint allerdings, hinter dem Vorhang geht er freiwillig. Denn am nächsten Tag gibt's keinen einquartierten Soldaten mehr, Rosina glaubt immer noch an einen sie verehrenden Studenten, Bartolo hört mit Wohlgefallen einer Gesangsstunde zu, die ausnahmsweise nicht der angeblich krank gewordene Musiklehrer Basilio, sondern sein junger Schüler gibt. Der Graf Almaviva, erraten. Er hat sich einen weiteren Rat Figaros geben lassen …

Auch das wäre amüsant, käme da nicht plötzlich der überhaupt nicht kranke Basilio ins Haus. Nur: Auch der nimmt Geld und geht gleich wieder.

Bartolo aber ahnt, dass er jetzt handeln muss. Er sperrt sein widerspenstiges Mündel ein und holt den Notar. Jetzt ist Eile geboten, eine Hochzeit ist unaufschiebbar.

> Eine „Gewitterszene", die man entweder ohne oder aber auch mit Handlung musizieren lassen kann. Sie ist genial komponiert und lässt die Sänger und das Publikum Atem holen für den – naturgemäß – guten Ausgang des Stücks.

Also auch eine Entführung? Natürlich eine Entführung bei Regen und Sturm. Eine Entführung, die misslingt, denn schließlich muss alles seine Ordnung haben: Der Apotheker Bartolo muss erleben, dass er sein Mündel Rosina verliert. Und er – und sie – müssen mit großem Staunen begreifen, dass kein alberner verliebter junger Student der Entführer war. Sondern ein alberner verliebter junger Graf. Man wird von ihm, von Rosina, von Figaro – und sogar von Bartolo und Basilio noch viel hören. Beim nächsten Mal, in einer anderen Oper. Von einem anderen Komponisten freilich.

La Cenerentola

Libretto: *Jacopo Ferretti*
Uraufführung: *25. 1. 1817 in Rom*
Personen/Stimmen: *Don Ramiro* Fürst von Salerno (Tenor) – *Dandini* sein Kammerdiener (Bariton) – *Don Magnifico* Baron von Montefiascone (Bass) – *Tisbe* seine Tochter (Sopran) – *Clorinda* seine Tochter (Sopran) – *Angelina* Don Magnificos Stieftochter, genannt „La Cenerentola" (Mezzosopran) – *Alidoro* Philosoph, Lehrer Don Ramiros (Bass)

Wer glaubt, dass man ein Märchen nur auf eine einzige Art erzählen kann, der hat noch nie „Cenerentola" gesehen. Selbstverständlich heißt Cenerentola auf Deutsch Aschenputtel. Und dieses hat zwei dümmlich eitle Schwestern, denen es Kaffee kochen muss.
Aber sie heißt trotzdem Cenerentola und deshalb träumt sie schon von einem König, der zwei schöne Damen verschmäht und sich ein armes junges Ding zur Frau nimmt. Das hat Aschenputtel nie getan …
Andererseits: Auch Cenerentola hat besonders gute Seiten, denn sie gibt einem Bettler, der an die Türe klopft, gern etwas zu essen – und weiß nicht, dass der Bettler in Wahrheit Alidoro heißt und Ratgeber eines jungen Prinzen ist. Auf der Suche nach einem Mädchen für seinen Herren. Und diesen Alidoro kennt Aschenputtel ja auch nicht – dafür gibt's da eine gute Fee, und diese wiederum kommt in der Geschichte von Cenerentola nicht vor.
Denn: Als Cenerentola vergebens bittet, doch auf einen Ball bei Hof mitgehen zu dürfen, wird ihr das verwehrt. Der bewusste Bettler kommt, erfüllt gleichsam die Funktion einer guten Fee und nimmt sie mit auf den Ball, auf dem sie selbstverständlich die Allerschönste, die Hauptperson ist.
Und noch etwas: Cenerentola trifft auf dem Ball nicht den Prinzen, sondern den als seinen eigener Diener verkleideten Prinzen. Mit dem lässt es sich selbstverständlich besser reden. Ihm kann sie sagen, dass sie sicher gern heiraten würde und dass sie nicht unbedingt auf einen Prinzen wartet, sondern auch mit einem ordentlichen Stallmeister zufrieden wäre. Aber, da ist Cenerentola ganz wie Aschenputtel, auch dieser Stallmeister müsste sie erst einmal suchen und finden und ihr dann noch immer gefallen …
Weder für einen Stallmeister noch für den Prinzen ist das

Und wieder ist es denkbar, eine Sopranistin zu engagieren. Aber: In dieser „Cenerentola" ist es eher schwierig. Aschenputtel muss auch stimmlich gegenüber den Schwestern hervorstechen. Und sonst habe ich nichts weiter zu der Oper anzumerken – wie alle im Repertoire gebliebenen Werke von Rossini strotzt sie von kleinen, feinen Arien – und zum Dank für seine Mitwirkung erhält zuletzt auch noch der böse Don Magnifico (Cenerentolas Vater) einen attraktiven Auftritt. Einfach, weil man zu Rossinis Zeiten Opern für Sänger komponierte und diese alle animiert sein wollten. Komponisten allein nahmen sich nicht so ernst, sondern erfüllten die Wünsche derjenigen, die ihre Werke zum Erfolg sangen …

besonders schwierig, schließlich hat ja der gute Alidoro die Adresse: Und was geschieht? Cenerentola sieht jetzt den Prinzen, der sich auch als Prinz zu erkennen gibt. Und ist erstaunt. Und muss sich von ihrer Familie sagen lassen, was sie wirklich ist – eine dumme Magd, eine Schlampe.
Der Prinz aber weiß es besser. Und obwohl man es im Hause des Don Magnifico – so heißt der böse Vater Cenerentolas – für einen Scherz hält, nimmt er das Mädchen mit und heiratet es.
Das heißt, jetzt sitzt Cenerentola auf dem Thron, und nolens volens versöhnt sich die undankbare Familie mit ihr. Der Vater schlägt Nutzen aus der Tatsache, dass er schließlich jetzt Schwiegervater des Prinzen ist. Und die Schwestern? Cenerentola verzeiht auch ihnen, obgleich sie wenig Reue zeigen. Denn sie glauben weiterhin vor allem an sich selbst.

Cenerentola, eine der erfolgreichsten Opern Rossinis, lebt davon, dass es eine Koloraturaltistin gibt. Für eine solche wurde die Oper komponiert. Als dieses Fach beinahe ausstarb, hatten Sopranistinnen längst nicht so viel Erfolg. Aber als es die Simionatos und Berganzas gab und diese wieder ausgerechnet Cenerentola singen wollten, war die Oper wieder ein Erfolg. Und wird einer bleiben, bis sich die Situation auf dem „Markt" wieder ändert.

CAMILLE SAINT-SAËNS

* 9. 10. 1835 in Paris, † 16. 12. 1921 in Algier

Samson et Dalila / Samson und Dalila

Libretto: *Ferdinand Lemaire*
Uraufführung: *2. 12. 1877 in Weimar*
Personen/Stimmen: *Dalila* (Mezzosopran) – *Samson* (Tenor) – *Oberpriester des Dagon* (Bariton) – *Abimélech* Satrap von Gaza (Bass) – *Ein alter Hebräer* (Bass) – *Kriegsbote der Philister* (Tenor) – *Zwei Philister* (Tenor und Bass)

Zeit und Ort der großen Auseinandersetzung zwischen den Israeliten und den Philistern, mehr noch zwischen dem Helden Samson und der viel zu schönen Philisterin Dalila sind

genau bekannt. 1150 vor Christi Geburt war das Volk Israel in Palästina unterjocht. In Gaza.
Und wir wissen es genau, Samson war der Volksheld, dessen sagenhafte Kräfte nicht nur seine geknechteten Freunde, sondern auch seine Gegner zittern ließen: Im Tempel herrschte Freude, als Samson den Israeliten ihre Befreiung ankündigte. Freude und Sicherheit.
Denn Abimélech, Feldherr der Philister, der kam und Jehova lästerte und seinen Gott lobte und sich auf Samson stürzen wollte – er wurde rasch erschlagen. Den Israeliten war das ein Zeichen, in den Krieg zu ziehen und ihre Feinde in die Flucht zu schlagen. Wann sollten sie das tun wenn nicht in diesem Augenblick, mit Samson an der Spitze?
Freilich, die Priesterin Dalila, die nach geschlagener Schlacht in all ihrer Schönheit aus dem Tempel kam und – eine Feindin, aber was für eine wunderbare Feindin – Samson verherrlichte und lockte, war eine andere Herausforderung als ein rasch zu erschlagender Feldherr.
Samson konnte ihr, obwohl von seinen Landsleuten gewarnt, nicht widerstehen. Dalila, die nichts weiter wollte, als Samson das Geheimnis seiner Kraft entreissen, ihr Volk rächen, hätte der Bitten ihres Oberpriesters nicht bedurft. Sie selbst war darauf aus, den unbesiegbaren Riesen gefügig zu machen. Es gelang ihr. Nicht so rasch, wie sie es wollte, aber immerhin ausschließlich dank ihrer Schönheit, ihrer Reize, ihrer Überlegenheit: Samson hatte mit sich zu kämpfen, wollte zwar Dalila gewinnen, nicht aber seine Kraft verlieren. Doch wer sich einmal in ein Weib verliebt hat, der ist unrettbar verloren. Auch die Stürme, auch das Flehen zu Jehova nützen da wenig. In den Armen Dalilas verlor Samson seine Kraft.
Sie steckte, wir wissen es alle, in seinem prächtigen Haar. Das ihm die Philister im Schlaf abschnitten, um ihn dann auch noch zu blenden, also die Augen auszustechen. Und ein für allemal als niedergerungenen Gegner ins Joch zu zwingen.
Samsons Klagen waren umsonst, er musste hören, wie sein eigenes Volk wieder geknechtet war und man ihn aus seinem Kerker holen kam, um ihn den verhassten Philistern zur Schau zu stellen.
Dalila war zur Stelle und triumphierte. Angesichts der Philister erinnerte sie Samson an die vergangene Freude, die er mit ihr geteilt hatte. Und wollte ihn, voll Spott, aus einem goldenen Becher trinken lassen.
Samsons Flehen, sein Gott möge ihm das Augenlicht wieder-

Wieder ein Werk, das uns – ich übertreibe – einer einzigen Arie und einer interessanten Partie wegen immer wieder begegnet. Die Arie singt Dalila, verführerisch und sensationell. Die Partie ist die des seiner Kraft beraubten Samson, der in Ketten zu seinem Gott fleht und sein Volk befreit.

schenken und noch einmal zum Sieg verhelfen, noch einmal die Größe Israels beweisen, verhallte ungehört. Dalila und die Philister triumphierten.

Ihnen blieb nur noch eines: Samson sollte vor dem Götzen niederknien und ihren Gott anbeten. Da aber hatten sie ihren Triumph zu groß haben wollen. Samson ließ sich vom Knaben, der ihn zum Altar führen sollte, an die Säulen des Tempels geleiten. Rief noch einmal seinen wahren Gott an und hatte, ein Wunder, für Augenblicke seine Kraft zurück. Mit den von ihm zerstörten Säulen stürzte der Tempel ein und begrub die Philister, die verführerische Schlange Dalila. Allerdings auch Samson selbst, den großen, ewigen Helden seines Volkes.

ARNOLD SCHÖNBERG

* 13. 9. 1874 in Wien, † 13. 7. 1951 in Los Angeles

Moses und Aron

Libretto: *Arnold Schönberg*
Uraufführung: *12. 3. 1954 in Hamburg*
Personen/Stimmen: *Moses* (Sprechrolle) – *Aron* (Tenor) – *Ein junges Mädchen* (Sopran) – *Eine Kranke* (Alt) – *Ein junger Mann* (Tenor) – *Der nackte Jüngling* (Tenor) – *Ein anderer Mann* (Bariton) – *Ephraimit* (Bariton) – *Ein Priester* (Bass) – *Vier nackte Jungfrauen* (Sopran und Alt)

Gott allein weiß, wie es geschehen ist.
Die Juden, sein erwähltes Volk, quälten sich unter der Herrschaft des Pharao. Moses aber ging in die Wüste und dachte nach.

Da erschien ihm in einem brennenden Dornbusch Gott und gab ihm den Auftrag, sein Volk aus den Fesseln des Pharao zu erlösen und in das Gelobte Land zu führen.

Gott sprach zu Moses, der einen derartigen Auftrag begreifen, aber nicht ausführen konnte. Er war fromm und klug, aber nicht beredt, nicht gewandt.

Gott aber weiß immer, was er tut, denn Moses hatte einen Bruder. Aron – beredt und gewandt, und immerhin so klug, um

Stimmen hinter der Bühne sind Gott oder der brennende Dornbusch. Aron und sein Bruder halten Zwiesprache, und man versteht, obgleich Schönberg ein gar nicht kleines Orchester einsetzt, jedes Wort!

seines Bruders Anweisungen als von Gott gegeben zu begreifen.
Also verdeutlichte Aron den Juden, was Moses zu sagen hatte, und ließ Wunderbares geschehen, um das Volk zu überzeugen. Aus dem Stab des Moses wurde eine Schlange. Moses selbst wurde vom Aussatz befallen und gleich wieder geheilt. Und Moses verwandelte klares Wasser in Blut. Die Botschaft, von Aron gedeutet, war einfach. Listig musste sich das Volk aus der Tyrannei begeben und sich vom Aussatz befreien, für Nahrung würde gesorgt sein auf dem langen Weg aus der Gefangenschaft.
Und die Juden zogen aus und ließen sich von Moses führen. Bis zum Berg Sinai, wo sie lagerten und Moses auf den Berg stieg, um mit dem einen, einzigen Gott Zwiesprache zu halten. Das dauerte. Wochen und Wochen. Die Juden wurden unruhig und zweifelten. Sie wollten mehr Zeichen, dass sie recht getan hatten. Sie wollten diese Zeichen und Wunder von Aron, der ja immer die Botschaften seines Bruders deutete.
Aron allein aber hatte keine gottgewollten Einfälle. Nur den sehr banalen, es müsse ein Ding geschaffen werden, zu dem man beten, dem man opfern könne. Er ließ deshalb ein goldenes Kalb erstehen, und aus allen Richtungen kamen die Menschen, um es anzubeten, ihm Opfer zu bringen. Es war nur ein Kalb, aber man hatte wieder ein Symbol.
Man konnte ihm sogar Blutopfer bringen und in seinem Angesicht glücklich sterben oder in ganz und gar unheilige Verzückung verfallen.
Moses aber stieg vom Berg herab und hatte die Tafeln bei sich, in die er die Gebote des einen, einzigen Gottes gehauen hatte.
Da war die Katastrophe. Derjenige, der Gott geschaut und begriffen hatte, war machtlos gegen seinen Bruder, der einfach einen Ersatzgötzen geschaffen hatte. Machtlos?
Das wieder nicht, denn er, Moses, hatte ja das wahre Gesetz erfahren. Doch er begriff, dass er es nicht verkünden konnte.
Und also wütete er und zerbrach die Tafeln des Gesetzes. Und verzweifelte und rief nach dem, was ihm fehlte. Nach dem Wort, das offenbar nur seinem Bruder Aron gegeben war.

Das sind die beiden ersten Akte eines Werkes, das nicht vollendet wurde und an dessen Vollendung niemand bisher gedacht hat. Denn Arnold Schönbergs dritter Akt, der eine weitere Auseinandersetzung zwischen den beiden Prinzipien Moses und Aron gewesen wäre und mit der Bestrafung des

Der Auszug aus Ägypten ist das fulminante Finale des ersten Aktes – der vorher oft geteilte Chor klingt machtvoll.

Die mehr als berühmte Szene vom „Tanz um das Goldene Kalb" wollte Schönberg „realistisch" zeigen. Selten aber wagen Regisseure, die Stammesfürsten, die geopferten Jungfrauen, die sterbenden Greise so zu zeigen – und zu oft werden Balletteinlagen geboten, die dem Ernst der Musik nicht gerecht werden.

Der letzte Hilfeschrei des Moses zeigt an, was allenfalls im dritten Akt noch abgehandelt werden könnte – Schönbergs Verzweiflung über das Fehlen eines allgemein verständlichen und angenommenen „Wortes".

Aron enden sollte, scheint nicht vollendbar zu sein. Die Klage des Schöpfers, zwar Gott zu kennen, ihn aber nicht verkünden zu können, ist so der einzig denkbare Abschluss des Geschehens. Und der Zug Israels in das gelobte Land, das Moses selbst nie betreten hat, braucht ja diese Auseinandersetzung nicht. Wir aber begreifen, dass es sich – wieder einmal – um ein durchaus vollendetes Werk handelt, in dem der nicht mehr komponierte dritte Akt nicht fehlt.

BEDŘICH SMETANA

* 2. 3. 1824 in Leitomischl, † 12 .5. 1884 in Prag

Die verkaufte Braut

Libretto: *Karel Sabina*
Uraufführung: *30. 5. 1866 in Prag*
Personen/Stimmen: *Krušina* ein Bauer (Bariton) – *Ludmila* seine Frau (Sopran) – *Mařenka Marie* beider Tochter (Sopran) – *Micha* Grundbesitzer (Bass) – *Háta* seine Frau (Mezzosopran) – *Vašek Wenzel* beider Sohn (Tenor) – *Jenik Hans* Michas Sohn aus erster Ehe (Tenor) – *Kezal* Heiratsvermittler (Bass) – *Prinzipal der Komödianten* (Tenor-Buffo) – *Esmeralda* Tänzerin (Soubrette) – *Der Indianer* (Bass)

Bitte, bei der Ouvertüre nicht tratschen! Sie ist ein Meisterwerk und kann gar nicht oft genug gespielt werden.

Waren das noch Zeiten, von denen man erzählt und nach denen man sich wenigstens als Tourist zurücksehnt: Brave Bauersleute und brave Kinder, die taten, was die Eltern wollten. Und zwischen Bauersleuten einer, der Ehen vermittelte und gegen eine geringe Gebühr weltklug dafür sorgte, dass Geld zu Geld kam und Ehen nicht im Himmel, sondern nach klugen irdischen Gesichtspunkten geschlossen wurden.
Und das alles unter blauem Himmel und auf dem Land, das Weizen und Gerste gab und zu Zeiten, in denen man erntete und feierte, wie es sich gehört. Unsere Großeltern sollen sich – ungenau – an diese Zeiten noch erinnert haben, als sie jung waren.
Freilich, das darf man auch nicht vergessen: Ehen werden noch immer, wenn es nach den Eltern geht, unter ganz anderen Voraussetzungen geschlossen als unter denen, nach denen

junge Menschen heiraten wollen. Und manchmal, das darf man aus Erfahrung behaupten, funktioniert diese und jene Ehe dann trotzdem. Trotz was?

Also: In einem Dorf in Böhmen, noch im jetzt schon vorvorvergangenen Jahrhundert, sind zwei Familien dabei, sich auf Heirat einzurichten. Da sind die Krušinas mit ihrer sehr hübschen Tochter Marie. Und da sind die Michas, die einen etwas naiven Sohn Wenzel haben.

Marie hat längst einen Burschen, den sie wirklich mag. Er heißt Hans und passt zu ihr, aber er ist nicht im Dorf aufgewachsen, er kommt aus der Fremde und erzählt nicht, woher er stammt. Er ist aus einer guten Familie, sagt er, wurde aber von einer ins Haus gekommenen Stiefmutter vertrieben. Also ist er, genau genommen, schwer zu heiraten. Marie will ihn, er will sie, und das versichern sie einander auch.

Marie wird mit dem Wenzel der Michas glücklich, denn da kommt Geld zu Geld, und ausserdem hat er es so vorgesehen. Das versichert der heitere Heiratsvermittler Kezal den Krušinas und kümmert sich nicht viel um das Urteil der potenziellen Braut. Wenn nur die Eltern einverstanden sind …

Dass sich da ein gewisser Hans eingeschlichen hat und ihm das Geschäft verpatzen könnte, macht ihm nichts aus, da hat er so seine eigenen Tricks. Er ist ja nicht von gestern.

Im Wirtshaus, wo man einander kennt und bei mehr als einem Bier selbstverständlich gesellig ist, lässt sich so gut wie alles erfahren. Marie lernt den netten, naiven Wenzel kennen, der verheiratet werden soll, und macht ihm Angst vor der gewissen Marie. Auch erzählt sie ihm von einem Mädchen, das ihn gern hätte: Er müsse nur auf die Marie Krušina verzichten. Wenzel, der diese Marie nicht kennt, tut's sofort. Wenn er dafür ein Mädchen haben kann, das so schön und gut ist wie diese Marie …

Und – man staune – auch der nicht weiter bekannte Hans verzichtet, als der Heiratsvermittler einen Handel vorschlägt, auf Marie. Er verkauft, sozusagen, seine Braut um dreihundert Dukaten. Mit einer kleinen Klausel im Vertrag: Marie dürfe niemanden anderen heiraten als den Sohn des alten Micha. Kezal schlägt rasch ein, denn das, genau das, will ja auch er.

So was tut man nicht. Das ganze Dorf hat von dem Handel erfahren und ist empört. Hat je ein Bursch um Geld auf sein Mädel verzichtet? Hans, der es getan hat und deshalb beleidigt wird, lacht und lässt sich bezahlen.

Marie und Hans haben schon gesungen – richtig aufregend wird es aber erst, wenn Kezal mit „Ich weiß ein Mädel, das hat Dukaten, Dukaten" den Hans zum Verzicht auf Marie bringen will. Und – nur damit es nicht vergessen wird – vorher wurde selbstverständlich schon folkloristisch getanzt!

Das Trauerlied der Marie – es kann einem angst und bang werden, in Wahrheit aber nur wohl ums Herz, denn man kennt ja den glücklichen Ausgang der Geschichte.

Merkt schon jemand, wo da der Pferdefuß ist, wer da das Kleingedruckte im Vertrag nicht richtig hat lesen können? Wir wissen es längst. Aber wir sind ja auch nur die Zuschauer. Deshalb können wir uns in unseren bequemen Sesseln zurücklehnen und warten, wie sich die kleinwinzigen Knoten lösen, die da gebunden worden sind.

Der nette, naive Wenzel findet bei einem Wanderzirkus sofort eine Tänzerin Esmeralda, die ihm gefällt. Und übernimmt aus Liebe die Partie eines krank gewordenen Bärendarstellers, der Direktor des Zirkus will ihn unter diesen Umständen mit Esmeralda verheiraten. Die alten Michas sind da gar nicht einverstanden, aber Wenzel läuft ihnen einfach weg.

Die alten Krušinas haben es auch nicht leichter. Sie wollen Marie endlich verheiraten, und Kezal zeigt dem Mädchen den Vertrag, mit dem er es von seinem geliebten Hans losgekauft hat. Und da ist Marie am Davonlaufen.

Aber das alles passiert selbstverständlich nicht. Marie ist unglücklich. Nachdem sie lang und laut geweint hat, will sie trotzig den Wenzel heiraten. Der ist zwar zur Zeit in eine Tänzerin verliebt, als er aber Marie wiedersieht, ist er selbstverständlich auch mit ihr mehr als einverstanden.

Wäre beinahe alles in falscher Ordnung, käme da nicht dieser Hans und erklärt, so ginge das nicht. Schließlich ist er der Sohn des alten Micha, von seiner Stiefmutter aus dem Haus getrieben. Aber, wie's im Vertrag steht, der Sohn des alten Micha. Den die Marie heiraten soll.

Den sie ganz, ganz rasch heiratet. Denn Vertrag bleibt Vertrag, und ausnahmsweise ist der heitere Kezal einmal um dreihundert Dukaten leichter, das ganze Dorf mit dem Handel einverstanden. Und die Michas und die Krušinas kommen wieder gut miteinander aus.

Und wir können essen gehen, wir haben es ja längst gewusst.

> Vorher vergessen: Der dumme Wenzel ist eine augezeichnete Partie für einen Spieltenor. Und hier ganz notwendig: Der Zirkusdirektor ist allemal ein Komiker aus dem Haus und liefert traditionsgemäß auch aktuelle Pointen. In Wien war das immer Erich Kunz, unvergessen.

Johann Strauss (Sohn)

* 25. 10. 1825 in Wien, † 3. 6. 1899 in Wien

Die Fledermaus

Libretto: *Carl Haffner und Richard Genée*
Uraufführung: *5. 4. 1874 in Wien*
Personen/Stimmen: *Gabriel von Eisenstein* Rentier (Tenor) – *Rosalinde* seine Frau (Sopran) – *Alfred* ein Gesangslehrer (Tenor) – *Frank* Gefängnisdirektor (Bariton) – *Dr. Falke* Notar (Bariton) – *Prinz Orlofsky* (Mezzosopan) – *Adele* Studenmädchen Rosalindes (Sopran) – *Dr. Blind* Advokat (Tenor) – *Ida* Adeles Schwester (Sprechrolle) – *Frosch* Aufseher im Gefängnis (Komiker)

Die Zeiten ändern sich immer, vor allem unsere Ansichten zu zwischenmenschlichen Beziehungen immer und immer wieder. Was einmal streng verboten war, aber doch praktiziert wurde, der Ehebruch also, das war vor kurzem ein Gesellschaftsspiel, und erst neuerdings gibt's wieder eine eher prüde Generation, die davon weniger hält. Glaube ich wenigstens, aber ich kann mich da sehr täuschen.

Gegen Ende des 19. Jahrhunderts praktizierte man den Ehebruch mit Rafinesse und als etwas wunderbar Verbotenes: Auch in einer kleinen Stadt in der Nähe einer Großstadt, in Baden bei Wien also, war so was gang und gäbe.

Ein „Rentier" Gabriel Eisenstein, also ein finanziell unabhängiger Mann, der in einer Villa wohnen und sich mehr als einen guten Tag machen konnte, wäre gern so was wie ein Experte für Ehebruch gewesen. War's aber nicht. Wie auch seine liebe Frau, Rosalinde Eisenstein, recht gern einmal ein Abenteuer erlebt hätte – zum Beispiel mit einem Tenor des Stadttheaters. Aber sich dazu auch nicht recht entschließen konnte.

Und damit sind wir bei einer sehr banalen Geschichte: Ein Freund der Familie, der sich für einen dummen Spaß revanchieren wollte, arrangierte die notwendigen Gelegenheiten zum Seitensprung. Erst war er sicher derjenige, der den bewussten Tenor ins Haus brachte (der wusste, dass der Rentier Eisenstein zu einer Arreststrafe verurteilt und seine Frau somit allein sein werde: trotzdem wurde er erst einmal vertröstet).

Die Ouvertüre zu dieser Operette kennt auch, wer noch nie in einem Opernhaus war. Und wer sie je gehört hat, weiß von ihrer elektrisierenden Wirkung.

Es hat schon ausgezeichnete Tenöre gegeben, die sich dieser scheinbar undankbaren Partie annahmen. Immerhin hat es ja auch eine Aufführungsserie unter Herbert von Karajan und eine unter Carlos Kleiber gegeben, unvergessen beide.

Dann war er es, der dem Kammermädchen der Eisensteins einen Brief schrieb und es war – als ihre Schwester – zu einem Fest in einer Villa einlud (dieses Kammermädchen erfand rasch eine kranke Tante, um Ausgang zu erhalten). Und selbstverständlich war es es, der schließlich bei den Eisensteins erschien und dem Freund erklärte, er habe längst mit dem Gefängnisdirektor gesprochen, Eisenstein könne auch am nächsten Tag kommen, zum Fest eines jungen, immens reichen russischen Fürsten sei er herzlich eingeladen (Eisenstein war sofort Feuer und Flamme, was denn sonst?).

Eine Bravour-Arie der Adele.

Also musste nur Eisenstein im Frack scheinbar ins Gefängnis, das Kammermädchen Adele aus dem Haus, der Tenor ins Haus – und dann der Gefängnisdirektor, der von dem Spaß nichts wusste, selbst an die Tür, um Herrn „von Eisenstein" abzuholen: Er erhielt den Tenor, wer anderer war ja nicht da. Auf dem Fest des immens reichen russischen Fürsten waren sie alle wieder da – und die nachträglich gebetene maskierte Rosalinde Eisenstein auch.

Ihr eigener Mann wollte sie verführen, ihr eigenes Kammermädchen gab sich als Künstlerin aus, der – wie alle anderen auch – unter fremden Namen eingeführte Gefängnisdirektor war mit von der Gesellschaft und sang und trank und fand vor allem das Kammermädchen reizend. Und aus dem Stegreif erfand man eine Art neuer Hymne, die zuerst noch „Brüderlein und Schwesterlein" hieß, dann aber rasch nur noch „Duidu, Duidu, La La, Lala, La La" und jeder kann sich vorstellen, dass es da zu keinem wirklichen Ehebruch, sondern nur zu mehreren Räuschen kam.

Das Finale des zweiten Aktes ist „klassisch" und dermaßen absurd, dass man nur in großer Freude zuhören kann – vor diesem Finale gibt's manchmal „Einlagen", also berühmte Sängerinnen und Sänger, die auf dem Fest singen, was sie am besten können. Aber auch ohne derartigen Aufputz bleibt die „Fledermaus" unschlagbar.

Am frühen Morgen darauf war (wenn ein Komplott richtig geschmiedet ist, dann hält es auch) für Katzenjammer gesorgt. Im Gefängnis der Stadt hatte der einzige brave Beamte Frosch den Tenor zu hüten, dann den übernächtigen Direktor zu betreuen, dann sich um ein Kammermädchen zu kümmern, das unbedingt dem Direktor vorsingen wollte – um „Protektion" zu erhalten.

Strauß schrieb eine lange Musik zu einer Pantomime, ein Gegenstück zu Beckmessers Auftritt in der Schusterstube. Der Gefängnisdirektor Frank braucht sie – sonst kommt er gegen seinen improvisierenden Beamten Frosch nicht an.

Und als ob das noch nicht genug gewesen wäre, musste er auch noch einen sozusagen zweiten Herrn von Eisenstein einlassen – den richtigen, der nicht glauben konnte, dass bereits ein Eisenstein in der Zelle saß.

Beinahe wär's zur Katastrophe gekommen, denn der Advokat des Herrn von Eisenstein war vom Tenor gerufen worden, ließ sich von seinem echten Klienten aber die Perücke nehmen –

und Eisenstein konnte so seine Ehefrau und den Tenor heftig ausfragen, was es denn alles in der vergangenen Nacht gegeben hatte. Bis Rosalinde Eisenstein die hübsche Taschenuhr des Gabriel Eisenstein hervorholte und sich als die maskierte ungarische Gräfin zeigte, mit der heftig geflirtet worden war. Bis der Tenor mit bestem Gewissen erklären konnte, es habe sich in der Villa Eisenstein überhaupt nichts zugetragen, denn er habe schließlich diese Nacht im Arrest zugebracht.
Und bis zu allem Überfluss der immens reiche russische Fürst ins Gefängnis kam. Alles als heitere Intrige des lieben Freundes der Eisensteins bezeichnete und man sich darauf einigte, an allem sei nur der Champagner schuld gewesen.
Und weil die ganze Geschichte so überaus unglaubwürdig ist, erzählt man sie noch heute. Aber wo, man spielt sie nur, weil Johann Strauß die „Fledermaus" komponiert hat.

> Alle „Nummern" in dieser Oper sind erstens vollkommen bekannt und zweitens je nach der aufgeführten Fassung durcheinander gewirbelt. Ich will mich da nicht einmischen. Man muss, wenn man's hört, nur mitsingen ...

Der Zigeunerbaron

Libretto: *Ignaz Schnitzer (nach Maurus Jókai)*
Uraufführung: *24. 10. 1885 in Wien*
Personen/Stimmen: *Graf Homonay* (Bariton) – *Sándor Barinkay* ein ehemaliger Gutsbesitzer (Tenor) – *Kolomán Zsupán* ein reicher Schweinezüchter (Bassbuffo) – *Arsena* seine Tochter (Sopran) – *Mirabella* ihre Erzieherin (Alt) – *Ottokar* ihr Sohn (Tenorbuffo) – *Czipra* eine alte Zigeunerin (Mezzosopran) – *Saffi* Zigeunermädchen (Sopran) – *Conte Carnero* herzoglicher Sittenkommissar (Sprechrolle)

Machmal gibt's schon sehr unglaubliche Geschichten, die man erstens glauben muss, und zweitens ganz gut glauben kann, wenn sie einem mit viel guter Musik erzählt werden. Zum Beispiel diese: Im Temeser Banat, in Ungarn also, hausen in einer einst fruchtbaren Landschaft Zigeuner. Ein verfallenes Schloss hat früher dem alten Barinkay gehört – er wurde wegen Zusammenarbeit mit den Türken von seinem Land vertrieben, ist verstorben, vergessen. Jetzt ist der Schweinezüchter Kálmán Zsupán die wichtigste Persönlichkeit der Gegend.
Allerdings: Es hat einen Gnadenakt in Wien gegeben, der Sohn Sandor Barinkay darf zurückkehren und wieder Gutsherr werden. Maria Theresia hat es so angeordnet.
Zsupán ist damit überhaupt nicht einverstanden, hat aber nichts dagegen, dass sich der junge Herr um seine Tochter

> Die Ouvertüre – schon wieder die Ouvertüre. Sie verspricht eine heitere Oper, keine Operette.

> Das Auftrittslied des Barinkay muss heiter, nicht verblödelt werden. Es gibt genügend Anlässe, diese Bitte auszusprechen.

> Und das Auftrittslied des Zsupán: Also das wird sowieso immer verblödelt. Ist trotzdem ungeheuer wirkungsvoll.

bemüht. Der freilich hat man Flausen in den Kopf gesetzt. Ein Adeliger muss es sein, den sie erhört! Der junge Barinkay weiß gegen solchen Unsinn sofort eine Antwort. Sind nicht die Zigeuner auf seinem Gut? Ist er nicht ihr Herr? Er ist es. Der Zigeunerbaron.

Andererseits: Die Tochter des Schweinezüchters, Arsena, will den dahergelaufenen Zigeunerbaron gar nicht wirklich, sie ist in einen dummen Buben, Ottokar, Sohn ihrer Erzieherin, verliebt. Dieser wiederum ist, wie sich in der allgemeinen Verwirrung herausstellt, in Wahrheit Sohn des königlichen Kommissärs Conte Carnero, der Barinkay in dessen Heimat geführt und dabei in der erwähnten Erzieherin seine „verschollene" Gattin erkannt hat.

Wer also wird da wen bekommen?

Barinkay bekommt sicher ein verfallenes Schloss, ihn liebende Zigeuner und als Führerin in sein neues Eigentum Saffi, die Tochter der ältesten und weisesten Zigeunerin, zugeteilt. Man merkt schon recht genau, wer da wen bekommen soll, nicht wahr? Barinkay jedenfalls merkt es gleich: Er verzichtet freudig auf die eitle Tochter und stellt mitten in der Nacht allen die junge Saffi als seine Braut vor.

Am anderen Tag ist sein Glück vollkommen, Saffis Mutter erzählt von einem Schatz, den man vor den anrückenden Türken in Sicherheit gebracht habe, Barinkay und Saffi finden ihn rasch.

Vom Dompfaff, der hat sie getraut, singen die zwei, und plötzlich ist's doch eine Operette!

Sie werden zwar von Conte Carnero schief angesehen, weil sie offensichtlich ohne Standesamt und Aufgebot ein Paar geworden sind. Das aber ist ihnen gleichgültig, die Natur selbst hat sie getraut. Soll da einer was dagegen sagen.

Graf Peter Homonay, der Soldaten für einen Krieg gegen Spanien sucht, belebt den Ort beträchtlich. Eher irrtümlich melden sich der Schweinezüchter und der kleine Ottokar. Und Barinkay? Der erfährt, dass seine Saffi keine Zigeunerin ist, sondern die Tochter des letzten Pascha, ist der festen Ansicht, eine so „hohe" Person gar nicht heiraten zu dürfen – und zieht mit in den Krieg.

Für diesen letzten Akt hat sich Johann Strauß vor allem Prunk und Pracht auf der Bühne gewünscht. Hört man seine bombastischen Kompositionen, die keine dramatische Wirkung mehr haben, versteht man es: Da sollte eine Ausstattungsrevue geschaffen werden.

Damit ist die Geschichte, die man nur mit viel guter Musik erträgt, beinahe schon zu Ende, denn wir erleben weder verzweifelte Frauen noch tapfere Männer. Sondern wir dürfen nur mehr Zeugen werden, wie vor dem Kärntnertor von Wien die siegreichen Herrschaften, auch die aus dem Banat, heimkehren. Barinkay wird geadelt und darf jetzt seine Saffi haben. Zsupán war im Krieg offenbar eine Art Verpflegungsmeister, von Barinkay im richtigen Moment aus einer gefährlichen Situation gerettet – er hat also überhaupt nichts dagegen, dass seine dumme Arsena den geliebten Ottokar erhält. Nur Conte Carnero beweist uns, dass wir eine unglaubliche Geschichte erlebt haben: Er wird als Sittenkommissar pensioniert. Und ist darob unglücklich.

Auch das also eine Operette und keine Oper. Aber ein Werk mit der schönsten Ouvertüre, die man sich vorstellen kann, und mit so viel musikalischen Einfällen, dass es noch keinen Operndirektor gab, der nicht gern einen guten „Zigeunerbaron" in seinem Haus gegeben hätte. Freilich nur wenige Direktoren, denen das auch gelungen ist ...

RICHARD STRAUSS

* 11. 6. 1864 in München, † 8. 9. 1949 in Garmisch-Partenkirchen

Salome

Libretto: *Oscar Wilde / Dt. Übersetzung: Hedwig Lachmann*
Uraufführung: *9. 12. 1905 in Dresden*
Personen/Stimmen: *Herodes (Tenor) – Herodias (Mezzosopran) – Salome (Sopran) – Jochanaan (Bariton) – Narraboth (Tenor) – Ein Page der Herodias (Alt) – Fünf Juden (vier Tenöre, ein Bass) – Zwei Nazarener (ein Tenor, ein Bass) – Zwei Soldaten (Bässe) – Ein Kappadozier (Bass)*

Was ist eine Kindfrau? Unsere Großeltern haben diesen Begriff für ein Mädchen von lasziver Ausstrahlung geprägt und sie auch „Lulu" genannt. Unsere Eltern haben als Kinobesucher oder Literaturkenner „Lolita" zu ihr oder ihm gesagt.
Was ist eine Kindfrau? Salome ist eine.
Sie ist die verwöhnte Stieftochter des Königs Herodes, des Fürsten von Judäa. Und der Herodias, der grässlichen Frau des Herodes.
Dieser herrscht, heutzutage weiß man um die Verwirrungen unserer Zeitrechnung, vor Christi Geburt und ist, auch das weiß man heute, einer der vielen mächtigen Fürsten im Ein-

Wie bei Puccini (Strauss möge verzeihen) ist man mit wenigen Takten mitten im Drama. Und Salome wird von den schwärmerischen Rufen des jungen Narraboth angekündigt.

zugsbereich des zu großen Römischen Reiches. Ein heißblütiger, unbeherrschter Mann mit einer ihn verachtenden Frau und einer Tochter, die sich zu solch einer Kindfrau ausgewachsen hat.

Sie ist verwöhnt und jung und verwirrt den Männern den Kopf. Nicht nur dem Hauptmann Narraboth, der Wache hält an der Zisterne, in der man einen gewissen Jochanaan, einen jüdischen Propheten, gefangen hält. Aber auch diesen Narraboth verwirrt sie. Sie will den Propheten sehen, gegen alle Regeln und aus bloßer Neugierde.

Salome zuliebe werden die Regeln umgestoßen und Jochanaan aus seinem lichtlosen Loch hervorgeholt. Welten treffen da aufeinander.

Der kräftige, unbeirrbare Mann, der von dem bereits auf Erden wandelnden Sohn Gottes weiß und verkündet, was die Wahrheit ist.

Und das verführerische Mädchen, das von Jochanaan angezogen wird wie eine Motte vom Licht. Ein Prophet? Interessiert er sich für sie? Warum interessiert sie ihn nicht wie alle anderen Männer?

Salome kann gegen den Verkünder eines neuen Glaubens keinen ihrer Reize einsetzen, sie kann ihn noch so umgirren, er empfiehlt ihr, Buße zu tun. Und er verflucht sie, als sie ganz genau das Gegenteil von Buße fordert. Er verflucht sie, weil sie eine Verführerin ist. Und ihm zu nahe gekommen ist.

Die Nacht ist heiß, Herodias, Herodes und ihre Gäste kommen auf die Terrasse. Salome hat der „Gesellschaft" gefehlt. Wenigstens Herodes.

Der ist der Gespräche mit seinen Gästen müde. Dem ist seine Frau zu langweilig. Dem sind jene Juden zuwider, die Jochanaan fordern – er ist ja selbst Jude, aber der Anhänger einer neuen, gefährlichen Religion. Er behauptet, der Messias sei gekommen, und das würde nach dem Talmud das Ende der Welt bedeuten. Aber der Messias ist nicht gekommen ...

Herodes will, dass Salome für ihn tanzt.

Salomes Mutter will das nicht, sie spürt die Macht der Tochter über ihren Mann. Salome will es schon, sie will Macht über den Mann ihrer Mutter. Wie in den Märchen aus Jahrtausenden verspricht Herodes, ihr jeden Wunsch zu erfüllen, wenn sie nur tanzt.

Und Salome tanzt. So aufregend, so lasziv, so verführerisch, wie sich Herodes das gewünscht hat.

Jochanaan ist bereits zu erkennen, wenn man nur seine Stimme aus der Zisterne hört.

Das Werben der Salome um Jochanaan ist meist verständlich – ein hoch aufragender Bariton, der meist der Liebling des Publikums ist, aber fromm widerstehen muss.

Das „Judenquintett" zeigt die Feinde Jochanaans als Karikatur und ist gefährlich zu singen. Immerhin, meist sind es gestandene Ensemblemitglieder, die sich nicht aus dem Takt bringen lassen.

Dann fordert sie die Erfüllung ihres Wunsches. Sie will – auf einer Silberschüssel – den Kopf des Propheten.
Herodes schaudert. Er ist nicht nur ein mächtiger und unmäßiger, sondern auch ein furchtsamer Mann. Er glaubt nicht an jüdische Propheten. Aber er fürchtet, einem Propheten, einem heiligen Mann, aus einer Laune heraus das Leben nehmen zu lassen.
Salome aber will den Kopf des Jochanaan.
Und Herodes kann sie mit allen Schilderungen dessen, was er ihr sonst schenken könnte, nicht überzeugen. Sie will den Kopf des Jochanaan.
Also wird der Prophet geköpft. Und sein Kopf – auf einer Silberschüssel – der Salome überreicht. Die Kindfrau hat, was sie will. Sie hat, meint sie, erreicht, was sie wollte. Im Leben wäre ihr Jochanaan nicht zu Willen gewesen. Jetzt ist sein Kopf ihr Eigentum. Jetzt kann sie tun, was sie sich in den Kopf gesetzt hat. Jetzt kann sie Jochanaan küssen.
Sie tut's. Und stirbt.
Nicht aus Leidenschaft. Sondern, weil Herodes diesen Anblick nicht erträgt und seine Tochter töten lässt.

Den Tanz der Salome hat Strauss „nachkomponiert", wenn man genau hinhört, spürt man die virtuose Einlage, die er sich da aufgehoben hat. Mit dem Drama hat er (der Tanz) wenig zu tun.

Aber Salomes Schlussgesang, der nicht nur aufregend konzipiert ist, sondern der Sängerin auch Höhen und Tiefen abverlangt, ist ohne Vorbild. Auf ihn kann tatsächlich nur noch der Befehl zur Tötung dieser Solistin gegeben werden.

Für Richard Strauss ist dies die Oper, mit der er unbewusst Hugo von Hofmannsthal ködert. Den Komponisten dieses Einakters nimmt der Dichter aus Wien in seine Obhut und schreibt ihm ein Libretto nach dem anderen. Die Faszination, der Hofmannsthal erliegt, lässt nach „Elektra" Meisterwerke ganz anderer Art entstehen. Aber „Salome" ist der Anfang ...

Elektra

Libretto: *Hugo von Hofmannsthal*
Uraufführung: *25. 1. 1909 in Dresden*
Personen/Stimmen: *Klytämnestra* (Mezzosopran) – *Elektra* (Sopran) – *Chrysothemis* (Sopran) – *Aegisth* (Tenor) – *Orest* (Bariton) – *Der Pfleger des Orest* (Bass) – *Die Vertraute* (Sopran) – *Die Schleppträgerin* (Sopran) – *Junger und alter Diener* (Tenor und Bass) – *Die Aufseherin* (Sopran) – *Fünf Mägde* (zwei Soprane, zwei Mezzosoprane, Alt)

Es gibt Familientragödien. Auch in unserer Zeit. Und grausame, für die es keine Vorbilder geben kann, würde man denken. Allein, in Wahrheit ist die Welt nur unverändert grausam, und das seit vielen tausend Jahren. Und mehr als eine der Geschichten, die wir heute in Talkshows erzählt bekommen, macht uns vielleicht schaudern, ist aber auch nicht schlimmer als die, die uns die Dichter überliefern. Und die viele tausend Jahre später wiederum Dichter auf die Bühne gebracht haben.

In welcher Zeit also sind wir diesmal? In Urzeiten, in dem Land, das als Wiege abendländischer Kultur gilt. In Griechenland, im Hof des Palastes von Mykene: König Agamemnon war von seinem Feldzug gegen Troja heimgekehrt, da wurde er auch schon erschlagen. Von seiner Frau Klytämnestra und ihrem Liebhaber Aegisth. Seine Kinder hatten zu leiden: Orest, der Sohn, wurde „aus dem Haus gegeben". Er sollte möglichst unauffällig anderswo zugrunde gehen. Elektra und Chrysothemis, die Töchter, durften bei der Mutter weiterleben. Chrysothemis als weiche, bildsame junge Frau im Palast. Elektra als gefährliche, ausschließlich dem toten Vater zugetane Frau im Hof. Bei den Mägden, die sie als ein gefallenes Königskind verachteten.

„Agamemnon!" ist das Motiv, mit dem Strauss den Vorhang aufziehen lässt. Und tatsächlich ist ja die Ursache allen Greuels der Tod dieses Helden.

Freilich, sie war unbestritten eine Tochter Agamemnons. Und deshalb zu fürchten. Denn sie verkörperte die Anklage, die ununterbrochene, unerbittliche Anklage gegen ihre Mutter und deren Liebhaber.

Weder die Mägde im Haus noch die Schwester machen aus Elektra eine, die vergessen kann. Drohungen fruchten nichts. Sie bleibt die Königstochter, die im Hof des Palastes von Mykene sitzt und nach dem ermordeten Vater Agamemnon ruft.

Das Opernpublikum darf es ruhig einmal lesen: Strauss fordert nachdrücklich, diese Oper bei vollem Licht zu spielen, er will die Gesichter der Interpreten deutlich zeigen. Regisseuren ist diese Forderung nicht bekannt. Sie beginnen in Dunkelheit, lange vor den Momenten, in denen „Fackeln" notwendig werden.

Klytämestra ist die Tochter nicht nur unheimlich. Sie traut ihr auch Kräfte zu, die sie braucht. Träume quälen sie. Hat Elektra ein Mittel gegen Träume?

Die Auseinandersetzung zwischen Mutter und Tochter ist faszinierend. Elektra verlangt nach ihrem Bruder Orest und wird abgewiesen. Sie behauptet, das Wesen zu kennen, das geopfert werden müsse, um alle bösen Träume zu vertreiben. Aegisth selbstverständlich – ihre Mutter weiß, dass das richtig wäre, und bricht unter Elektras Furor beinahe zusammen.

Die Partie der Klytämnestra ist mitreißend. Die größten unserer „Lieblinge" haben sie gesungen. Selbst eine Leonie Rysanek, vorher Chrysothemis und Elektra, erlernte noch den dritten wichtigen Part.

Aber nur beinahe. Denn ein Schwarm von Dienerinnen bringt eine Nachricht. Etwas ist geschehen, das Klytämnestra Oberhand gibt.

Orest ist gestorben, Chrysothemis bringt die Nachricht aus dem Palast und will Elektra trösten, nicht aber helfen: Denn die Tochter Agamemnons sieht nach dem Tod des gewaltigen

Bruders nur noch einen Ausweg. Gemeinsam müssen die beiden Schwestern jetzt die Rache vollziehen, die Orest vorbehalten war.

Da kommen auch schon die Boten, die Zeugen vom Tod des Orest sind und der Königin die Nachricht bestätigen sollen. Die Zeugen? Die verstörte Elektra erkennt im jüngeren der beiden nicht mehr den Bruder, ihr Schmerz hat sie blind gemacht. Orest aber erkennt Elektra und sagt ihr, weshalb er gekommen ist. Er will den Vater rächen.

Und das geht fürchterlich und grausam. Orest dringt in den Palast und tötet seine Mutter. Der herbeigeholte Aegisth, der auch wissen soll, dass endlich eine Gefahr von ihm gewendet ist, wird von Elektra in den Palast gewiesen – und Orest und sein Gefährte töten ihn sofort und wortlos.

Zurück bleiben die Kinder Agamemnons. Jedes auf seine Weise. Im Palast feiert man den heimgekehrten Rächer Orest. Chrysothemis will Elektra zum Triumph holen. Die aber erträgt die Erfüllung ihrer wahnwitzigen Sehnsucht nicht. Sie tanzt sich in einen Taumel, in dem sie tot zusammenbricht. Agamemnon ist gerächt. Seine treueste Tochter, ist tot.

Unendlich viel ließe sich erzählen. Nicht nur, dass Strauss mit dieser Oper für seine Begriffe an die Grenzen seiner Musik stieß und dann mit dem „Rosenkavalier" in eine populäre Welt zurückfand. Sondern auch, dass das Schicksal der griechischen Elektra auch anders erzählt worden ist – ich will nur daran erinnern, dass sie in Mozarts „Idomeneo" als unglücklich liebende Prinzessin lange nach der Tragödie im Palast von Mykene anderswo weiterlebt ...

Die „Erkennungsszene" verführt den bis dahin „neutönerischen" Komponisten zu großem Wohlklang.

Aegisth ist – wie auch Herodes – am besten von einem etwas ausgesungenen Heldentenor darzustellen. Strauss hat das nicht zur Bedingung gemacht, aber es immer gut geheißen.

Mit Elektras Triumph kopiert Strauss sich selbst – wurde einst zum Gespött seiner Kritiker, hat aber eine aufregende Schlussszene geschaffen.

Der Rosenkavalier

Libretto: *Hugo von Hofmannsthal*
Uraufführung: *26. 1. 1911 in Dresden*
Personen/Stimmen: *Die Feldmarschallin Fürstin Werdenberg (Sopran) – Baron Ochs auf Lerchenau (Bass) – Oktavian genannt Quinquin, ein junger Herr aus großem Haus (Sopran oder Mezzosopran) – Herr von Faninal ein reicher Neugeadelter (Bariton) – Sophie seine Tochter (Sopran) – Jungfer Marianne Leitmetzerin die Duenna (Sopran) – Valzacchi ein Intrigant (Tenor) – Annina seine Begleiterin (Alt) – Ein Polizei-*

kommissar (Bass) – *Der Haushofmeister* bei der Marschallin (Tenor) – *Der Haushofmeister* bei Faninal (Tenor) – *Ein Notar* (Bass) – *Ein Wirt* (Tenor) – *Ein Sänger* (Tenor) – *Drei adelige Waisen* (Sopran, Mezzosopran, Alt) – *Eine Modistin* (Sopran) – *Ein Tierhändler* (Tenor) – *Vier Lakaien der Marschallin* (zwei Tenöre, zwei Bässe) – *Vier Kellner* (ein Tenor, drei Bässe)

Der Text von Hugo von Hofmannsthal ist nach einer Idee seines Freundes Harry Graf Kessler geschrieben und sollte das Libretto einer Operette werden. Strauss machte – von der Ouvertüre weg, in der die Hörner überdeutlich die Liebesszene hinter dem Vorhang spielen – eine große Oper draus.

Der Baron sollte trotz allem Draufgängertum ein Adeliger sein, wenn er vom „Heu" singt, ist „piano" vorgeschrieben!

Die Marschallin und ihr Monolog über die dahinschwindende Jugend und die Zeit so ganz im allgemeinen ist ein Meisterwerk. Sogar rezitiert begreift man das. Da ist wirklich Hofmannsthal der geniale Autor.

Wien unter Maria Theresia: Eine der gut verheirateten Majestät entsprechend sittenstrenge Stadt, in der es viele Bräuche und besondere Standesunterschiede gibt und selbstverständlich trotzdem alles passiert, was in dem lebenslustigen Wien sein muss. Zum Beispiel also, dass die von ihrem Mann oft daheim gelassene Feldmarschallin Fürstin Werdenberg sich einen Liebhaber hält, einen aus ihren Kreisen. Den blutjungen Grafen Rofrano, den seine Freunde Quinquin nennen. Ein Bürscherl, aber wahrscheinlich ein begeisterter junger Liebhaber.

Zum Beispiel auch, dass der Feldmarschallin in der Früh, sie sitzt mit ihrem Liebsten noch beim Kaffee, ein Vetter vom Land ins Haus schneit. Ein Baron Ochs auf Lerchenau, der Geld braucht und sich darum eine Heirat hat einfallen lassen. Er will die Sophie Faninal – den Faninal kennt man nicht, er ist Fabrikant und neu geadelt, in die Kreise der Feldmarschallin käme er nie. Aber einen Baron als Schwiegersohn, einen Baron aus Uradel, den wird er sich schon etwas kosten lassen.

So wenigstens ist es ausgemacht. Käme der Baron doch in einem anderen Augenblick … Aber er kommt hereingepoltert. Graf Rofrano hat sich noch rasch als Kammermädchen verkleidet und serviert die Schokolade, und die Feldmarschallin, die auch Sinn für eine kleine Maskerade hat, hilft ihrem weitschichtigen Verwandten auf boshafte Art: Er bittet sich einen Brautführer aus, also warum nicht Rofrano?

Hat alles seine Ordnung. Der lästige und weibernärrische Baron Ochs verschwindet, die Marschallin sinniert, wie der zu einem blutjungen Mädel kommt, und selbstverständlich auch, wie lange sie noch einem blutjungen Liebhaber genügen wird. Und der wiederum offiziell auftretende junge Graf Rofrano versteht die Welt nicht. Seine Geliebte sinniert? Sie kann sich vorstellen, er wird sie einmal nicht mehr lieb haben? Das ist für ihn noch lange nicht auszudenken.

Die Marschallin weiß es besser. Sie wird in die Kirche gehen, ein gutes Werk tun, mit einem alten Onkel essen, und dann –

vielleicht sieht sie ihren Grafen Rofrano am Nachmittag im Prater?

Das neue Palais Faninal am Hof, teuer eingerichtet, ist in Aufruhr. Die junge Sophie erwartet ihren Bräutigam. Ihr Vater ist schon unterwegs zu ihm.

Vor dem Bräutigam aber kommt, nach einem hübsch erfundenen Zeremoniell, sein Kavalier. Der Graf Rofrano, der eine silberne Rose übergeben wird. Als Zeichen der Liebe seines Herrn Vetter.

Und aus ist es mit dem einfachen Aufruhr im Palais. Die Herzen der zwei jungen Menschen sind in Aufruhr. Die Liebe hat eingeschlagen. In einem einzigen Augenblick.

Da kann der grobschlächtige Bräutigam im Nebenzimmer mit dem Vater über die Finanzen verhandeln, da können seine Lakaien die Mädeln im Palais Faninal belästigen – die zwei Verliebten merken von alledem nichts.

Bis zwei italienische Intriganten – im Wien der Königin Maria Theresia ein Berufsstand – den Baron rufen und ihm zeigen, was da geschehen ist.

Ein Eklat? Wenn es nach dem Ochs auf Lerchenau ginge, wäre es gleich wieder vergessen, man muss nur noch schnell den Heiratskontrakt unterschreiben. Es geht aber nach dem Grafen Rofrano, also wird ein Duell daraus. Der Junge ritzt dem Alten den Arm, und schon ist es ein Skandal.

Herr von Faninal weiß sich kaum zu helfen, der Herr Graf wird aus dem Palais komplimentiert – und nimmt die beiden Intriganten mit. Der Baron wird um Vergebung gebeten und soll sich nur ein bisserl ausruhen, bis alles ganz in seinem Sinn erledigt wird.

Aber: Dem jungen Buben ist etwas eingefallen. War er nicht noch gestern eine Kammerjungfer? Ist der Baron nicht weibernärrisch? Kann man ihn nicht zu einem kleinen Abendessen mit dem „Mariandl" verführen? Ein Brieferl, von der Italienerin überbracht, genügt vollkommen. Baron Ochs auf Lerchenau ist glücklich. Er wird die Sophie Faninal und ihr Geld haben. Und nebstbei die Kammerjungfer der Feldmarschallin verführen. So ein Glück.

So ein Glück, dass alles ganz anders kommt?

In einem privaten Zimmer in einem Gasthaus in der Vorstadt ist angerichtet. Vom Wirt bis zur Musik weiß jeder, was er nach dem Willen des Herrn Grafen tun soll. Dem Herrn Baron einen Schrecken einjagen und dem Herrn von Faninal zeigen, was er sich da als Schwiegersohn einhandelt.

Nach dem Auftritt des „Rosenkavalier" erkennt jeder Musikfreund ganz genau den Moment, in dem sich die beiden jungen Menschen zum ersten Mal ansehen – und verlieben.

Der bewusste Walzer, mit dem der zweite Akt schließt, ist nicht nur anachronistisch, sondern außerdem nicht von Strauss, sondern von Joseph Strauß. Immerhin, der Komponist des „Rosenkavalier" setzte auf einen „stillen" Aktschluss und behielt recht.

Das pantomimische Vorspiel: In Wien kann das Orchester, wenn er will, auch die heikle Szene

Das Mariandl wird „ausgeführt" und ist naiv und elegisch und beinahe so, wie es sich der Ochs vorgestellt hat. Beinahe. Aber das Extrazimmer scheint verhext. Aus der Wand und aus dem Boden wachsen Köpfe, hinter einem blinden Fenster stehen plötzlich kleine Kinder und schreien „Papa".

Dem Baron gefällt das ganz und gar nicht. Er ruft nach der Polizei, die erstaunlich rasch da ist und ein Protokoll aufnehmen will. Wer ist da ein Baron? Was tut er da in einem Extrazimmer mit einem jungen Mädel? Mit seiner Braut, der Sophie Faninal? Ihr Vater, der Edle von Faninal, kommt, weil er dringend gerufen wurde, und weiß selbst nicht, was da geschieht. Wer soll da seine Tochter sein? Ihm wird schlecht. Und selbstverständlich will die Polizei das Verhör weiter führen. Und rasch bietet das Mariandl an, etwas zu Protokoll zu geben. Und schon gäbe es den nächsten Skandal.

Aber da kommt die Frau Feldmarschall, die Fürstin Werdenberg. Persönlich. Und gibt zu Protokoll, es hätte sich halt um eine wienerische Maskerade gehandelt, nicht wahr? Das genügt dem Kommissar.

Aber nicht dem Baron. Denn der wird aufgefordert, auch zu verschwinden. Und sich nicht einmal den Kopf darüber zu zerbrechen, wie plötzlich aus seinem Mariandl wieder der Graf Rofrano geworden ist.

Die resolute Feldmarschallin ordnet alles. Der Herr Vetter kann sich den Kopf zerbrechen, es war eine Maskerade, und die ist vorbei. Ganz und gar, und wenn er jetzt noch diskutieren will, dann wird sie böse.

Die ihr zuhören in dem Extrazimmer, begreifen.

Aber sie wissen noch nicht, wie die Feldmarschallin die ganze Angelegenheit regeln will. Dem Ochs hat sie heimgeleuchtet. Den Faninal wird sie einladen, in ihrem Wagen heimzufahren. Mit der Tochter und dem Grafen Rofrano. Dann wird man weitersehen.

Die Zeit bleibt stehen. Die Fürstin Werdenberg hat von ihrem jungen Liebhaber Abschied genommen. Ihn der jüngeren Sophie Faninal geschenkt. Die drei denken sich was.

Vielleicht nicht ganz das Richtige. Denn der Edle von Faninal ist selbstverständlich begeistert. Und das junge Paar – die jungen Leut' – sind selbstverständlich überglücklich. Ob es aber wirklich ein Glück ist, dass alles so ganz anders gekommen ist? Das steht auf einem anderen Blatt. Über dem, was da noch alles werden wird, fällt der Vorhang. Gnädig?

---

ohne Dirigent musizieren. Einmal um Josef Krips zu ärgern und einmal Leonard Bernstein zu erheitern, haben es die Herren auch getan.

Das „Mariandl" als Nachfolgerin des „Cherubin"? Es ist heute nicht mehr gewagt. Aber eine Sängerin, die einen als Kammermädchen verkleideten jungen Grafen darstellt, war Anfang des 20. Jahrhunderts noch „pikant".

Die Ankündigung der Marschallin durch den „Wirt" ist mehr als wichtig. Und muss „wienerisch" kommen, als lebte Karl Terkal noch.

Das Terzett der drei Sängerinnen – wieder steht die Zeit still, wieder muss man nur einfach zuhören.

Und zum Ausklang eine Art Volksweise als Duett zweier Verliebter? Vielleicht war's schon wieder ein Wagnis, nach „Elektra" so ein Duett zu komponieren.

Ariadne auf Naxos

Libretto: *Hugo von Hofmannsthal*
Uraufführung: *25. 10. 1912 in Stuttgart*
Personen/Stimmen – Vorspiel: *Der Haushofmeister* (Sprechrolle) – *Ein Musiklehrer* (Bariton) – *Der Komponist* (Sopran oder Mezzosopran) – *Der Tenor (Bacchus)* (Tenor) – *Ein Offizier* (Bariton) – *Ein Tanzmeister* (Tenor) – *Ein Perückenmacher* (Bass) – *Ein Lakai* (Bass) – *Zerbinetta* (Sopran) – *Primadonna (Ariadne)* (Sopran) – *Harlekin* (Bariton) – *Scaramuccio* (Tenor) – *Truffaldino* (Bass) – *Brighella* (Tenor)
Oper: *Ariadne* (Sopran) – *Bacchus* (Tenor) – *Najade* (Sopran) – *Echo* (Sopran) – *Dryade* (Alt) – *Zerbinetta* (Sopran) – *Harlekin* (Bariton) – *Scaramuccio* (Tenor) – *Truffaldino* (Bass) – *Brighella* (Tenor)

Erst einmal: Es hat bis weit in unsere Zeit auch in Wien reiche Menschen gegeben, deren Reichtum sie nicht daran hinderte, ein wenig ungebildet zu sein und ein wenig kultiviert erscheinen zu wollen. Ich könnte Namen nennen, wenn das nicht indiskret wäre.
Ein solcher reicher Mann hat sich für seine Gäste einen großen Abend ausgedacht. Ein opulentes Essen, eine eigens für dieses Fest komponierte und aufgeführte kleine Oper, eine muntere Pantomime mit einer berühmten Künstlerin im Mittelpunkt. Und dann noch ein Feuerwerk. Wenigstens bei dem bleibt ja allen Menschen stets der Mund offen.
Hinter der „Bühne" herrscht dementsprechend Hochbetrieb. Der junge Komponist erfährt von seinem Lehrer, was dieser eben erst vom Haushofmeister erfahren hat. Dass seine Oper „Ariadne auf Naxos" nicht die einzige theatralische Darbietung sein wird.
Er ist mehr als enttäuscht. Kann man in so einer Umgebung komponieren? Fällt einem unter solchen Umständen je wieder etwas ein? Selbstverständlich, vor ein paar Sekunden ist ihm eine neue Melodie eingefallen: Sein Tenor hat dem Perückenmacher eine Ohrfeige gegeben, das war der Moment, in dem den jungen Mann die Inspiration erfüllte …
Die erwähnte berühmte Künstlerin samt Impresario und Kollegen bereitet sich auf ihren Auftritt kaum vor, Routine, pure Routine ist so was für sie.
Glauben sie, denn einen Augenblick später ist alles anders. Der Haushofmeister erscheint und hat neue Anweisungen: Die

„Theater auf dem Theater", Opernvorbereitungen hinter der Bühne – Strauss erklärte immer, das sei langweilig, und komponierte es mit allergrößtem Vergnügen. Und der „Komponist" wurde eine Partie, um die sich die wichtigsten Sängerinnen unserer Zeit bemühen – von der Baltsa über die Meier. Und die viele unvergessene Interpretinnen hat – von der Seefried über die Jurinac bis zur Ludwig. Der Musiklehrer ist, alle mögen es verzeihen, ein für allemal Paul Schöffler und niemand sonst. Oder doch auch Walter Berry?

Der Haushofmeister ist die schönste aller Sprechrollen auf der Opernbühne. Große Schauspieler haben sie angenommen. Und jetzt „macht" ihn der Otto Schenk an der Metropolitan Opera in New York.

tragische Oper und das heitere Nachspiel sollen gleichzeitig aufgeführt werden. Die Geschichte von der dem Tod entgegensehenden Ariadne auf ihrer Insel soll durch Zerbinetta und ihre vier Liebhaber etwas amüsanter gestaltet werden.

Das ist, wenigstens für einen Augenblick, der Todesstoß für den jungen Komponisten. Nie wird er sein Werk einer derartigen Verhöhnung preisgeben. Oder doch? Der Impresario und der weltweise Lehrer des jungen Mannes meinen, er solle seine erste Gelegenheit, sein Werk zu sehen, nicht leichtsinnig aufs Spiel setzen. Ein wenig streichen – und die Komödianten werden schon diskret auftreten.

Immer noch ist es nicht so weit, dass „Ariadne auf Naxos" gegeben werden kann, denn die berühmte Künstlerin erklärt ihren Kollegen rasch die Handlung. Eine sitzen gelassene Prinzessin wartet auf ihren nächsten Liebhaber …

Nein, schreit der Komponist. Sie wartet auf den Tod. Nur den sehnt sie herbei, und dass ein Halbgott erscheint, Bacchus, und sie sich in seine Arme stürzt – das ist Todessehnsucht und nicht Liebe.

Was ist Liebe? Die genialische Künstlerin fragt das, ist plötzlich ein sehr unschuldiges Geschöpf und vor allem eine junge Frau, die dem Komponisten den Kopf verdreht. Könnte er nicht denken, dass sie und er Gefühle haben, die man auch Liebe nennt?

Im Handumdrehen ist der junge Mann verwandelt. Wie seine Ariadne.

Und wie ihm das geschehen ist und was ihm noch bevorsteht, das macht ihm große Angst. Denn plötzlich soll der Vorhang über seiner Oper aufgehen, und er ahnt, dass man sie ihm weggenommen hat. Weg in die rauhe Wirklichkeit des Theaters.

Ariadne ist, was ein junger Musiker aus ihr gemacht hat. Das von Theseus verlassene Geschöpf auf einer einsamen Insel. Drei Dienerinnen warten in der Ferne. Auch ihnen bleibt nichts zu tun als den Schmerz und die Todessehnsucht ihrer Herrin anzusehen.

Zerbinetta ist, was sie immer war. Ist das reizende und ganz und gar irdische Gegenstück einer Prinzessin. Keine Spur von Todessehnsucht, da sind immer genug Männer, die sich um sie bemühen.

Ständchen und unterhaltsame Spiele helfen auch auf Naxos nicht. Ariadne ist einerseits eine Prinzessin und andererseits eine Kammersängerin. Als Zerbinetta beginnt, ihr darzustel-

---

Zerbinetta muss erstens eine Persönlichkeit sein, zweitens Koloratur singen können und drittens ein paar wirklich gestochen hohe Töne haben. Ich verweigere Namen von idealen Interpretinnen.

Ariadne mit einer großen Arie (und dem Schlussduett) wird immer gern gesungen. Seltsamerweise auch von Amerikanerinnen.

In der großen Zerbinetta-Arie ist ein „Knick", bei dem unbelastetes Publikum zu klatschen beginnen könnte. Aber: Das ist bisher nur bei Festspielen vorgekommen.

len, was jede Frau bewegt, kann sie nicht reagieren. Sie geht von der Bühne. Improvisierte Arien sind nicht ihre Sache. Zerbinetta aber hat diese auf Lager. Ginge es nach ihr, sie würde allein und mit ihrem Personal den weiteren Abend bestreiten.
Aber Bacchus kündigt sich an. Ein Heldentenor auf einem Schiff.
Da muss sich Zerbinetta zurückziehen und Ariadne zu ihrer großen Szene verhelfen. Die ist wenigstens Opernliebhabern leicht verständlich. Denn sie beruht auf einem kleinen Irrtum. Ariadne sieht in Bacchus den Todesboten, der sie hinüberleiten will ins Reich des Vergessens. Der junge Halbgott aber, der eben erst Circe entkommen ist, sieht eine wunderbare junge Frau vor sich, die sich ihm unschuldig darbietet.
Die beiden sinken also einander in größter, wenn auch verschiedenartiger Leidenschaft in die Arme und gehen ihrem Schicksal entgegen.
Zerbinetta kann nicht zulassen, dass das Publikum weinend das Theater verlässt. Sie muss noch einmal auf die Bühne. Ein neuer Gott? Wenn ein Tenor kommt, ist das ein neuer Gott? Ein neuer Liebhaber, würde sie eher sagen. Einverstanden?

Hugo von Hofmannsthal und Richard Strauss wollten sich bei Max Reinhardt bedanken – er hatte die Uraufführung des „Rosenkavalier" mit seinen Ratschlägen in letzter Minute gerettet. Also schrieben sie ihm Musik zu einer gekürzten Fassung des „Bürger als Edelmann" von Molière und den kleinen Einakter „Ariadne auf Naxos". Zusammen ein Misserfolg. Bis Hofmannsthal das „Vorspiel auf dem Theater" schrieb und Richard Strauss zum ersten Mal seiner heimlichen Leidenschaft frönen konnte. Er parodierte sich und die Entstehung eines Meisterwerks.

Die Dienerinnen der Ariadne unterstreichen die „Stimmung" beim Auftritt des Bacchus.

Da versteht kein Opernbesucher mehr, was gesungen wird. Nur, dass sich zwei Persönlichkeiten in Liebe finden und miteinander hinaus auf das Meer fahren. Und das sehr kleine Orchester produziert plötzlich einen Klang wie ein sehr großes.

Die Frau ohne Schatten

Libretto: *Hugo von Hofmannsthal*
Uraufführung: *10. 10. 1919 in Wien*
Personen/Stimmen: *Der Kaiser (Tenor) – Die Kaiserin (Sopran) – Die Amme (Mezzosopran) – Geisterbote (Bariton) – Die Stimme des Falken (Sopran) – Barak der Färber (Bariton) – Sein Weib (Sopran) – Der Einäugige Bruder des Färbers (Bass) – Der Einarmige Bruder des Färbers (Bass) – Der Bucklige Bru-*

der des Färbers (Tenor) – *Stimme eines Jünglings* (Tenor) – Hüter der Tempelschwelle (Sopran) – *Stimme von oben* (Alt)

Strauss erklärte einmal dezidiert, man müsse das Riesenorchester dieser Oper so dirigieren, dass alle Sänger mit ihren Texten auch zu verstehen sind. Ich habe „Die Frau ohne Schatten" in Bayeuth noch nicht gehört, aber in jedem Opernhaus der Welt Musikfreunde gefunden, die den Text nicht verstanden. Nicht einmal, wenn Karl Böhm dirigierte ...

In Klosterneuburg bei Wien feiert man jedes Jahr ein Fest für einen Landesfürsten, der zum Heiligen wurde. Er hat eine Frau gerettet, die im Geweih eines Hirschen lag ... Das ist eine Geschichte.

Und eine andere: In einem fernen Land hat ein Kaiser eine weiße Gazelle erlegt, und die war eine Fee. Mag sein, dass sie ganz ausdrücklich „erlegt" werden wollte. Sie liebt den Kaiser, sie schläft mit ihm. Aber: Sie kann ihm keine Kinder schenken. Und ihr Vater hat einen Schwur geleistet. Seine Tochter kann dem Kaiser keine Kinder schenken, der Kaiser wird zu Stein werden. Da müsste sich der ganze Kosmos ändern, sollte sich daran etwas ändern.

Eine Amme ist bei der Kaiserin geblieben. Sie ist eine vom Vater gesandte Dienerin, eine Zeugin also. Zugleich ist sie eine verführte Verführerin, denn sie will der Kaiserin helfen. Sie will ihr helfen, doch noch schwanger zu werden von ihrem zu geliebten Kaiser. Oder will sie das nicht?

Wir wissen es nicht genau. Wir wissen nur, dass Amme und Kaiserin zu den gewöhnlichen Menschen fliegen – in unsere Welt, in der man sich müht und in der es auch Sorgen gibt.

Barak, der Färber, hat eine seltsame Frau. Sie ist anders als seine Brüder, anders als er. Sie will vor allem keine Kinder. Keine von dem einfachen, arbeitsamen Barak. Warum? Wir wissen es nicht ganz genau. Wahrscheinlich fühlt sie sich zu mehr berufen, als nur dazu, kleine Baraks in die Welt zu setzen.

Die verschwörerische Amme wird zur verführerischen Amme. Die Färberin soll ihren Schatten, Sinnbild ihrer Fruchtbarkeit, gegen alle erdenklichen Schätze und die Liebe eines herrlichen Jünglings tauschen. Tauschen mit der Kaiserin.

Das ist ein Vorschlag.

Die sozusagen erste „Kennmelodie" dieser Oper ist das Lied der Wächter, die den Bürgern der Stadt Liebe predigen.

Der Kaiser ist keine geliebte Partie, zu hoch und zu passiv, kann man aus ihm wenig machen als ein Tenor.

Käme Barak nicht heim, sein Weib würde der Verführung rasch erliegen. So aber muss sie tun, was man von ihr verlangt. Kochen. Und reglos neben ihrem Mann liegen, der den Schlaf des Gerechten schläft. In dessen Haus man die Wächter der Stadt singen hört, die Liebe und eheliche Treue preisen.

Der Spuk ist nicht zu Ende. Die Frau Baraks sieht den Jüngling, der ihr gehören soll.

Der Kaiser sucht seine geliebte Frau und findet sie nicht. Aber

er ist bereits machtlos, er kann nicht einmal mehr seinen Arm heben.
Die Färberin ist nahe dran, den Tausch vorzunehmen. Im letzten Moment spürt sie, dass sie Unrecht tut, und weckt ihren Mann, der ihr helfen soll.
Die Kaiserin begreift, dass sie Anteil hat an einem Unrecht, das Barak angetan werden soll. Gleichzeitig weiß sie, dass sie ihren geliebten Kaiser verliert. Der wird zu Stein ...
Die Färberin bekennt. Sie hat ihre Fruchtbarkeit verkauft. Sie wirft keinen Schatten mehr. Barak will sie töten. Aber auch er kann die Hand nicht mehr heben. Ihm ist seine ganze Kraft abhanden gekommen ...
Keikobad, der Vater der Kaiserin, hat sich in das Schicksal aller eingemischt. Barak und seine Frau rufen einander in einem unterirdischen Kerker und finden sich nicht. Die Amme wird, weil sie nach eigenem Willen gehandelt hat, verstoßen.
Die Kaiserin sieht sich vor einer Quelle des Lebens. Trinkt sie aus ihr, gehört der Schatten der Färberin ihr. Und der bereits zu Stein gewordene Kaiser bleibt ihr Mann.
Aber die Kaiserin entscheidet anders. Sie will den Schatten nicht. Sie will das Unglück der Menschen nicht. Um keinen Preis. Um keinen Preis? Um keinen.
Da ist der Bann vorüber. Kaiser und Kaiserin, Färber und Färberin dürfen leben und einander lieben. Der eine, einzige Entschluss der Kaiserin hat es möglich gemacht. Sie werden Kinder haben.

Vor allem im zweiten Teil dieser Oper, in der die Szenen im Hause Baraks und in der Welt des Kaisers rasch wechseln, nimmt man gern Umstellungen vor. Man meint, das Märchen würde so logischer. Logischer? Ein Märchen?

Dieser „angerufene" Färber dagegen hat „Mir anvertraut" zu singen, und jeder Bariton will diese Partie.

Die verstoßene Amme, ein unglückliches Zwitterwesen, eindeutig ein Mezzo. Bleibt nichts bis zum Finale

Aus der großen Szene der Kaiserin vor der Quelle des Lebens entwickelt sich ein Finale für vier Stimmen – und wieder ist es, wie öfters bei Strauss, ein Schwelgen in Musik und nicht in verständlichen Worten. Aber vier große Stimmen verführen tatsächlich zum Schwelgen.

Arabella

Libretto: *Hugo von Hofmannsthal*
Uraufführung: *1. 7. 1933 in Dresden*
Personen/Stimmen: *Graf Waldner Rittmeister a. D. (Bass) – Adelaide seine Frau (Mezzosopran) – Arabella deren ältere Tochter (Sopran) – Zdenka deren jüngere Tochter (Sopran) – Mandryka reicher Gutsbesitzer aus der Walachei (Bariton) – Matteo Jägeroffizier (Tenor) – Graf Elemer Verehrer Arabellas (Tenor) – Graf Dominik Verehrer Arabellas (Bariton) – Graf*

Lamoral Verehrer Arabellas (Bass) – *Die Fiakermilli* (Koloratursopran) – *Eine Kartenaufschlägerin* (Mezzosopran oder Sopran)

Ich gebe gleich einmal zu, dass die schönere Erfindung eine Erzählung ist, in der das Herzeleid eines jungen Mädchens beschrieben wird. Aber man kann nichts machen, dem Komponisten hat an der Erzählung etwas anderes gefallen als mir und seinem Librettisten, und darum ist die junge Baronesse Zdenka Waldner nicht der Mittelpunkt allen Geschehens, sondern ihre schöne Schwester Arabella. Auch sie eine Baronesse, auch sie arm – wie ihre Eltern.

<small>Arabellas Wunsch „Aber der Richtige …" ist ein wunderbarer Einfall. Zdenka dürfte so was gar nicht singen.</small>

Arm? Rittmeister Graf Waldner konnte sich nicht einmal mehr leisten, zwei Töchter standesgemäß zu erhalten. Er lebte in einem wenig eleganten Wiener Hotel, ließ anschreiben, versuchte es mit Kartenspiel …
Und aus der Schwester der schönen Arabella hatte die Familie einen Knaben Zdenko gemacht, denn Buben kosten weniger, man muss ihnen keine großen Toiletten kaufen.

<small>Mandrykas „Teschek, bedien' Dich" ist sozusagen die Kenn-Melodie des Richtigen.</small>

Um Arabella werben immerhin viele junge Männer. Aber nicht ernsthaft genug. Nicht einmal Matteo, der ja Liebesbriefe der Arabella besitzt – er weiß nicht, dass sie von Zdenka geschrieben sind.
Um Arabella wirbt, was sie nicht weiß, plötzlich auch ein wahrlich reicher Mann. Er ist Großgrundbesitzer, heißt Mandryka und ist der Neffe eines verstorbenen Regimentskameraden des Rittmeister Waldner. Er hat einen Brief Waldners an seinen Onkel geöffnet, das Bild Arabellas gesehen und ist seither nur noch von Gedanken an dieses Mädchen erfüllt.

<small>Ein zauberhaftes Duett der Schwestern hilft: Da kommt auch Zdenka zu ihrem Recht.</small>

Von seinen Besitzungen ist er nach Wien aufgebrochen, hält um die Hand Arabellas an und erhält sie sofort zugesagt – dem Vater war die geöffnete Brieftasche wie ein Rettungsanker. Und dass Arabella selbst den Fremden längst vom Fenster beobachtet hat und ihn als den Mann erkennt, der der einzig richtige für sie ist – also wer sollte das glauben?

<small>Die Fiakermilli auf dem Ball ist eine historisch korrekte Person, auch was sie singt, hat man so gesungen. Und darum kommt es einem auch immer übertrieben vor.</small>

Auf einem Fiakerball in Wien, es ist eine dieser Veranstaltungen, bei denen sich auch die noble Gesellschaft zwanglos geben kann, sollen sich Arabella und Mandryka kennen lernen. Wie immer man das anderswo nennt, in Wien heißt man es Liebe auf den ersten Blick, und Arabella bittet Mandryka nur, er möge sie noch Abschied nehmen lassen von allen den Freunden der Jugendzeit. Einen Ballabend lang, dann wird sie niemandem anderen gehören als ihm.

Und Arabella nimmt, lieb und entschieden, von ihren Verehrern Abschied. Sie weiß genau, zu wem sie gehört. Das hilft in solchen Momenten.

Matteo aber hat von Zdenko einen Brief erhalten, in diesem ist ein Schlüssel, und er weiß ganz genau, dass Arabella ihn damit noch heute in ihr Zimmer lässt.

Auch auf einem Fiakerball lässt sich nichts verheimlichen. Mandryka sieht den Brief, den Schlüssel, versteht die Welt nicht mehr, will weg aus der verdorbenen Stadt.

Matteo war im Zimmer Arabellas und wurde glücklich gemacht. Kann man verstehen, wie fassungslos er ist, als er auf der Stiege des Hotels Arabella sieht, die mit ihren Eltern vom Ball heimkommt?

Arabella wiederum begreift nicht, welche Ansprüche Matteo plötzlich erhebt, sie gehört doch längst Mandryka?

Auch spät in der Nacht können die Herren einander böse in die Augen sehen und von einem Duell sprechen. Auch spät in der Nacht wäre es möglich, dass aus einem Missverständnis heraus eine große Liebe stirbt.

Aber da kommt Zdenko, nein, Zdenka aus dem Zimmer, und Matteo und alle anderen begreifen, was sich wirklich abgespielt hat. Die Schwester wollte Matteo nicht unglücklich sein lassen, wollte selbst glücklich sein ...

Glück über Glück. Mandryka bittet namens seines ganz neuen Freundes Matteo den Baron Waldner um die Hand seiner jüngeren Tochter. Und Arabella erinnert sich daran, dass ihr Mandryka von einem Brauch seiner Heimat erzählt hat. In einem Wiener Hotel gibt's keinen Brunnen, von dem eine Verlobte ein Glas Wasser für ihren Verlobten holen könnte. Aber ein Glas Wasser gibt es. Und Mandryka nimmt es, noch immer verzaubert, auf der Hoteltreppe. Als wäre er schon wieder daheim. Bald wird er es auch sein. Mit seiner Arabella.

Trotz der vielen handelnden Personen: Der letzte Akt, gar nicht so kurz, konzentriert sich doch auf das Liebespaar. Und wenn in „Arabella" Walzer erklingen, dann spürt man die viel weniger als im „Rosenkavalier", wo sie nicht hingehören.

„Lucidor" hieß die Erzählung Hugo von Hofmannsthals, aus der die letzte Oper entstand, die Strauss gemeinsam mit ihm erfand. Und die Walzer, die vorkommen, sind korrekt. Denn die Geschichte spielt um 1860 und in Wien. Merkwürdig nur – dem Opernfreund bleibt aus „Arabella" kein einziger Walzer in Erinnerung. Er pfeift nur den aus dem „Rosenkavalier". Und der wiederum ist von Joseph Strauß.

Die schweigsame Frau

Libretto: *Stefan Zweig*
Uraufführung: *24. 6. 1935 in Dresden*
Personen/Stimmen: *Sir Morosus* (Bass) – *Seine Haushälterin* (Alt) – *Der Barbier Schneidebart* (Bariton) – *Henry Morosus* (Tenor) – *Aminta* seine Gattin (Sopran) – *Isotta* (Sopran) – *Carlotta* (Mezzosopran) – *Morbio* (Bariton) – *Vanuzzi* (Bass) – *Farfallo* (Bass)

Als England noch eine Weltmacht war, die Meere beherrschte und man das gesegnete Jahr 1780 schrieb, konnte ein Kapitän sich als reicher Mann zurückziehen. Sir Morosus zum Beipiel, der als unumschränkter Herr über sein Schiff auch große Beute gemacht hatte, war mehr als eine Respektsperson, als er in der Nähe von London für immer an Land ging.

Freilich, er war zugleich ein armer alter Mann, denn er war am Ende seiner Laufbahn mit der Pulverkammer seines Schiffes beinahe in die Luft geflogen, seine Trommelfelle waren ein für allemal dahin. Wenn einer Lärm nicht vertragen konnte, dann er.

Da kann man schon unleidlich werden und ein Griesgram, den nur zwei Menschen aushalten – die ältliche Haushälterin und der junge, quicke Barbier, der jeden Tag kommt, um den Kapitän zu rasieren. Und die beiden halten einander auch aus, denn immerhin darf die Haushälterin einmal am Tag nach Herzenslust reden. In Gegenwart ihres Herrn ist auch sie zur absoluten Ruhe gezwungen ...

Der Barbier „Meister Schneidebart" hat viel zu sprechen in dieser Oper. Ob der alte Komponist endlich wollte, dass man seine Opern versteht?

Der Barbier aber hat seine eigenen Ideen, wie man einem alten Herrn mit zu viel Geld noch Freude bereiten könnte. Wenn er eine junge, schweigsame Frau heiratete, das wäre was.

Sir Morosus ist schwierig, aber nicht dumm. Wie sollte ihn noch eine Frau nehmen?

Der Barbier ist weltklug und weiß, einen Mann in der Position eines in Ehren entlassenen reichen Kapitäns nähme so gut wie jede Frau.

Aber das Thema erledigt sich. Denn vor der Türe ist Lärm, und die Ursache des Lärms ist zuerst nur Henry, der Neffe des Kapitäns. Dann aber auch eine ganze verlotterte Schauspielertruppe. Henry hat nämlich seine Studien aufgegeben, hat eine reizende kleine italienische Sängerin geheiratet und ist zur Zeit als der Neffe des reichen Mannes derjenige, der den naturgemäß sehr lauten Italienern lieb und wert ist.

Man denke, Henry ist kein braver Student, kein ordentlicher Soldat, sondern ein mittelmäßiger Sänger. Von Berufs wegen laut. Sir Morosus enterbt ihn auf der Stelle und rauscht ab in sein Schlafzimmer. Er will Ruhe im Haus haben, bevor er wieder herunterkommt.

Und noch etwas: Der Barbier soll losziehen und ihm eine schweigsame Frau suchen, wenn es wirklich so etwas gibt.

Da stehen sie alle und wissen nicht, was geschehen ist. Gäbe es nicht den Barbier – es wäre alles aus und vorbei.

Aber dem fällt selbstverständlich etwas ein. Er selbst hat einen höchst schwierigen Auftrag erhalten und wird so leicht keine schweigsame Frau finden. Gleichzeitig aber wäre es doch schade, das Erbe des Sir Morosus zu verschleudern und nicht an den Neffen kommen zu lassen …

Und aus dem Einfall des Barbiers wird eine Maskerade ohnegleichen.

Sir Morosus werden Anwärterinnen vorgeführt – die Sängerinnen des Ensembles stellen der Reihe nach chancenlose Bräute dar, Aminta aber – die Frau des Neffen – wird als scheue Timida vorgeführt und bezaubert Sir Morosus über alle Maßen. Die Herren des Ensembles kommen als Pfarrer und Notar wieder, und die Hochzeit wird vollzogen.

> Eine italienischen Opern nachempfundene Ensembleszene: Strauss hat seinem Librettisten ausdrücklich Vorbiilder genannt, und Zweig hat die alle gelesen und verstanden.

Kaum aber ist Timida Herrin im Haus, verwandelt sie sich in die lauteste, unausstehlichste Frau, die man sich nur vorstellen kann. Sie hält weder etwas von Ruhe noch von dem alten Kram, der im Haus ist. Sie will Leben und Gesellschaft um sich haben. Laut und fröhlich wird es zugehen …

> Wenn aus Timida plötzlich eine laute Megäre wird, hat sie auch ihre übergroße Szene.

Sir Morosus sieht sich schon für immer um seine Ruhe gebracht, da tritt endlich das letzte Mitglied der Truppe auf. Der Neffe Henry als rettender Engel. Er verspricht, die tobende Timida zu bändigen, damit sein Onkel schlafen kann. Er kann es. Mit dem gebrummten Dankessegen des Sir Morosus sorgt er, dass Timida in seinen Armen Ruhe gibt.

> Was für ein musikalischer Einfall: Auf der Bühne singen Sopran und Tenor ihre Liebe, und hinter der Bühne bittet der Bass um nichts als ungestörten „Schlaf".

Am nächsten Tag aber scheint die Hölle für den Lärmgeplagten erneut loszubrechen. Instrumente werden gebracht, Tapezierer kommen, die Ehefrau scheint unaufhaltsam das Regiment zu übernehmen.

Bis die vorher als Pfarrer und Notar aufgetretenen Freunde Henrys wieder erscheinen, diesmal als Richter, die entscheiden sollen, ob es Gründe gibt, die Ehe für ungültig erklären zu lassen.

Es gibt so gut wie keine Gründe, nicht einmal der als vermeintlicher Liebhaber der vermeintlich scheuen Timida auftretende Henry wird als Scheidungsgrund anerkannt – Sir Morosus wurde nicht getäuscht, niemand hat ihm im Vorhinein erklärt, er heirate eine Jungfrau.

Der Zusammenbruch des alten Kapitäns ist unaufhaltsam. Oder doch nicht? Henry gibt das Zeichen, alle die handelnden Personen nehmen ihre Perücken ab, legen ihre Verkleidungen weg und sind wieder, was sie waren.

Sir Morosus war nie verheiratet. Nur gefoppt. Und?

Er bricht vor Lachen zusammen, begreift, wie übel man ihm mitgespielt hat. Zugleich aber, wie dumm er selbst war. Und er verzeiht aus vollem Herzen.

Völlig unvermutet ist er glücklich. Er hat seinen geliebten Neffen. Der hat eine geliebte junge Frau. Und die ist in Wahrheit gar keine keifende, laute Frau, jedenfalls auch nicht die Frau des Sir Morosus.

Es hätte auch ganz anders ausgehen können, geht aber ganz genau so aus wie im Märchen. Die Jugend darf sich lieben. Sir Morosus darf zusehen und sich am Glück der Jungen freuen.

> Wieder ein Finale nach alten Vorbildern: Wie im „Don Pasquale" oder im „Barbier" steht alles auf des Messers Schneide. Und der „Alte" begreift und verzeiht – und alles, alles ist gut.

Diese Oper hat auf ihre Art auch Weltgeschichte gemacht: Stefan Zweig, der das Libretto für den Komponisten schrieb, war als Jude längst verboten, als man in Dresden die Uraufführung ansetzte. Strauss bestand darauf, den Mitautor auf dem Programm zu nennen, und schrieb einen für ihn verhängnisvollen Brief – er werde sich nicht von einem Regime vorschreiben lassen, mit wem er zusammenarbeite. Der Brief wurde geöffnet, Strauss musste seine offiziellen Ämter niederlegen. Aber: Nach dem Ende des Nationalsozialismus half ihm das wenig. Er war ja „trotzdem" in Nazideutschland geblieben. Eine Geschichte, die fünfzig Jahre nach dem Tod des Komponisten noch lange nicht zu Ende ist.

Daphne

Libretto: *Joseph Gregor*
Uraufführung: *15. 10. 1938 in Dresden*
Personen/Stimmen: *Apollo* (Tenor) – *Peneios* (Bass) – *Gaea* (Alt) – *Daphne* (Sopran) – *Leukippos* (Tenor) – *Vier Schäfer* (Tenor, Bariton, zwei Bässe) – *Zwei Mägde* (Sopran, Alt)

Ein wenig griechische Geschichte? Wer war Apollo? Wen verwandelte er weshalb in einen Lorbeerbaum?
So kann man nicht erzählen, denn auf die Frage, wer Daphne war, müsste man antworten, sie sei die Tochter des Gottes Peneios und der Gaea. Sie wurde von ihrer eigenen Mutter zum Schutz vor Apoll in einen Lorbeerbaum verwandelt.
Das aber ist nicht die Geschichte, die uns vorgeführt wird – und niemand ist zu schelten, denn die Sagen des Altertums sind uns oft und auf vielerlei Art überliefert, und immer ergeben sie einen leicht veränderten Sinn.
In unserer Überlieferung ist Daphne die Tochter des Fischers Peneios, ein reines, keusches Mädchen. Leukippos, ein Hirt, umwirbt sie und wird von ihr abgewiesen – Daphne kann sich nicht vorstellen, was Leukippos sehr deutlich von ihr verlangt.
In unserer knappen Darstellung ist Apoll ein als Hirt verkleideter junger Mann, der gleichfalls Daphne begehrt – ihm gelingt beinahe, was seinem Nebenbuhler verwehrt bleibt, die weiter unschuldige Daphne spürt, dass sie ein junger Gott anbetet. Das macht sie verwundbar. Beinahe verwundbar.
In unserer Erzählung trifft der verkleidete Gott auf seinen in Frauenkleidern tanzenden Nebenbuhler – man feiert, trinkt und tanzt, und Apoll trumpft auf als Gott und tötet Leukippos. Daphne begreift in diesem Augenblick, dass sie ihren Jugendgespielen geliebt und getötet hat. Und sei es auch nur durch ihre Weigerung, einem Gott anzugehören.
In unserem Märchen läutert sich Apoll selbst. Er bittet Zeus, Daphne in einen Lorbeerbaum zu verwandeln. Den er fortan lieben kann, ohne noch einmal schuldig zu werden. In der Abenddämmerung verwandelt sich Daphne vor unser aller Augen in einen Baum. Und singt, dass wir vor Glück die staunenden Augen schließen.

Eine einzige Bemerkung: Die „Verwandlung" wurde über Jahrzehnte mit immer neuen technischen Bühnenmitteln vollzogen. Heute ist man vor allem daran interessiert, das Opernpublikum auf die Entstehungszeit (das „Dritte Reich") aufmerksam zu machen und zeigt zu dieser Szene die abenteuerlichsten Regieeinfälle.

Es ist Mode geworden, einerseits die wunderbare Musik der „Daphne" wieder aufzuführen und andererseits auf die eine oder andere Art daran zu erinnern, dass sich der Komponist mit dieser Oper aus seiner eigenen Gegenwart (1937) wegschreiben wollte. Gegen diese heute so oft betriebene Vergangenheitsbewältigung ist wenig zu sagen. Der schlimmen Vergangenheit wegen und weil man sich als Musikliebhaber nicht sagen lassen will, man verschließe die Augen vor dem Leid, das im zwanzigsten Jahrhundert über die Menschheit gekommen ist. Darum nimmt man alle „Deutungen" der Oper hin, wenn sie nur gut gesungen und musiziert wird.

Capriccio

Libretto: *Clemens Krauss und Richard Strauss*
Uraufführung: *28. 10. 1942 in München*
Personen/Stimmen: *Die Gräfin Madeleine* (Sopran) – *Der Graf* ihr Bruder (Bariton) – *Flamand* ein Musiker (Tenor) – *Olivier* ein Dichter (Bariton) – *La Roche* der Theaterdirektor (Bass) – *Die Schauspielerin Clairon* (Alt) – *Monsieur Taupe*, der Souffleur (Tenor) – *Eine italienische Sängerin* (Sopran) – *Ein italienischer Tenor* (Tenor) – *Eine junge Tänzerin* (Tanzrolle) – *Der Haushofmeister* (Bass) – *Acht Diener* (vier Tenöre, vier Bässe) – *Drei Musiker* (Violine, Cello, Cembalo)

Dass auf der Bühne zu einer Kammermusik der Theaterdiektor selig schlummert – das ist nur der erste geniale Einfall, den ein Komponist und ein Dirigent in ihrer Zusammenarbeit haben können.

Einmal mehr mache ich darauf aufmerksam: Die Handlung spielt, das haben sich der Librettist und der Komponist sehr genau ausgedacht, auf einem Schloss unweit von Paris zu der Zeit, da eine Art Umbruch auf dem Gebiet der Oper zu bemerken war. Nicht irgendwann, schon gar nicht 1942, sondern zur Zeit von Christoph Willibald Gluck.
Ein heiterer Graf und seine Schwester sind, was man anno dazumal müßig nannte. Ihre Unterhaltung suchen sie auf angemessene Weise. Der Graf mit einer verzeihlichen Leidenschaft für das Theater und seine hübschesten Darstellerinnen, die Gräfin im Umgang mit einem jungen Dichter und einem jungen Komponisten, die sie anbeten dürfen.
Der Geburtstag der Gräfin steht bevor, man hat sich auf dem Schloss versammelt, um Vorbereitungen zu besprechen: Es wird musiziert, was einen altmodisch praktischen Theaterdirektor nahezu einschlafen lässt. Dichter und Musiker ereifern sich nicht nur darüber, sondern vor allem über die Frage, ob Dichtkunst oder Musik „höher" zu schätzen wäre. Man sieht, die Sorgen des Lebens sind in diesen Kreisen kein Thema.
Immerhin, auch weniger wichtige Sorgen können amüsant sein. Der junge Dichter hat ein Sonett geschrieben, es handelt von seiner Liebe. Zu seinem Entsetzen aber nimmt der junge Komponist ihm dieses Blatt weg und vertont das Sonett – er setzt seine Liebe in Töne.

Über der Frage, was denn im Saal nebenan als Festspiel anlässlich des bevorstehenden Geburtstags der Gräfin geprobt wird, und in einer kleinen Pause, die man sich während der Probe gönnt, haben der Theaterdirektor und der Graf ihre speziellen Ansichten zu sagen. Der Direktor bleibt, was er ist. Ein Mann des Theaters, der nichts gegen ein gutes Libretto hat und überhaupt nichts gegen anregende Musik. Vor allem aber der Mann, der Text und Musik als Hilfe für seine theatralische Kunst sieht. Erst wenn er ihnen die Bühne und ihre Illusionskunst leiht, erwachen sie und lassen das Publikum lachen und weinen und applaudieren – Amen.

Abseits der Auseinandersetzung von Dichter und Komponist: die große Szene des Theaterdirektors, der für sein Publikum vor allem Handlung und Unterhaltung fordert, und das sehr konservativ, ist ein Kabinettstück und wird immer mit Szenenbeifall belohnt.

Der Graf meint, das Einfachste wäre doch, eine Oper gleich einmal über diesen Nachmittag zu schreiben. Er trifft – und weiß genau, dass er trifft – damit seine Schwester und ihre immer noch nicht erhörten Liebhaber. Dichter und Musiker, beide haben um ein Rendezvous am nächsten Tag gebeten und wollen endlich ihre Liebe offenbaren. Der Graf, der sich mit der zur Probe gekommenen Schauspielerin zu trösten wissen wird, findet es charmant, seine Schwester aus der Reserve zu locken und vielleicht eine Entscheidung herbeizuführen. Ihm wäre es gleich – Dichter oder Musiker, je nach Gusto.

Die Gräfin aber kann sich nicht entscheiden, man begreift es, als zuletzt beide möglichen Liebhaber für nächsten Mittag in die Bibliothek bestellt werden. Sollen sie sich da duellieren? Und das ist schon die ganze Geschichte, in der man keineswegs viel mehr als ein wenig Konversation vermuten darf.

Wären da nicht noch die Herren Diener, die selbstverständlich diesen Nachmittag auch erlebt und nicht begriffen haben, was die Herrschaften so animiert diskutierten. Wäre da nicht der Souffleur, den man auf der Probe vergessen hat. Er kommt nach einem gesunden Schlaf aus seinem Kasten und erklärt, was das Theater wirklich ist – nämlich seine Schöpfung, denn ohne ihn gibt's keine einzige funktionierende Szene.

Eine Szene, völlig unwesentlich für die Handlung, aber ich liebe sie: Der vergessene Souffleur erzählt, welche Funktion er in einer Oper hat. Wenn er einschläft, entsteht das Chaos!

Hat er vielleicht als einziger Recht?
Die Gräfin, allein im Mondschein, weiß jedenfalls durchaus nicht, was sie will. Wie gut es ihr doch geht ...

Die Gräfin allein, ein wunderbares Bild und eine wundersam erfundene Musik.

IGOR STRAWINSKY

* 5. (17.) 6. 18882 in Oranienbaum/St. Petersburg, † 6. 4. 1971 in New York

L'histoire du soldat / Die Geschichte vom Soldaten

Libretto: *Charles Ferdinand Ramuz*
Uraufführung: *28. 9. 1918 in Lausanne*
Personen/Stimmen: *Der Vorleser* (Sprechrolle) – *Der Soldat* (Sprechrolle) – *Der Teufel* (Sprech- und Tanzrolle) – *Die Prinzessin* (Tanzrolle)

Man erzählt diese sehr einfache Geschichte immer ein wenig anders, wie man das mit Märchen schon so tut. Im Grunde aber bleibt es immer eine sehr einfache und sehr moralische Geschichte. Die vom Soldaten, der aus einem Krieg heimwärts wandert, dem Teufel begegnet und mit diesem einen Handel eingeht: Er tauscht seine Geige gegen ein Buch, das er zwar nicht versteht, dessen Handhabung ihm aber der Teufel beibringen will. Wer genauer lesen kann, der hat in diesem Buch die Kurse an den Börsen – im voraus – parat und ist ein gemachter Mann.

In nur drei Tagen soll der Soldat dem Teufel zum Dank dafür das Geigenspiel beibringen. Aber drei Tage, das sind in Teufelszeit drei Jahre – als der Soldat endlich heimkommt, kennen ihn die Menschen im Dorf nicht mehr, und seine Geliebte ist längst verheiratet. Was bleibt dem Burschen also? Sein Buch, sein Wissen, unendlich viel Geld, das er damit machen kann.

Mit unendlich viel Geld aber bleibt man so einsam wie ein Soldat, der zu spät heimkehrt. Der schlimme Handel ist trotzdem nicht mehr rückgängig zu machen, der Soldat kann seine Geige nicht mehr spielen und will das unheimliche Buch nicht mehr haben. So weit ist es mit ihm gekommen.

Immerhin kann der Soldat noch wandern. Bis er von einer kranken Prinzessin erfährt, die auf Heilung wartet: Ein Geigenvirtuose versucht's, ihm gelingt es aber nicht. Schließlich ist er der Teufel und beherrscht das Instrument noch immer

nicht. Der Soldat aber kann spielen. Er heilt die Prinzessin und will mit ihr nichts wie heim. Den Teufel fürchtet er nicht mehr, er geigt ihm so heftig auf, dass der erschöpft zu Boden geht.
Wäre ja eine herrliche Geschichte mit einem wunderbaren Ausgang. Nur: Einem Teufel entgeht man nicht. Der wartet auf den Soldaten, kann plötzlich doch auch Geige spielen und treibt ihn vor sich her. Geradewegs in die Hölle.

Nach dem Ersten Weltkrieg bastelte Igor Strawinsky ein einfaches Stück für zwei Schauspieler, eine Tänzerin und ein sehr kleines Instrumental-Ensemble. Er wollte es kurz und verständlich „überall" aufführen können. Seither ist bald ein Jahrhundert vergangen. Verständlich, dass man Strawinskys Musik immer noch nützt und manchmal „pur", oft aber auch mit vielen neuen Ideen garniert, auf die Bühne bringt. Der Komponist hätte nichts gegen diese Nutzung.

The Rake's Progress

Libretto: *Wystan Hugh Auden und Chester Kallman*
Uraufführung: *11. 9. 1951 in Venedig*
Personen/Stimmen: *Trulove* (Bass) – *Anne* seine Tochter (Sopran) – *Tom Rakewell* der „Wüstling" (Tenor) – *Nick Shadow* sein Diener (Bariton) – *Mother Goose* (Mezzosopran) – *Baba the Turk* (Mezzosopran) – *Sellem* Auktionator (Tenor) – *Ein Irrenhauswärter* (Bass)

Erste Voraussetzung, um diese Moritat vom Niedergang und der totalen Zerstörung eines unschuldigen jungen Engländers zu verstehen: Diesmal wird nicht einmal so getan, als werde eine einigermaßen mögliche Geschichte erzählt. Es wird uns einen Abend lang ausdrücklich mitgeteilt, dass wir vor einer Bühne sitzen, auf der uns einzelne Szenen vorgespielt werden.
Alle so gut wie unvorstellbar, denn immer hat der Teufel nicht seine Hand im Spiel, sondern ist gleichberechtigter Mitspieler und Bariton und hat so viele Arien und Duette wie alle anderen.
Der Teufel, wohlgemerkt. Er nennt sich Nick Shadow, ist aber alles andere als ein Schatten. Er ist ein realer Schurke, der sich als solcher zu erkennen gibt und nie anders handelt, als man

Viele kleine Szenen, viele „Anleihen" an Struktur und Melodie alter Opern, viel intellektueller Spaß. Strawinsky war im Grunde kein Opernkomponist, ließ sich aber umständehalber verführen, und sein bestes Stück in dieser Oper ist das Finale, von allen Mitwirkenden an der Rampe zu singen.

es von ihm erwartet. Schon das ist ungewöhnlich und soll uns daran erinnern, dass wir ausdrücklich keine Oper sehen.

Andererseits hören wir eine, denn alle Personen singen, ein wenig verbogen und dem zwanzigsten Jahrhundert angemessen, Oper. Wie es ihre Vorfahren auch getan haben. Nur glauben sie weder an den Teufel noch an die Oper. Sie finden nur die Form nett, stellen sich wie bei Rossini vor und unterhalten sich wie bei Mozart.

Und das ist die Geschichte, die wir erstaunt erleben. Tom Rakewell, jung und faul und trotzdem geliebt von der sehr blonden Anne Trulove, denkt nicht an Arbeit, sondern an Reichtum. Er dankt dem möglichen Schwiegervater, er hat für eine ehrsame Beschäftigung wenig Sinn. Richtiger und nobler scheint ihm, dass der Teufel selbst, Nick Shadow, ihm die Nachricht bringe, er habe ein Riesenvermögen geerbt, das er wohl am besten in London selbst ausgäbe. Shadow wird ihm dabei helfen und nach einem Jahr den Lohn dafür kassieren.

Wir müssen nicht denken, der Teufel sagt uns selbst, dass es der Teufel ist, der Niedergang des Tom Rakewell beginnt.

Im Freudenhaus von Mutter Goose ist die erste Station des jungen Burschen, er lernt schnell, was man von ihm verlangt. Er gibt Geld aus und vergnügt sich, während weit weg Anne Trulove sich nach ihm sehnt. Und beschließt, ihren Tom in London aufzusuchen.

Dem hat der Teufel inzwischen ein weiteres, ein etwas extravaganteres Vergnügen angeboten: Tom heiratet eine Jahrmarktattraktion, die Türkenbaba, eine Riesin mit Vollbart. Wer hat schon so etwas als Frau? Anne versteht es weniger als jeder andere, der dem Einzug des wilden Weibes zusieht. Was ist in Tom gefahren?

Unruhe, selbstverständlich. Und außerdem die Ahnung, dass absurde Vergnügen ja doch nicht alles sein können, was man mit Geld erkaufen kann. Der Teufel liest Toms Gedanken und schenkt ihm eine geniale Erfindung. Eine Maschine erzeugt aus Steinen Brot, richtiges Brot, wie es die Menschheit täglich verlangt. Tom, der die Erfindung finanziert, kann sich endlich nicht nur als immens reicher, sondern auch als wohltätiger Mensch fühlen.

Könnte sich so fühlen, würde die Maschine funktionieren. Die aber bäckt kein Brot, Tom Rakewell muss Habe und Haus versteigern lassen – und wiederum sind wir alle Zuseher. Samt der ungerührten Türkenbaba und der verzweifelten Anne, die den unaufhaltsamen Abstieg ihres Tom beweint.

Was bleibt? Auf einem Friedhof will der Teufel nach dem einen herrlichen Jahr seinen Lohn, die Seele des Tom Rakewell. Immerhin, er will um diese spielen, Tom muss nichts weiter als drei Karten erraten, dann ist er frei. Uns wird ganz mulmig, denn der Teufel sagt es uns: Mit diesem Kartentrick hat er noch jede Seele gefangen, die er haben wollte.

Die von Tom Rakewell aber fängt er nicht. Der tief gesunkene Bursch hört aus der Ferne die Stimme seiner Anne – und errät die drei Karten, die ihm der Teufel verdeckt hinhält. Die Liebe hat – beinahe – gesiegt, der Teufel muss selbst in das bereits geschaufelte Grab. Ihm bleibt nur noch ein Fluch für Tom.

Und dieser Fluch wirkt, Tom wird wahnsinnig, hält sich für Adonis selbst, sucht nach seiner Venus und bittet die Menschen rund um ihn im Irrenhaus, Hochzeitskleider anzulegen. Anne singt ihn in den Schlaf. Kaum ist sie gegangen, wacht Tom noch einmal auf, um angesichts der anderen Irren rund um sich zu sterben.

Und was lernen wir aus dieser Geschichte? Wenn wir noch nicht selbst draufgekommen sind, dann helfen uns die Herrschaften auf der Bühne. Sie sind zum Schluss nicht Anne, nicht Tom, nicht der Teufel, sondern das heitere Ensemble, das man engagiert hat. Wo Faule sind, da hat's der Teufel leicht, singen sie als Moral. Als ob man das nicht wüsste.

PETER I. TSCHAIKOWSKI

* 25. 4. (7. 5.) 1840 in Wotkinsk, † 25. 10. (6. 11.) 1893 in St. Petersburg

Eugen Onegin

Libretto: *Konstantin Schilowski nach Puschkin*
Uraufführung: *17. (29.) 3. 1879 in Moskau*
Personen/Stimmen: *Larina* Gutsbesitzerin (Mezzosopran) – *Tatjana* ihre ältere Tochter (Sopran) – *Olga* ihre jüngere Tochter (Mezzosopran) – *Filipjewna* Amme (Mezzosopran) – *Eugen Onegin* (Bariton) – *Wladimir Lenski* (Tenor) – *Fürst Gremin* (Bass) – *Ein Hauptmann* (Bass) – *Saretzki* (Bass) – *Triquet* Franzose (Tenor)

Wir alle kennen das, was man die russische Seele nennt. Oder was wir unter russischer Seele verstehen. Wir alle kennen die Bilder von russischen Gütern. Sie gehören gebildeten, reichen Menschen, die ihrer Dienerschaft eine gütige Herrschaft sind und die einander besuchen, um kleine Feste zu feiern und ihre kleinen Sorgen auszutauschen. Große haben sie nicht, denn sie sind reich und haben Verwandte in St. Petersburg.

> „Typisch russisch" sagt man bei uns und meint damit die langsam und ruhig erzählten ersten Szenen, in denen wir die Personen der Handlung alle scheinbar harmlos kennenlernen.

Das mag einmal wirklich so gewesen sein, wer weiß. Immerhin, unser Bild vom alten Russland ist es, und daran wird sich wenig ändern.

Larina, eine Gutsbesitzerin, hat zwei Töchter, verschieden wie Tag und Nacht. Die ältere heißt Olga und ist mit dem Nachbarn, dem jungen Gutsbesitzer Lenski, so gut wie verlobt. Die jüngere heißt Tatjana und von schwärmerischem Wesen.

Als eines Tages Lenski Besuch macht und einen neuen Nachbarn, den gut gewachsenen und offenbar gebildeten Eugen Onegin aus St. Petersburg, einführt, verliebt sich Tatjana Hals über Kopf in den jungen Mann.

> Ein Meisterwerk, selten so komponiert: Tatjana schreibt ihren großen Liebesbrief, eine Nacht vergeht darüber, und wir glauben, auch uns vergeht diese Nacht wie im Traum.

Sie verliebt sich dermaßen, dass sie nicht aus und ein weiß und eine Nacht damit zubringt, Onegin ihre Liebe in einem Brief zu gestehen. Ein schwärmerisches Wesen.

Freilich, am nächsten Tag macht Onegin einen Anstandsbesuch, überreicht Tatjana ihren Brief, faselt von ihren reinen Gefühlen und dass er dieser nicht Wert sei. Mit einem erstaunlichen Wort – er lehnt den Antrag des jungen Mädchens kalt ab.

> Die kleine „Einlage", eine Arie des Hausfreundes Triquet, nützt man, um verdienten älteren Tenören des Ensembles einen guten, sicheren Auftritt zu schenken.

Der Winter kommt, Bälle werden veranstaltet, um der Trostlosigkeit des russischen Winters zu entgehen. Bei Larina ist große Gesellschaft, man unterhält sich. Ein Franzose trägt ein für diesen Abend geschriebenes Gedicht vor. Onegin fadisiert sich – und tanzt aus purem Übermut so oft mit Olga, der Angebeteten seines Freundes Lenski, dass dieser rasend wird vor Eifersucht. Dermaßen rasend, dass er Onegin zum Duell fordert.

> Nicht die Arie des Lenski, das kurze Duett vor dem Duell, ist genial: Da wissen zwei Freunde, dass sie alles andere als ein Duell haben wollen und doch nichts mehr ändern können.

Das Duell zwischen zwei jungen Männern, die Freunde sind und durch nichts als Dummheit angestiftet, findet statt. Onegin erschießt Lenski.

Jahre danach trifft er in St. Petersburg auf einer Gesellschaft die Ehefrau des Fürsten Gremin. Tatjana, jetzt eine reife, hinreißend schöne Frau. Onegin verfällt ihr, jetzt also doch. Aber auf der Gesellschaft meint Tatjana nur kühl, sie erinnere sich flüchtig an ihn. Und später, als er seine Aufwartung macht und ihr erklärt, er sei ein Idiot gewesen, habe ihre Liebe nicht verstanden, jetzt aber seine Liebe zu ihr entdeckt – da ist es wieder einmal zu spät. Tatjana ist erwachsen geworden. Sie schenkt ihm die Andeutung, da gäbe es schon noch so ein Gefühl für ihn. Aber jetzt sei sie verheiratet und werde sich verabschieden. Zu spät.

Der immer noch gut aussehende, elegante, offenbar auch reiche Eugen Onegin hat sein Leben längst verloren. Er hat den Freund erschossen und vorher schon die mögliche große Liebe seines Lebens nicht rechtzeitig erkannt.

Selbstverständlich muss das Ballett – der Chor hat zu tanzen, niemand sonst – die Großzügigkeit zeigen, in der Tatjana jetzt lebt. Und die Arie des Fürsten Gremin muss uns allen klar machen, dass sie einen ihr würdigen Ehemann gefunden hat. Diese Arie ist die Pointe – Onegins Verzweiflung über sich selbst ergibt sich aus ihr.

Pique Dame

Libretto: *Modest Tschaikowski*
Uraufführung: *19. (31.) 12. 1890 in St. Petersburg*
Personen/Stimmen: *Hermann* (Tenor) – *Graf Tomski* (Bariton) – *Fürst Jeletzki* (Bariton) – *Tschekalinski* (Tenor) – *Surin* (Bass) – *Tschaplitzki* (Tenor) – *Narumov* (Bass) – *Gräfin* (Mezzosopran) – *Lisa* ihre Enkelin (Sopran) – *Polina* deren Freundin (Alt) – *Gouvernante* (Alt) – *Mascha* Dienerin (Sopran) – *Festordner* (Tenor)

Es hat eine Zeit gegeben, in der Spielleidenschaft – im großen Stil – ein Vorrecht der Reichen und der ihnen ebenbürtigen Offiziere war. Man ging ins Kasino und ließ die Karten sprechen ...
Hermann, ein Offizier, ist seinen Freunden verdächtig: Er trennt sich selten vom Spieltisch, hat aber noch nie eine Karte gezogen. Ihn fasziniert das Glück, er hat es aber noch nie versucht.
Hermann gesteht, dass er verliebt ist. Und muss sofort erfahren, dass die unbekannte Angebetete Lisa, die Verlobte des Fürsten Jeletzki, ist. Ihre Grossmutter hat nicht ihresgleichen in St. Petersburg. Als junge Schönheit hat sie in Paris ihren Reichtum verspielt. Ein Graf von St. Germain hat sie gerettet. Er verriet ihr das Geheimnis dreier Karten, mit denen sie gewinnen musste. Dreimal kann sie dieses Geheimnis verraten. Ihr Mann und ihr Geliebter haben es versucht und sind reich geworden. Der Dritte, dem sie die drei Karten nennen wird, wird ihr Mörder sein.
Eine schöne Geschichte, genau das Richtige, um einer alten

Es gibt ein „Motiv". Die Erzählung von den „Drei Karten" kommt immer wieder in Hermanns Gedanken vor – und später im letzten Gespräch mit der Gräfin – und in der beklemmenden Szene in der Kaserne – und zuletzt beim Kartenspiel. Rund um dieses Motiv erscheinen die vielen Zutaten, die Gesänge von Lisas Freundinnen, die Tänze auf dem großen Ball, alles scheint so unwichtig wie Hintergrundmalerei – aber wieder ist diese von einem genialen Komponisten!

Dame Aufmerksamkeit in der Gesellschaft und einen leisen Schauder auch bei jungen Menschen zu sichern.

Hermann weiß genau: Er will das Geheimnis wissen und Lisa gewinnen. Das junge Mädchen hat sich immerhin bereits in ihn verliebt. Freilich, dass er sich tötet, wenn sie ihn nicht erhört, nimmt sie nur halbwegs ernst. Vor der Grossmutter versteckt sie ihn in einem Schrank – und erklärt ihm darauf, sie werde ihn erhören …

Als Zeichen ihrer Liebe gibt sie Hermann den Schlüssel zum Schlafzimmer ihrer Großmutter. In ihrem Palais findet ein Ball statt. Die alte Dame verlässt die Gesellschaft früh. Und während sie im Rollstuhl alten, vergangenen Zeiten nachtrauert, kommt Hermann in ihr Zimmer. Er will das Geheimnis der drei Karten. Er will es unbedingt. Er zieht eine Pistole. Die Gräfin erschrickt zu Tode. Und Lisa nennt Hermann, der nicht geschossen hat, einen Mörder …

Hermann hat das Geheimnis der drei Karten nicht erfahren. Aber er hat Halluzinationen – immer wieder sieht er die Gräfin vor sich, die ihm die drei Karten nennt und bittet, Lisa glücklich zu machen. Drei, Sieben und As sind die drei Karten.

Am Ufer der Newa trifft Lisa ihren Hermann. Sie weiß, dass er ihre Großmutter nicht ermordet hat, sie liebt ihn. Sie will mit ihm fliehen. Weg von dem Verlobten, weg von der Gesellschaft.

Hermann aber hat plötzlich die drei Karten vor sich und lässt Lisa allein. So allein, dass sie sich in der Newa ertränkt.

Im Kasino trifft Hermann auf den Fürsten Jeletzki, der Lisa „freigegeben" hat. Man spielt Karten. Zweimal gewinnt Hermann – mit der Drei und der Sieben. Hermann ist nicht mehr zu halten. Jetzt will er auch mit der dritten Karte gewinnen, er kennt ja das Geheimnis.

Er kennt es nicht. Nicht das As, sondern Pique Dame kommt. Die Gräfin hat ihn noch im Tod besiegt. Ihm bleibt nichts anderes zu tun, als sich umzubringen. Die Moral dieser Geschichte? Grob und geheimnisvoll: Wer sein Glück den Karten anvertraut, der verspielt. Und: Je höher der Einsatz, desto sicherer der Tod. Die Gräfin, ihre Enkelin und deren Geliebter haben es bewiesen.

Giuseppe Verdi

* 10. 10. 1813 in Le Roncole bei Busseto, † 27. 1. 1901 in Mailand

Nabucco

Libretto: *Temistocle Solera*
Uraufführung: *9. 3. 1842 in Mailand*
Personen/Stimmen: *Nabucco* König von Babylon (Bariton) – *Fenena* seine Tochter (Sopran) – *Abigaille* Sklavin, vermeintlich seine erstgeborene Tochter (Sopran) – *Ismaele* Neffe des Königs Zedekia von Jerusalem (Tenor) – *Zaccaria* Hohepriester der Hebräer (Bass) – *Oberpriester* des Baal (Bass) – *Abdallo* Diener des Königs von Babylon (Tenor) – *Rahel* Zaccarias' Schwester (Sopran)

Selbstverständlich weiß fast jeder, der sich in ein Opernhaus begibt, dass es den so genannten „Gefangenenchor" gibt, dass dieser „aus Nabucco" ist und man ihn am besten in der Arena von Verona hört, summt, wiederholen lässt.
Weiß aber irgendwer in aller Eile, was man in dieser Vorstellung alles hören und erleben muss, bevor man voll Rührung den so berühmten Chor hört?
Kaum einer weiß es, und oft geschieht es auch, dass dies nicht einmal jene wissen, die „Nabucco" bereits gesehen und gehört haben. Man muss ihnen einfach helfen. Mit einer knappen Darstellung der schwierigen Situationen, die es da zu erleben gilt.
Nabucco, für uns Nebukadnezar II., der gewaltige König der Babylonier, hat um 578 vor Christus die Israeliten im Tempel Salomos in Jerusalem zusammengetrieben und geht nun daran, seine Herrschaft aufzurichten. Die Israeliten – auch Hebräer genannt – sind so gut wie verloren, da hilft selbst der Zuspruch ihres Oberpriesters Zaccaria nichts. Auch nicht die Tatsache, dass Ismaele, der Neffe des Königs von Judäa, von Abigail einer Tochter Nabuccos, geliebt wird. Denn Ismaele liebt Fenena, die zweite Tochter des Nabucco. Und beweist diese Liebe, indem er seinen eigenen Oberpriester daran hindert, Fenena, die Geliebte, als Geisel zu nehmen. Ismaele erreicht nichts weiter, als dass sein Volk dem grausamen König ausgeliefert ist und ihn selbst als Verräter brandmarkt.

Abigaille entdeckt, dass sie das Kind Nabuccos und einer Sklavin ist – das macht sie wütend und lässt in ihr hässliche Gefühle aufsteigen. Sie will ihre Schwester und ihren Vater stürzen und – Kinder zur Linken scheinen das manchmal so an sich zu haben – künftig alleine herrschen.

Ehe sie noch ihre Pläne ausführen kann, hört sie, dass ihre Schwester Fenena Ismaele zuliebe zum Glauben des geliebten Ismaele übertritt. Was wiederum die Israeliten ihr verbieten. Für sie ist Ismaele ein Verräter am eigenen Volk, und eine Frau, die ihn liebt, alles andere als eine Anwärterin auf Israelitentum.

Was auch die Schwestern planen oder wollen – Nabucco selbst übertrifft sie bei weitem. Er ist König von Babylon, aber er will mehr sein. Man soll ihn als Gott anbeten, fordert er. Und hat damit sein eigenes Schicksal – oder Gott – herausgefordert, denn ein Blitz trifft ihn, tötet ihn nicht, sondern lässt ihn als Wahnsinnigen unter den Menschen bleiben.

Abigaille weiß die Krankheit ihres Vaters zu nutzen. Sie ist Königin, und sie hat von ihrem Vater ein Urteil erreicht: Ismaele, Fenena, die Israeliten sollen sterben. Nabucco erkennt zu spät, dass er dieses Urteil nicht unterzeichnen wollte, er wird als „krank" eingesperrt, er soll den Triumph der neuen Königin nicht stören.

Und jetzt, endlich, jetzt erwarten die gefangenen Israeliten am Ufer des Euphrat den Tod und singen ihren großen Chor, sie lassen ihre Gedanken auf goldenen Flügeln emporschwingen aus einem Jammertal, dem sie selbst nicht mehr zu entkommen hoffen dürfen. Das ist ihr großer Augenblick, ihr riesiger Auftritt, auf den wir alle gewartet haben.

Diese monumentale Anrufung Gottes kann nicht ungehört bleiben, muss Folgen haben. Nabucco, gefangen, betet zu dem Gott, dem seine Gefangenen einen Chor gesungen haben – und wird erhört, kann wieder denken, wird von getreuen Dienern befreit und macht sich daran, eine Art großes Finale selbst zu gestalten. Noch bevor Fenena und die Hebräer hingerichtet werden können, naht Nabucco mit seinen Kriegern und stürzt das Götzenbild des Baal, verkündet den Hebräern ihre Freiheit, mehr noch, bekennt sich selbst zu Jehova.

Muss man erwähnen, dass Abigaille umgebracht wird, dass Fenena und Ismaele nicht im Tod, sondern im Glück vereint sind? Man darf es. Schließlich aber darf man zugeben, dass es sich bei den Intrigen und den Wandlungen am Hofe des Königs von Babylon nur um eine Art Vorwand gehandelt hat.

In völliger Aufrichtigkeit: Das ist keine ganz große Oper von Verdi. Aber sie hat einen der bekanntesten – und wahrlich auch großen – Chor. Der Geschichte gemacht hat und den man bei vielen, vielen Gelegenheiten singt – in der Wiener Staatsoper auch, wenn ein Ehrenmitglied es sich gewünscht hat, zu dessen Begräbnis. Und das Publikum in aller Welt stürmt Freilichtaufführungen und wartet auf diesen Gefangenen-Chor. Und zündet in der Arena von Verona Kerzen an, wenn er zum ersten Mal gesungen wird – selbtverständlich wird er wiederholt. Sonst war die ganze Mühe einer „Nabucco"-Inszenierung sinnlos.

Einen Vorwand, die gefangenen Hebräer ihren großen Chor singen zu lassen. Den wir nie mehr aus den Ohren verlieren können, wenn wir ihn nur einmal gehört haben.

Macbeth

Libretto: *Francesco Maria Piave*
Uraufführung: *14. 3. 1847 in Florenz*
Personen/Stimmen: *Duncano/Duncan* König von Schottland (stumme Rolle) – *Macbeth* Feldherr in Duncanos Armee (Bariton) – *Banco/Banquo* Feldherr des Königs (Bass) – *Lady Macbeth* (Sopran) – *Macduff* schottischer Edler (Tenor) – *Malcolm* des Königs Sohn (Tenor) – *Fleance* Bancos Sohn (stumme Rolle) – *Arzt* (Bass) – *Kammerfrau der Lady* (Mezzosopran) – *Ein Mörder* (Bass)

Schwache Männer, an starke Frauen gebunden – man kennt das und wundert sich, was aus solchen Verbindungen hervorgeht, und wer in solch einer Verbindung zuerst zugrunde gehen kann.

Macbeth, der Feldherr des Königs von Schottland, trifft gemeinsam mit seinem – nennen wir ihn einmal so – Kollegen Banquo nach siegreicher Schlacht auf eine Schar unheimlicher Frauen, Weiber, Prophetinnen. Hexen: Wie kann man diese Geschöpfe, die sich aus dem Nebel eines Moores hebt und kichern und lang gedehnt vor sich hinsingen, schon nennen?

Banquo, verkünden sie, werde zwar nie selber König werden, aber Vater eines Königs von Schottland sein. Und schon sind die Weiber verschwunden.

Daheim, im Schloss, erhält Lady Macbeth von ihrem Mann die Nachricht, und denkt daran, aus Weissagungen Realität zu machen. Macbeth soll König von Schottland werden.

Als sei das vorherbestimmt, nimmt Duncan, der schottische König, Nachtquartier auf dem Schloss. Ganz rasch ermordet der von seiner Frau angestachelte Feldherr seinen König, ebenso schnell hilft sie ihm dabei und legt den blutigen Dolch in die Hand der Wächter. Der Mordverdacht hängt Malcolm an, dem Sohn des ermordeten Königs. Die Macbeths haben beide Blut an ihren Händen, und dennoch wird er, als man die Untat entdeckt, neuer König von Schottland.

Verdi gibt genaue Anweisungen: Die Hexen, in drei Gruppen geteilt, seien für die erste Szene wichtiger als Macbeth. Wie man heutzutage Hexen darstellt, muss jeder Regisseur für sich entscheiden.

Mit einer geradezu beklemmenden Banalität wird die Schandtat vorgeführt: Der König kommt, wird begrüßt, ermordet – und dann sind immer erst nur wenige Takte Musik erklungen.

Banquo, der nach seinem Tod nach dem Willen des Komponisten selbst immer wieder als Geist auftreten muss, erhält quasi zur Belohnung eine herrliche Abschieds-Arie – und im Hintergrund wartet schon der „Chor" der Mörder, der wie bei Donizetti klingt.

Erst die zweite Begegnung des König Macbeth mit den Hexen ist wieder großes Theater. Die und die Visionen, die die Hexen zeigen: Die ermordeten Könige Schottlands. Verdi hat dazu unheimliche Bühnenmusik komponiert.

Und Verdi hat einen längst nicht so berühmten, aber genial erdachten Chor der Flüchtlinge geschrieben. Man nehme sich Zeit und höre den mit Schaudern.

Eine Wahnsinns-Arie der besonderes Art: Lady Macbeth soll nach ausdrücklichen Angaben des Komponisten alles, nur nicht „schön" singen. Sie muss schrecklich klingen und ausdrucksvoll.

Er wird es, denn Malcolm, der Sohn Duncans, ist geflohen, und jedermann nennt ihn den Mörder. Freilich, da gibt es noch die Prophezeiung der Weiber im Moor. Banquo soll Vater von Königen werden? Die beiden Macbeths beschließen seine Tötung. Niemand soll ihnen Gefahr bringen können.

Die gedungenen Mörder erwarten Banquo. Doch ehe sie ihn ermorden, konnte dieser noch seinen Sohn warnen und ihn retten. Sich den Nachtgestalten in den Weg stellend, gibt er sein Leben …

Auf dem Festbankett des neuen Königspaares erscheint er Macbeth bereits als Geist. Niemand im Saal außer Macbeth sieht den toten Banquo, selbst Lady Macbeth ahnt nur, was ihren Mann in den Wahnsinn zu treiben droht. Sie hat jedoch die Willenskraft, immer wieder das Trinklied anzustimmen und ihren Mann in die Wirklichkeit zurückzuholen. Er ist jetzt König von Schottland, und derjenige, dem weitere Prophezeiungen gegolten haben, ist tot.

Was soll geschehen? Macbeth will den Rat der Wesen aus dem Nebel einholen. Sie haben ihn, meint er, zum König gemacht. Was prophezeien sie ihm, fragt er, für die Zukunft?

Macbeth möge sich nur vor Macduff, einem schottischen Edelmann, hüten. Gleichzeitig erklären sie, der König sei nur unter sehr seltsamen Umständen zu besiegen: der Wald von Birnam müsse wie ein Heer gegen ihn vorrücken, und keiner, den ein Weib geboren habe, sei imstande ihn zu töten. Auf die Frage nach den Nachkommen des toten Banquo zeigen sie ihm – furchtbar ist es, und Macbeth erträgt den Anblick kaum – König auf König. Die Gestalten ziehen vorüber, leben noch nicht, werden aber dereinst leben, wenn Macbeth längst nicht mehr ist.

An der Grenze zwischen Schottland und England sammelt sich die Schar der Flüchtlinge aus Schottland. Vertrieben sind sie und ohne Kraft, ohne Anführer. Da stößt Malcolm zu ihnen. Er macht ihnen Mut. Und gibt die Ordre, jeder möge einen Ast des Waldes von Birnam vor sich hertragen. So werden sie gegen die Männer des Macbeth ziehen und siegen.

Lady Macbeth irrt durch ihr Schloss. Königin oder nicht, sie kann das Blut nicht abwaschen, das an ihren Händen klebt. Und nicht das Blut am Dolch, den ihr Mann auf ihren Befehl verwendete, seinen eigenen König zu töten. Dienerin und Arzt können nichts tun, als die Wahnsinnige zu beobachten. Sie irrt durch die Gemächer.

Macbeth, der in den Kampf ziehen muss, erfährt es als erster: Seine Frau ist tot. Im Wahnsinn gestorben. Ihrem Mann ist das plötzlich nicht mehr wichtig, er drängt in den Krieg, niemand kann ihn besiegen. Oder doch? Seine Wachen melden ihm Aberwitziges, der Wald von Birnam ziehe gegen ihn heran. Macbeth trifft auf dem Schlachtfeld auf Macduff. Und brüllt, er werde ihn besiegen, ihm sei prophezeit, wer ihn je treffen könnte: Macduff triumphiert. Er wurde seiner Mutter aus dem Leib geschnitten. Das genügt, den seltsamen Spruch wahr zu machen, seine Mutter hat ihn nicht geboren, er wurde ihr genommen. Mag sein, dass allein dies ausreicht, um Macbeth zu verstören. Er wird erschlagen.
Der neue König heißt Malcolm.
Die Frauen, die Wesen aus dem Nebelmoor, haben vorhergesagt, was wir erlebten.

> Ein typisches rasches Verdi-Finale. Schlacht, Tod und Krönung, und das zieht vorüber in Minuten.

Rigoletto

Libretto: *Francesco Maria Piave*
Uraufführung: *11. 3. 1851 in Venedig*
Personen/Stimmen: *Il Duca di Mantova* Herzog (Tenor) – *Rigoletto* sein Hofnarr (Bariton) – *Gilda* Rigolettos Tochter (Sopran) – *Giovanna* Gildas Gesellschafterin (Mezzosopran) – *Il Conte di Monterone* (Bass) – *Il Conte di Ceprano* (Bass) – *La Contessa* seine Gemahlin (Sopran) – *Sparafucile* Bandit (Bass) – *Maddalena* seine Schwester (Alt) – *Marullo* Edelmann (Bariton) – *Borsa* Höfling (Tenor) – *Paggio della duchessa* Page der Herzogin (Mezzosopran)

Es gab eine Zeit, da hielten sich Fürsten Narren. Wie jeder Gebildete weiß, waren das oft kluge, oft einflussreiche Männer, deren seltsames Amt es war, den Gemütszustand des Fürsten günstig zu beeinflussen. Und ihm manchmal unter dem Vorwand einer Narretei die Wahrheit zu sagen, die ein einfacher Höfling nicht über die Lippen gebracht hätte.
Vom Standpunkt der modernen Psychologie waren die Herren Hofnarren eine Mixtur aus Unterhaltsamkeit und Spiegel, in den ein weiser Mann immer sehen muss.
Am Hof des Herzogs von Mantua hatte der weise Rigoletto wenig Gelegenheit, ein Spiegel zu sein. Ein eitler, die schönen und die weniger schönen Frauen seiner Umgebung verführender Despot brauchte nichts weiter als einen Narren: Der die

> Über den heiteren Melodien am Hofe des Herzogs lastet bereits das eine, furchtbare Motiv des Fluches – Verdi brauchte keinen Wagner, um dergleichen zu erfinden.

grausame Wahrheit nicht seinem Herrn, sondern allenfalls noch den gehörnten Ehemännern sagen durfte. Oder auch Vätern – dem Grafen von Monterone, der vom Herzog in Haft genommen wurde, damit seine Tochter schutzlos sei …

Rigoletto lud seinen Spott, wie man's erwartet, über den Grafen aus. Und dieser dankte ihm mit einem Fluch. Nicht nur den Herzog, auch Rigoletto verfluchte Monterone. Und anders als der Herzog war der weise Narr von diesem Augenblick an ängstlich. Er wollte nicht unter einem Fluch leben.

Nicht er, der ja ein Geheimnis vor der Welt und seinem Herren hatte. Er hatte eine junge, wunderschöne Tochter, die er – wer sonst als er? – vor der Welt verbarg.

> Gilda ist Sopran und muss deshalb eine große Arie haben. Sie bekommt sie.

Kluge, ängstliche Väter aber sind auch unglückliche Väter, denn sie ahnen nicht, was sie erwartet. Rigolettos Tochter, vor allen Versuchungen behütet, hatte sich längst in einen Studenten verliebt – und der war, weil es so sein muss, der Herzog selbst, der durch die Straßen seines Mantua ging und nicht nur Grafentöchter begehrlich ansah.

Rigoletto, aus dem Dienst heimkehrend, ahnte weder diese furchtbare, einzige Gefahr für seine Tochter noch das Instrument der Rache, das sich ihm anbot.

> Unfassbar, mit welch knappen Mitteln Verdi die schauderhafte Begegnung Rigolettos mit einem Mörder zeichnet – das Orchester tut's banal, und deshalb wird man erst so richtig ergriffen.

Sparafucile, Wirt und Bösewicht (in Mantua nannte man seinesgleichen einen Bravo, einen käuflichen Mörder also) war auf den Straßen unterwegs und gab gleichsam seine Geschäftskarte bei Rigoletto ab. Falls der Herr einmal einen Mord ausgeführt haben wolle. Rigoletto schauderte. Obgleich er nicht ahnte, wie nah er dem Augenblick war, in dem er wahrlich an Mord denken sollte. Denn in einer absurden Szene spielten ihm die Höflinge des Herzogs einen üblen Streich: Sie wussten von den Freuden des Herrn, derer die Straßen von Mantua voll waren. Kamen zum Haus des Hofnarren, erklärten ihm, es handle sich um die Entführung der jungen Dame von vis-à-vis, verbanden ihm die Augen, ließen ihn die Leiter halten – und entführten mit seiner Hilfe Gilda, sein einziges Kind, sein Licht.

Was sollte Rigoletto da am anderen Tag tun? Die Herren Höflinge hatten ihren Spaß, sie wurden erst wieder still, als Gilda ihrem Vater in die Arme lief. Und gingen aus dem Zimmer, als der erfahren musste, dass alles zu spät war, dass die unglückliche Tochter den vermeintlichen Herzog bereits geliebt hatte – dass der Fluch des alten Monterone also bereits zugeschlagen hatte.

Freilich, der Fluch hatte ja nicht nur Rigoletto gegolten, son-

dern auch dem Herzog. Und Sparafucile, der gegen Geld mordende Bravo, hatte sich ja bereits angeboten. Also sollte jetzt auch der Herzog bezahlen. Und Gilda begreifen, dass sie nicht geliebt, sondern nur benutzt wurde.
In der Schenke Sparafuciles war das Geschäft rasch abgemacht, die Schwester Sparafuciles als Köder rasch gewonnen. Und Gilda gezwungen, ihren Geliebten bei einer anderen zu sehen.
Wundert es wen, dass ein Gewitter aufzog? Dass die Nacht gespenstisch wurde? Dass Rigoletto nicht begriff, dass sich seine Tochter in genau dem Augenblick in die Schenke schlich, als Sparafucile seiner Schwester versprach, er werde dem Auftraggeber einfach eine andere Leiche liefern, wenn nur einer noch in sein Lokal käme?
Wundert es wen, dass Rigoletto den Sack mit der Leiche ausgehändigt bekam und noch längst nicht dabei war, seinen Triumph auszukosten, als er den Herzog selig singend aus Sparafuciles Schenke kommen sah? Und dass er in dem bewussten Sack seine sterbende Tochter fand?
Der Fluch des alten Mannes, des Grafen Monterone, traf offenbar nur den Hofnarren. Vielleicht später aber doch auch einmal den Herzog von Mantua? Wer weiß ...

Giuseppe Verdi wusste um die Popularität der „Schlager", die er in dieser Oper dem Publikum schenkte. „Rigoletto" musste unter Ausschluss der Öffentlichkeit geprobt werden. Am Tag nach der Uraufführung im Teatro La Fenice 1851 sang ganz Venedig „La donna è mobile", und die Opernhäuser in ganz Europa rissen sich um die Aufführungsrechte ...

Die berühmte Arie des Herzogs blieb vor der Uraufführung unter Verschluss. Der Komponist wusste, dass er da nicht nur eine Arie, sondern einen Gassenhauer von allerbedeutendstem Format gefunden hatte. Und so ist es immer noch.

Ich will nichts lächerlich machen, was erheben lässt. Aber: Die Abschiedsszene der Gilda ist eines der bekanntesten Beispiele dafür, wie unbekümmert Verdi bereits getötete Personen weitersingen lässt. Denkt man einmal lange nach, dann singen sie vielleicht gar nicht mehr, sondern geben ihre Nachrichten nur im Tode weiter. Wäre das nicht – ein für allemal – eine Erklärung?

Il trovatore / Der Troubadour

Libretto: *Salvatore Cammarano und Leone Bardare*
Uraufführung: *19. 1. 1853 in Rom*
Personen/Stimmen: *Graf von Luna (Bariton) – Leonora Hofdame (Sopran) – Ines ihre Vertraute (Sopran) – Azucena eine Zigeunerin (Mezzosopran) – Manrico der Troubadour (Tenor) – Ferrando Hauptmann (Bass) – Ruiz Soldat im Gefolge Manricos (Tenor) – Ein alter Zigeuner (Bass)*

Dies ist, darf ich ganz persönlich erzählen, eine aufregende und vollkommen logische Tragödie, die uns nichts weiter zeigt als zwei Brüder, die voneinander nicht wissen, dass sie Brüder sind. Die um ein und dieselbe Frau werben und zuletzt diese Frau beide nicht bekommen.

Wieder beginnt die Handlung mit einer „Ballade" und der versammelte Chor singt wie ein Mann.

Natürlich ist es, muss ich auch wieder sehr persönlich sagen, immer eine Frage, wie man diese Geschichte nacherzählt – und dass sie Giuseppe Verdi zwar kennt, uns aber nur immer Augenblicke auch miterleben lässt. Das fasziniert oder irritiert, wenn man sein Leben lang nichts anderes hören will als ruhig vorgetragene Tragödien, bei denen vorne und hinten alles stimmt und logisch ist und miterlebt wird. Manchmal aber ist es doch so: Man weiß von einstigen Freunden, was sie waren. Dann verliert man sie und erfährt nach Jahren, wo und wie sie jetzt leben. Es vergehen abermals Monate, und man liest tief betroffen in der Zeitung, dass sie einander umgebracht haben und einfach nicht mehr da sind.

Ist es so schwer, sich das vorzustellen?

Zwei Männer kämpfen um eine Frau. Der eine, Graf Luna, hatte einmal einen Bruder, der von Zigeunern geraubt wurde.

Luna hat sich gegen einen Troubadour gewappnet. Er weiß von ihm und kennt ihn nicht. Aber: Der Troubadour scheint mehr Glück zu haben bei Leonora, die von Luna angebetet wird und ihn nicht und nicht erhört.

Leonora ist tatsächlich in den abenteuerlichen, den faszinierenden Troubadour Manrico verliebt und nicht in den bedeutenden, den aufrechten Grafen Luna. Als sie der Stimme des Geliebten folgt und eine Gestalt im dunklen Garten umarmen will, erkennt sie ihren Irrtum: sie hat Manrico gehört, im Schatten aber stand Luna. Der wieder hat jetzt seinen Beweis: Er hat einen Nebenbuhler, mit dem er sich duellieren muss. Was sonst sollte er tun?

Es hat inzwischen Arien und Duette gegeben. Aber die Schilderung des Milieus, der Zigeuner, der Mutterliebe – die kann keiner so wie Verdi.

Im Lager der Zigeuner ist Manrico daheim. Azucena pflegt und liebt ihn. Aber sie kennt seine wahre Herkunft. Er ist nicht ihr Sohn, ist nicht das fremde Kind, das sie einst aus Rache ins Feuer geworfen haben soll – sie war wahnsinnig und hat damals ihr eigenes Kind getötet. Manrico aber?

Azucena sagt ihm nicht, wer er ist. Sie beschwört ihn nur, keine falschen Gefühle mehr überhand nehmen zu lassen. Wenn es noch einmal zu einem Zweikampf mit Luna kommen sollte, dann soll Manrico sich bis zum bitteren Ende wehren. Es scheint, die Gelegenheit ist da: Ein Bote bringt die Nachricht, Luna sei Kommandant einer Festung geworden, Leonore aber glaube, ihr Geliebter sei tot und wolle deshalb Nonne werden. Manrico stürzt davon.

Im Kloster treffen Luna und Manrico knapp nacheinander ein. Leonora, die sich von der Welt verabschieden will, sieht zuerst Luna – und erschrickt. Und dann Manrico – und sinkt ihm glücklich in die Arme.
Azucena will zu Manrico. Sie wird gefangen genommen: Ferrando, ein Hauptmann des Grafen Luna, erkennt sie. Sie ist die Zigeunerin, die Lunas Bruder ins Feuer geworfen hat. Sie soll sterben.
Manrico ist glücklich, er kann Leonora heiraten. Da erfährt er, was Azucena droht. Er ruft seine Truppen zusammen, die Mutter soll gerettet werden.
Es kommt anders. Luna hat Manrico gefangen genommen. Er will ihn gemeinsam mit der Zigeunerin hinrichten lassen. Leonora bittet um das Leben ihres Geliebten – sie bietet sich als Preis für dessen Leben an. Und nimmt Gift, um diese Schande nicht erleben zu müssen.
Im Kerker erwarten Azucena und Manrico ihr Ende. Leonora bringt ihm die Nachricht, die er missverstehen muss – aber sie stirbt, und er begreift, dass sie sich für ihn geopfert hat. Luna lässt ihn zur Hinrichtung führen. Und erfährt von Azucena in dem Augenblick, in dem Manrico stirbt: Sie waren Brüder, er hat seinen Bruder töten lassen.
Wie das Leben so spielt. Ein Drama, in dem es nur Verlierer gibt, endet in wenigen Aufschreien. Und mit vielen Toten.

Und die berühmteste aller Arien? Mit eingelegtem hohen C, das noch kein Manrico je verweigert hat? Sie kommt jetzt, und ich bin immer noch der Ansicht, Herbert von Karajan sei ein guter Regisseur gewesen: Er ließ die Arie in einem vollen Scheinwerferkegel tauchen. Es geht um nichts als um das nicht komponierte, aber vom Komponisten schon zu Lebzeiten mit Geduld ertragene hohe C.

Das Finale? Wieder löst sich ein über den ganzen Abend entstandener Knoten mir rasender Geschwindigkeit. Minuten, und die Liebenden sind tot und die Oper ist zu Ende.

La traviata

Libretto: *Francesco Maria Piace*
Uraufführung: *6. 3. 1853 in Venedig*
Personen/Stimmen: *Violetta Valéry* (Sopran) – *Flora Bervoix* (Sopran) – *Annina* Violettas Dienerin (Mezzosopran) – *Alfredo Germont* (Tenor) – *Giorgio Germont* sein Vater (Bariton) – *Gastone* Vicomte de Létorières (Tenor) – *Barone Douphol* (Bariton) – *Marchese d'Obigny* (Bass) – *Dottore Grenvil* (Bass)

Die Zeiten haben sich sehr geändert. Und die Gesellschaft auch. Trotzdem – wer auf sich hält, der will noch immer so genannte geordnete Verhältnisse und wünscht für sich eine ehrbare Familie und für seine Kinder nicht minder vorzeigbare Partner.
Was sich geändert hat und nicht mehr möglich ist: die Zeit der jungen, schönen und käuflichen Damen, die man auch zur

Vorspiel zur Oper und zum letzten Akt sind so gut wie ident und erinnern – pardon – mit den geteilten hohen Streichern daran, dass man nicht „Lohengrin" im Kopf haben muss, um Geigen singen zu lassen.

Gesellschaft zählt und sie anerkennt – weil sie ein Bedürfnis erfüllen …

Violetta Valéry ist so ein junges Geschöpf in Paris, sie hat viele Verehrer, einen reichen Gönner, und sie gibt Gesellschaften. Auch davon und damit kann man leben, wenn man Geld hat und einem am Abend allein langweilig wäre. Ein Vicomte, Gaston, bringt zu einer der Abendgesellschaften der Violetta seinen Freund mit. Alfred Germont. Und der Blitz schlägt ein, Alfred verliebt sich wie ein Gymnasiast in Violetta, und diese erwidert diese Liebe. Ihr ist das noch nie passiert. Sie kennt die Welt und die Männer. Aber plötzlich kennt sie die Liebe.

> Eine Arie? Eine Szene. Wie da eine junge Frau begreift, was Liebe ist und sich wundert, dass ihr Liebe passiert – und wie sie das als Glück empfindet, daraus hat Verdi eine der größten Szenen der Opernliteratur geschaffen.

Und lebt diese Liebe konsequent. Sie zieht sich mit Alfred auf ihr Landgut zurück, will von der Pariser Gesellschaft nichts mehr wissen und finanziert ihr Leben durch den Verkauf ihres Schmucks.

Alfred weiß davon nichts, er ist aus gutem Haus und weiß gar nicht, dass man Geld braucht, um leben und lieben zu können. Völlig ahnungslos genießt er, was ihm Violetta bietet. Als er endlich begreift, dass er „ausgehalten" wird, will er nach Paris, um selbst Geld zu holen.

> Alfreds Arien spiegeln das satte Glück eines dummen Buben wieder. Schön und ohne Hintergrund.

In diesem Augenblick erscheint sein Vater. Er will den verführten Sohn zurückholen, er muss für eine ehrbare Familie einstehen, seine Tochter soll heiraten. Da kann er nicht dulden, dass sein Sohn ein stadtbekanntes Verhältnis hat. Violetta, die ihm beweist, dass sich die Situation ganz anders darstellen lässt, dass nämlich sie ein Verhältnis zu Alfred hat, dem sie ihr Vermögen opfert, gewinnt in den Augen des Vaters Reputation. Trotzdem, auf eine Auflösung muss er dringen.

> Vater Germont zuerst als würdige Erscheinung, dann als Sänger einer „Leierkastenmelodie", eine Figur besonderer Güte.

Violetta bringt auch dieses Opfer. Sie nimmt die Einladung zu einem Ball bei einer Freundin an, hinterlässt Alfred einen vieldeutigen Brief. Sie macht es ihm leicht, enttäuscht zu sein. Und er reagiert wie ein Idiot. Er fällt nicht in die Arme seines Vaters, seiner Familie. Sondern er fährt nach Paris, um sich an Violetta zu rächen.

So etwas kann nicht gut ausgehen. Violetta ist auf dem Ball ihrer Freundin Flora. Alfred sieht nur das und den Baron, der schon einmal der Gönner Violettas war. Er gewinnt beim Kartenspiel und verliert Violetta für immer – weil die ihm weiterhin nicht gestehen will, dass sie ihn liebt, wirft er ihr das Geld vor die Füße und meint, jetzt habe er bezahlt. Weiter ein dummer, junger Mann. Für den sein Vater sich zu schämen hat.

> Nach dem „Zwischenspiel" nur noch die sterbende Violetta – man kann nicht genug von ihr hören, man stirbt mit ihr. Dass da ihr Alfred noch einmal kommt und mit ihr eine Stretta singt, ist beinahe Nebensache. Nur der Tod ist auf der Bühne.

Violetta ist nicht bezahlt, sie muss bezahlen. Sie ist krank, und die Gesellschaft hat kein Interesse an einer gedemütigten, kranken jungen Frau. Dass Vater Germont begriffen hat, wie edel ihre Liebe zu Alfred war, hält sie am Leben.
Aber nur kurz.
Sie darf noch sehen, wie Alfred mit Billigung ihres Vaters zu ihr zurückkehrt. Und sie darf in seinen Armen sterben. Mehr ist ihr nicht gestattet.
Die Gesellschaft und ihre Regeln sind wieder in Ordnung. Ein kleines Leben, eine große Liebe haben da nichts verändert.

Simone Boccanegra

Libretto: *Francesco Maria Piave*
Uraufführung: *12. 3. 1857 in Venedig*
Personen/Stimmen – Prolog: *Simone Boccanegra* Korsar im Dienst der Republik Genua (Bariton) – *Maria Boccanegra* seine Tochter (Sopran) – *Jacopo Fiesco* Edelmann aus Genua (Bass) – *Paolo Albiani* Goldwirker aus Genua (Bariton) – *Pietro* Mann aus dem Volk (Bass)
Haupthandlung: *Simone Boccanegra* jetzt Erster Doge von Genua (Bariton) – *Amelia Grimaldi* eigentl. Maria Boccanegra (Sopran) – *Pater Andrea* eigentl. Jacopo Fiesco (Bass) – *Paolo Albiani* jetzt bevorzugter Höfling des Dogen (Bariton) – *Gabriele Adorno* Edelmann aus Genua (Tenor) – *Pietro* jetzt Höfling (Bass) – *Hauptmann der Armbrustschützen* (Tenor) – *Dienerin Amelias* (Mezzosopran)

Zeit und Ort der Handlung sind alles andere als beiläufig. Man sieht Genua, zuerst im Jahr 1339, dann fünfundzwanzig Jahre später, also 1364. Und die handelnden Personen sind nicht weniger deutlich genannt. Simone Boccanegra, Doge von Genua, Jacopo Fiesco und Gabriele Adorno, Edelmänner aus Genua. Es hat sie gegeben wie die Stadt und die Wahl des Dogen. Man muss nur nachlesen. Oder mir glauben.
Der Korsar Simone Boccanegra hat mit Maria, der Tochter des adligen Jacopo Fiesco, eine Tochter. Das hat Jacopo Fiesco allerdings nicht davon abgehalten, eine Ehe der beiden zu verbieten. Patrizier und Plebejer, unmöglich ...
Freunde Boccanegras wollen den jungen, erfolgreichen Krieger zum Dogen von Genua ausrufen lassen, ihr Argument

Unvergessen in Wien: Ein bedeutender italienischer Regisseur inszenierte und verlangte die erste große (lange) Pause nach dem ersten Bild. Das war dramaturgisch richtig gedacht, aber furchtbar: Nach zwanzig Minuten ging es wieder ins Foyer ...

gegenüber Boccanegra, der davon nichts hält: Einem Dogen könne auch Jacopo Fiesco die Hand seiner Tochter nicht mehr verweigern. Zu spät, denn Maria ist gestorben, ihr Kind unter mysteriösen Umständen entführt worden.

Das Zusammentreffen der beiden Männer Simone und Jacopo endet unversöhnlich: Jacopo Fiesco könne mit dem Verführer seiner Tochter sprechen, bekäme er selbst die Enkelin. Die aber ist fort, unbekannten Aufenthalts …

Simone Boccanegra, vom Sarg der Mutter seines Kindes kommend, wird zum Dogen ausgerufen. Der erste „bürgerliche" Doge von Genua also, vom Volk geliebt, von adeligen Verschwörern immer wieder bedroht, ein reifer Mann, der nicht vergessen kann, wie er seine Geliebte verloren hat, wie – auch ihm – sein Kind geraubt wurde. Das ist Simone Boccanegra nach 25 Jahren Herrschaft.

In diesen wurde sein Kind erwachsen: Die kleine Maria, als Findelkind in einem Kloster abgegeben, war von den adeligen Grimaldis aufgenommen worden und ist ihrem Adoptivvater ans Herz gewachsen. Die Grafen Grimaldi wurde „geächtet", Maria abermals adoptiert und heißt jetzt Amelia.

Ihr Geliebter, auch er ist von Adel und heißt Gabriele Adorno, will sich einer Verschwörung gegen den Dogen anschließen, deren Haupt Pater Andrea (einst Jacopo Fiesco) ist, wird aber von Andrea gewarnt: Sie soll demnächst auf Wunsch des Dogen heiraten, Eile tut not.

Simone Boccanegra, der die Grimaldis begnadigt hat, will Amelia selbst die Urkunde überreichen, die ihr die „Ehre" wiedergibt. Um nicht in die Verlegenheit zu kommen, dem Dogen einen Wunsch abschlagen zu müssen, gesteht sie, sie sei ein Waisenkind, und zeigt das Medaillon mit dem Bildnis ihrer Mutter. Simone Boccanegra weiß sofort, wen er da vor sich hat, seine eigene Tochter. Er ist überglücklich und verbietet Paolo, seinem Günstling, der um Amelia werben wollte, sich weiter um die junge Frau zu bemühen.

Der Doge ist, weise und überlegen, im Rat für einen Frieden Genuas mit Venedig, er sucht die Einheit italienischer Staaten. Da wird er zum Richter über Gabriele Adorno aufgerufen, weil dieser einen Mann ermordet, weil er „im Auftrag eines mächtigen Mannes" Maria/Amelia entführen sollte. Gabriele, der Simone selbst als den mächtigen Mann verdächtigt, will den Dogen meucheln. Den rettet die Tochter, die um Gnade für Gabriele bittet – und der der Vater diesen Wunsch nicht abschlagen kann.

Maria/Amelia wird mit einer wunderbaren Arie eingeführt – der scheue Giuseppe Verdi konnte junge Fauen wunderbar „in Musik setzen".

Simone Boccanegra, nur er allein weiß, wer Amelia wirklich ist, verdächtigt – zu Recht – seinen Günstling Paolo, der Anstifter der misslungenen Entführung, also der „mächtige Mann" zu sein. Als er eine der unzähligen Auseinandersetzungen zwischen den beiden Parteien – hie Patrizier, dort Plebejer, schlichten muss, verpflichtet er kraft seiner Persönlichkeit Paolo, jenen zu verfluchen, der Amelia entführen lassen wollte. Vor allem Volk verflucht Paolo diesen Menschen. Sich selbst ...

Weiterhin ist vor allem der Adel gegen den vom Volk gewählten Dogen. Und Paolo gegen jenen, der ihn durchschaut hat. Er kann Simone Boccanegra ein langsam wirkendes tödliches Gift verabreichen, Er will Jacopo Fiesco (in der Maske des Pater Andrea) und Gabriele Adorno zum Mord an Simone Boccanegra überreden.

Fiesco/Andrea lehnt ab. Gabriele zeigt sich bereit, denn immerhin glaubt er, der Doge sei der Geliebte Amelias. Die aber gesteht ihrem Vater ihre Liebe zu Gabriele Adorno.

Als dieser den bereits langsam sterbenden Dogen töten will, wirft sie sich zwischen die Männer und beichtet ihrem Geliebten, wer Simone Boccanegra ist. Ihr Vater ...

Die Adelsverschwörung gegen den Dogen ist niedergeschlagen, Simone begnadigt seinen bösen aufrechten Feind Andrea, verurteilt aber Paolo zum Tod. Dieser wieder erklärt Fiesco, der Doge habe nur noch kurze Zeit zu leben.

Die letzte Auseinandersetzung hebt an: „Pater Andrea" gibt sich dem Dogen als Fiesco und daher als Vater der verstorbenen Geliebten zu erkennen. Der Doge kann Fiesco seine Enkelin zuführen und sich mit ihm versöhnen. Gabriele Adorno aber ernennt er zu seinem Nachfolger. Und stirbt.

Das Volk erfährt von Jacopo Fiesco, dass sein gewählter Doge tot ist. Und Adorno der neue Herr.

Sage niemand, es habe diese von Giuseppe Verdi selbst komprimierte Version der „Verschwörung des Fiesco zu Genua" von Friedrich Schiller eine „zu komplizierte Handlung". Ich könnte auf Anhieb von Zwistigkeiten in Familien und von adoptierten Kindern berichten. Sie sind nur nicht von Verdi gesehen und als Situationen erkannt worden, aus denen sich große Musik gewinnen lässt.

Man verzeihe: Simone Boccanegra hat eine wirklich große Arie, in der er die Genueser anspricht. Die sollte man kennen. Alle weiteren Arien, Duette und Ensembles muss man nicht auswendig nachsingen können, um ein Opernfreund zu sein.

Un ballo in maschera / Maskenball

Libretto: *Antonio Somma*
Uraufführung: *17. 2. 1859 in Rom*
Personen/Stimmen: *Riccardo* Graf von Warwick, Gouverneur von Boston (Tenor) – *Renato/René* sein Sekretär (Bariton) – *Amelia* Renatos Gattin (Sopran) – *Ulrica* Wahrsagerin (Alt) – *Oscar* Page (Sopran) – *Silvano* Matrose (Bariton) – *Samuel* Verschwörer (Bass) – *Tom* Verschwörer (Bass) – *Ein Richter* (Tenor) – *Ein Diener* (Tenor)

Die Tragödie spielt sich in allerhöchsten Kreisen ab, und wir wollen nicht darüber streiten, ob dies in Schweden oder anderswo geschieht. Manchmal muss nämlich der Erzähler auch heute noch diskret sein wie die Filmindustrie und im Vorspann deutlich erklären, jede Ähnlichkeit mit lebenden Personen sei unbeabsichtigt, rein zufällig und habe mit der Wirklichkeit nichts zu tun. Anders könnte die Tragödie gar nicht dargestellt werden. Wo sie doch in allerhöchsten Kreisen geschieht.

Nehmen wir also an, sie spielt in Schweden. König Gustav der Dritte ist verliebt, und zwar in Amelia, die Frau von René Graf Ankarström, der seinem Thron und seinem Herzen am nächsten steht.

Ein König, von Verschwörern an seinem eigenen Hof umgeben, lebt wie auf einem offenen Tablett und gleichzeitig sehr einsam. Gustav sieht die Liste der Einladungen zu einem Fest durch und merkt, dass auch seine Angebetete kommen wird. Ihr Mann warnt ihn als treuer Freund vor Anschlägen auf ihn, die jederzeit passieren könnten. Der erste Richter des Landes erbittet die Unterschrift auf ein kleines Dokument: Die Zigeunerin und Wahrsagerin Ulrica soll ausgewiesen werden. Der Page des Königs drängt sich vor, die Wahrsagerin sei eine sehr interessante Frau.

Gleich im ersten Bild hat der Tenor eine Arie (mit Chor, um die zweite Strophe ruhiger singen zu können), die ich seit Giuseppe di Stefanos „guten Abenden" nie mehr richtig gehört habe.

Da trifft der König eine seiner kleinen, einsamen Entscheidungen. Nichts von Ausweisung, man werde sich verkleiden und zu Ulrica gehen. Man kann ja einmal überprüfen, was sie so alles kann.

Ulrica ist eine der schönen Frauenpartien bei Verdi – wieder eine Zigeunerin mit nur einer Arie, aber viel Eindruck.

Bei Ulrica drängen sich neugierige Frauen und wollen ihr Schicksal erfahren. Der als Fischer verkleidete König muss warten. Immerhin, er kann einem Matrosen, der sich vordrängt und dem Ulrica weissagt, er werde demnächst befördert, die Beförderung in den Mantel schwindeln und so

das Ansehen der Zigeunerin heben. So viel Spaß für einen König …
So wenig Spaß für einen König: Ein Bote kommt, Ulrica entlässt alle Neugierigen, der König muss – versteckt – mit anhören, wie seine Geliebte sich um Rat an die Zigeunerin wendet. Sie will ein Mittel gegen ihre verbotene Liebe zum König.
Der Rat, den Ulrica gibt, ist sehr zigeunerisch: Ein Kraut, um Mitternacht unter einem Galgen gepflückt, kann helfen.
Und wieder Spaß für den König? Seine Hofgesellschaft – verkleidet – drängt zu Ulrica, der König selbst lässt sich sein Schicksal aus der Hand lesen. Ulrica ist betroffen: Der Mann wird sterben. Sein Mörder wird derjenige sein, der ihm als Erster die Hand gibt.
Niemand von der Gesellschaft will das sein. Graf Ankarström, er kommt zu spät, weiß nichts von der Weissagung, reicht seinem König die Hand. Und das Volk, das seinen Herrscher erkannt hat, bricht in Jubel aus. Der König und sein treuester Graf, sie sollen leben …
Amelia hat sich um Mitternacht auf den Weg gemacht. Sie will das Kraut gegen eine Liebe, gegen die kein Kraut gewachsen ist. Ihr schaudert wie jeder Frau, die um Mitternacht unter einem Galgen steht.
Der König aber ist da und versichert sie seiner übergroßen Zuneigung und wäre bereit, die zu beweisen. Graf Ankarström ist ihm – nicht seiner Frau – gefolgt: Verschwörer haben sich auf den Weg gemacht, den König zu beseitigen.
Rasch wechseln die beiden die Mäntel und Hüte. Und Amelia? Der König überlässt die tief verschleierte Frau seinem Freund, der schwört, er werde sie in Sicherheit bringen und nicht versuchen, ihr Gesicht zu sehen.
Was so nicht funktioniert, denn die Verschwörer sind schon da und wollen töten, Ankarström kann ihnen nur entkommen, indem er sich zu erkennen gibt. Und als sie drauf wenigstens wissen wollen, mit wem er denn mitten in der Nacht unterwegs ist, bleibt er standhaft. Graf Ankarström hat einen Eid geschworen und ist bereit, die Unbekannte mit seinem Leben zu verteidigen. Die aber will sein Leben retten und lüftet den Schleier.
Das bedeutet: der treue Graf glaubt sich betrogen, die Verschwörer haben ihn als neuen Vertrauten gewonnen, er bestellt sie in sein Haus. Amelia kann noch so schwören – ihr Mann rächt sich nicht an ihr, immerhin ist sie die Mutter

Eine Szene unter dem Galgen. Eine große Arie des Sopran, ein Liebesduett, ein erster Rache-Ausbruch des Bariton – und im Hintergrund „der Chor". Geballte Dramatik also.

seines Kindes. Aber er wird sich am König rächen. Und Amelia muss, als die Verschwörer eintreffen, das Los ziehen, das den Mörder des Königs bestimmt. Selbstverständlich ist es ihr geliebter, nie hintergangener Mann.
Der Page Oscar hat der Familie Ankarström die Einladung zum Fest überbracht. Der Tatort, die Gelegenheit sind festgelegt. Ein glanzvoller Maskenball.
Der König, immer noch verliebt, will auf Amelia verzichten. Er unterzeichnet ein Schreiben – Graf Ankarström soll nach England, man wird sich aus den Augen verlieren. Mehr kann auch ein König nicht tun.
Im Ballsaal treffen die Personen der Handlung, die nichts mit einer wahren Handlung gemein hat, aufeinander. Ankarström will vom Pagen Oscar das Kostüm des Königs wissen. Amelia will den König warnen. Der will von ihr Abschied nehmen. Und wird von demjenigen, den die Zigeunerin als seinen Mörder bezeichnet hat, getötet.
Ihm bleibt nur noch Kraft und Zeit, dem Grafen die Urkunde zu geben. Er sollte mit seiner Frau nach England. Von verbotener Liebe sollte nichts sein. Das weiß der arme Mörder, als sein geliebter König stirbt.

Eine zu Giuseppe Verdis Zeiten noch mächtige Zensurbehörde wollte von einem Drama mit König Gustav von Schweden nichts wissen. Auch weil zur Zeit der Entstehung der Oper ein Attentat stattgefunden hatte. Auf Napoleon III.
Verdi musste die Handlung nach Boston verlegen und einen englischen Gouverneur als edlen Mann zeichnen. Erst lange nach dem Tod des Komponisten war es so weit, die ursprünglichen Figuren der Handlung waren wieder König und Graf und Gräfin. Das Drama aber, in der Musik, veränderte sich nicht mehr.

Der Bariton braucht eine große Szene. Er hat sie, bevor ihn der kleine Page (auch ein Sopran) unterbricht. Die Verschwörer sind gefährlich, weil zumeist zu wenig attraktiv besetzt. Man beachte einmal, ob sie wenigstens bei Festspielen „große" Stimmen haben.

Wie da inmitten einer riesigen Chorszene intrigiert und gemordet wird, vergisst man sofort, wenn der Tenor sterbend Abschied nimmt – längst müsste er tot sein, aber er hält sich aufrecht, denn Verdi hat ihm noch Musik geschenkt. Auch da denke ich, man verzeihe, an den unvergesslichen Giuseppe di Stefano – und so viele Tenöre nach ihm haben doch auch gut gesungen ...

La forza del destino / Die Macht des Schicksals

Libretto: *Francesco Maria Piave*
Uraufführung: *10. (12.) 11. 1862 in St. Petersburg*
Personen: Stimmen: *Marchese von Calatrava* (Bass) – *Leonora de Vargas* seine Tochter (Sopran) – *Don Carlo de Vargas* sein Sohn (Bariton) – *Alvaro* ein Mestize (Tenor) – *Pater Guar-*

dian Prior eines Franziskanerklosters (Bass) – *Fra Melitone* Franziskanermönch (Bass) – *Preziosilla* junge Zigeunerin (Mezzosopran) – *Mastro Trabuco* Maultiertreiber, später Hausierer (Tenor) – *Ein Alkalde* (Bass) – Chirurgus der spanisch-italienischen Truppen (Bass) – *Curra* Leonoras Kammerzofe (Mezzosopran)

Machen wir uns nichts vor. Wir wollen für unsere geliebten blonden oder brünetten Mädchen keine Männer, die dunkelhäutig sind und nicht in die Familie passen. Wir geben das nicht zu, wir sind allen Vorurteilen längst entwachsen. Wenn aber uns das Schicksal trifft und unser Kind mit einem derart Fremden daherkommt und erklärt, es wolle heiraten?
Wie also soll die Familie des Marchese von Calatrava – in Sevilla selbstverständlich, anderswo finden Dramen offenbar nicht statt – begreifen, dass Leonora de Vargas, die einzige Tochter, sich in Alvaro, einen Mestizen, verliebt hat? Wie soll der Vater, wie der Bruder reagieren?
Leonora und ihr Geliebter wissen und begreifen das. Sie planen als letzten Ausweg die Flucht. Freilich, sie planen umständlich und zögernd. Und sind so mit ihrem Problem befasst, dass sie sich vom Marchese überraschen lassen.
In diesem Augenblick bricht ein absurdes Missgeschick über die Liebenden herein. Der edle Alvaro will dem Vater seiner Geliebten waffenlos gegenüberstehen. Er wirft seine Pistole weg. Ein Schuss löst sich. Der Marchese bricht, tödlich getroffen, zusammen. Leonora und Alvaro fliehen – entsetzt.
Niemand weiß, dass kein Mord, sondern ein Unglück geschehen ist. Don Carlo de Vargas, der Bruder der Leonora, sucht nach dem Geflüchteten.
Von Alvaro findet sich keine Spur – Leonora ist nicht bei ihm geblieben, sie zieht in Männerkleidern durch die Welt, sucht Zuflucht für eine Nacht in einer Schenke. Und entkommt ihrem dort anwesenden Bruder nur, weil der sich als Student ausgibt und seine seltsame Geschichte als Ballade erzählt – das unterhält die Trinkenden, das gefällt der Zigeunerin Preziosilla, das gibt der Schwester Gelegenheit, sich aus dem Gasthof zu stehlen.
Der letzte Ausweg einer gläubigen Spanierin: das Kloster. Leonora de Vargas läutet in der Nacht den Prior eines Klosters heraus, beichtet. Pater Guardian kann ihr nicht Verzeihung schenken. Aber er gibt ihr eine Chance. Sie erhält eine

Für diese Oper mit einem Vorspiel gibt es eine unerhört eindrucksvolle Ouvertüre. Man kann sie zu Beginn oder nach dem Vorspiel musizieren lassen – völlig gleichgültig, sie zieht immer.

Franz Werfel hat (aus Verdi-Briefen) die Freude des Komponisten an dieser Szene geschildert. Volk und Pilger und die handelnden Personen und die an sich für die Handlung unwichtige Preziosilla – „Leben" hat so was Verdi genannt.

Mönchskutte und soll in einer Einsiedelei leben. Unter Mönchsgesang geht Leonora für immer aus der Welt.

Die ist und bleibt unruhig. In Italien wird gekämpft. Alvaro – kein einfacher Mestize, sondern edelster Abstammung – hat sich als Hauptmann einen Namen gemacht. Er findet die Freundschaft eines Offiziers, der – gleichfalls unter falschem Namen – Vergessen im Kampf sucht. Der einstige Geliebte und der Bruder der Leonora de Vargas erkennen einander als edle Menschen und schließen eine Männerfreundschaft.

Im Kampf wird Alvaro verwundet, sein Freund rettet den Sieg. Und verspricht dem Verwundeten für seine Tapferkeit den Orden des Hauses von Calatrava ...

Alvaro erbittet für sich nur einen Freundschaftsdienst. Sollte er sterben, soll man die Briefe, die er bei sich hat, ungelesen verbrennen.

Der neue Freund ahnt, dass er einem Geheimnis auf der Spur ist. Und wieder ist Schicksal mit im Spiel – er liest die Briefe nicht, aber aus dem Packen fällt ein Bild seiner Schwester. Don Carlos weiß jetzt, dass er sein Leben dem Mörder seines Vaters, dem Verführer seiner Schwester verdankt.

Und betet um das Leben dieses Menschen, das er gerettet hat. Jetzt allerdings, weil er nichts will als Rache. Er will einen Zweikampf. Adelig und wild. Als man ihm meldet, der Feldchirurg habe ein Wunder vollbracht, jubelt Don Carlos von Calatrava.

Es dauert seine Zeit, aber der wiederhergestellte Alvaro entgeht seinem Rächer nicht. Erst erfährt er, wer sein vermeintlicher Blutsfreund ist, dann muss er begreifen, dass dieser ihn weiter für einen Mörder hält. Er kann nichts tun, er muss sich einem Duell stellen. Wachen trennen die beiden Helden – niemand weiß, was da geschehen ist.

Aber jedermann feiert das Soldatenleben. Ein predigender Fra Melitone, der Soldaten mit ihren Sünden konfrontieren will, wird rasch verjagt. Die Zigeunerin Preziosilla mit einem aufrüttelnden Chor, das ist das Richtige.

Schicksal bedeutet, was in sehr geringem Ausmaß auch unsereins erfährt. Die Wege der Menschen kreuzen einander immer wieder.

Die der unseligen Calatravas und des Mestizen Alvaro kreuzen einander im Kloster. Alvaro ist Mönch geworden und will büßen. Don Carlos hat es erfahren und will Buße – er reizt den fromm gewordenen Alvaro bis aufs Blut. Bis der sich noch einem Duell stellen will.

Die Interpretin der Leonora soll wenig „spielen" und ganz ruhig singen. Der Pater Guardian hat ausschließlich mit seiner sonoren Stimme ein endgültiges Urteil abzugeben. Theater findet da nicht statt. Nur Musik.

Ab dem Moment der Auseinandersetzungen der beiden Helden wird die Oper quasi „normal". Und dass zwischendurch eine ganze große Chorszene mit Kapuzinerpredigt und freudigem Marketenderinnen-Gesang eingezogen ist, erinnert fatal an die Anforderungen, die Paris immer an Verdi stellte: Wo bleibt das Ballett?

Nahe beim Kloster liegt eine Einsiedelei: Leonora hört die Rufe eines Sterbenden. Don Carlos ist schwer verwundet und will beichten. Als er jedoch statt eines Mönches seine Schwester erkennt, hat er noch Kraft, auch sie zu töten. Alvaro muss zusehen, wie sie in den Armen des Pater Guardian stirbt.

Man sollte es gelesen haben: Franz Werfel lässt in einem „authentischen" Roman Giuseppe Verdi eine Aufführung der „Macht des Schicksals" miterleben. Und bedenken: So wirr die Handlung scheint, so effektvoll sind doch die Szenen, so groß die Spannung, die zu großen Arien reizt.

Don Carlos

Libretto: *Josephe Méry und Camille Du Locle*
Uraufführung: *11. 3. 1867 in Paris*
Personen/Stimmen: *Philippe II./Filippo II.* König von Spanien (Bass) – *Don Carlos/Don Carlo* Infant von Spanien (Tenor) – *Rodrigue/Rodrigo* Marquis von Posa (Bariton) – *Le Grand Inquisiteur/Il Grande Inquisitore* Großinquisitor (Bass) – *Ein Mönch/Un Frate* (Kaiser Karl V.) (Bass) – *Elisabeth de Valois/Elisabetta di Valois* (Sopran) – *Eboli* Prinzessin (Mezzosopran) – *Thibault/Tebaldo* Page der Königin (Sopran) – *Le Comte de Lerme/Il Conte di Lerma* (Tenor) – *Ein Herold* (Tenor) – *Eine Stimme vom Himmel* (Sopran)

Nicht nur im Leben und bei einfachen Menschen, auch auf der Opernbühne und bei Königen ist's kompliziert und bedarf einiger Erklärungen.

Der Infant, also der Sohn des spanischen Königs, hat vor Jahren in Frankreich Prinzessin Elisabeth von Valois lieben gelernt. Allerdings war das ein sehr kurzes Glück, sein Vater hat aus staatstragenden Gründen um die Hand der französischen Prinzessin angehalten. Und jetzt ist Elisabeth die „Mutter" des Infanten.

Nicht minder kompliziert sind, das allerdings im einfachen Leben seltener, die Machtstrukturen in Spanien. Da ist ein König, der sich ins Kloster zurückzieht, aus eigenem seine Macht abgegeben hat. Es ist Karl V., in dessen Reich einst „die Sonne nicht unterging". Da ist sein Sohn, der regiert und dem Infanten dessen Angebetete „weggeschnappt" hat. Er heißt Philipp. Da ist vor allem aber die Heilige Kirche in Person des Großinquisitors, der wahrhaftige Regent des Landes, unter dem Volk Angst und Schrecken hervorruft und beim jeweiligen Herrscher dessen vollkommene Unterwerfung fordert. Denn er könnte gegen die Kirche nicht König sein.

Das alles ist quasi als Vorbemerkung notwendig. Wie anders sollte man verstehen, dass Carlos, der Infant, seinen Vertrauten, den Marquis Posa im Kloster San Juste (wohin sich sein Großvater zurückgezogen hat) trifft, ihm das Geheimnis seiner Liebe zu Elisabeth anvertraut und damit Schrecken erregt? Und wie anders wäre verständlich, dass der Marquis von Posa ein einziges Rezept gegen diese aussichtslose Liebe wüsste, nämlich die sofortige Abreise nach Flandern, wo Protestanten als Ketzer von der Inquisition und vom König verfolgt werden und nur ein Prinz aus königlichem Geblüt noch den Tod eines Volkes aufhalten kann?

Anders als in der Geschichte muss Carlos (Tenor) kein kleiner, hässlicher Mensch sein. Sein Treueschwur, den Posa leistet, ist ein kurzes Duett zweier großer Sänger – und auch der Bariton hat überzeugend auszusehen.

Wie sollte man begreifen, warum König Philipp und seine Gemahlin ins Kloster kommen und einen Kranz niederlegen? Sie begraben damit Karl V. endgültig. Mag er auch leben, er ist der Welt und der Macht abhanden kommen. Das allein zählt.

Das, was man bis heute das spanische Hofzeremoniell nennt und einst auch in der Wiener Hofburg einhielt, gilt. Prinzessin Eboli kann heiter singen, die Königin aber darf keinen Mann sehen, es sei denn, der kommt – wie Marquis Posa – als Überbringer eines Briefes ihrer königlichen Mutter aus Paris. Dass Posa um eine Audienz für Carlos bittet, diese gewährt wird, die Eboli mit Posa in der Nähe promeniert und alle Hofdamen sich zurückziehen, ist strikt gegen das Zeremoniell. Wie aber sollte Carlos anders Elisabeth erklären, er ginge nach Flandern. Um seiner Liebe zu entfliehen …

Die Eboli-Arie ist wirklich schwer zu singen, Karajan war ein Tyrann, als er diese der Agnes Baltsa abverlangte (die zweite Eboli-Arie allerdings ist schwieriger).

Bei Elisabeths großer Arie ist eine „stumme Figur" unerlässlich, die des Landes verwiesene Hofdame. Manchmal fällt sie auf, meist bleibt sie, was man von ihr verlangt: Eine Person, an der sich Elisabeth anhalten kann.

Das Zeremoniell ist verletzt, Carlos hat sich zwar rechtzeitig entfernt, der König aber findet Elisabeth ohne Begleitung. Zornig verbannt er die diensthabende Hofdame und brüskiert damit die Königin. Weniger zornig entlässt er sein Gefolge und widmet sich Marquis Posa. Da ist ein Grande, der unabhängig zu bleiben wünscht?

Eine Auseinandersetzung zwischen Bariton und Bass und immer höchst eindrucksvoll.

Posa öffnet sein Herz und spricht vom gefolterten flandrischen Volk. Der König will das nicht hören. Aber auch er öffnet sei Herz und spricht von seiner Sorge, seine Familie sei nicht intakt. Zwei große Menschen sollen Vertrauen zueinander haben. Der König beweist es. Er warnt Posa vor der Inquisition. Die hat etwas gegen unabhängig denkende Geister.

Carlos hat einen Brief erhalten, der ihn in den königlichen Park in Madrid bestellt. Will Elisabeth ihn sehen?

Die verschleierte Frau, der er wieder seine Liebe gesteht, ist nicht die Königin, sondern Prinzessin Eboli, die zu spät begreift, dass Carlos nicht sie, sondern eine erstaunliche Rivalin anbetet.

Die enttäuschte Frau schwört Rache. Käme nicht in diesem Moment Marquis Posa, wer weiß, was dann geschähe? So rennen die Eboli und Carlos verzweifelt in ihr Verderben. Und Posa, der sich als Verwahrer aller Briefe aus Flandern an Carlos anbietet, auch.

Eine große Zeremonie findet freilich nicht nach dem spanischen, sondern dem römischen Zeremoniell statt: Vor der Kathedrale in Madrid sollen Ketzer verbrannt werden. Der König, sein Hofstaat, die Priester, das Volk sind Zeugen. Auch Zeugen eines erstaunlichen Auftritts. Carlos erscheint an der Spitze einer Delegation aus Flandern und fordert, sein Vater möge ihn als Regent in diese Provinz entsenden.

Leidenschaftlich widersetzt sich Philipp, leidenschaftlich will Carlos auf seinen Vater eindringen. Posa, der sich im letzten Augenblick zwischen die Streithähne wirft, kann eine „Szene" nicht verhindern. Carlos wird in den Kerker geworfen. Die Ketzer aber brennen.

Und Philipp leidet. Er ist König, er herrscht im Escorial. Aber er weiß nicht, was um ihn geschieht. Liebt Elisabeth ihn? Ist sie ihm treu? Ist er der mächtige König, den er seinem Volk zeigt?

Der Großinquisitor, mitten in der Nacht bei seinem König, sagt ihm die gräßliche Wahrheit. Carlos muss bestraft, Posa hingerichtet, Flandern weiter unterdrückt werden. Die Heilige Römische Kirche fordert es. Und ein König kann sich gegen diese Institution nicht zur Wehr setzen.

Freilich kann er Schlimmes anrichten. Elisabeth vermisst ihre Schmuckschatulle, ihr Mann hat sie. Das Bildnis des einstigen Verehrers Carlos liegt in ihr und aller Verdacht des alten Ehemannes bricht durch. Nur: Elisabeth ist unschuldig, Posa will den König mit den Briefen aus Flandern ablenken, die Eboli gesteht ihrer Königin. Sie hat die Schatulle zum König gebracht, aus Eifersucht. Mehr noch, sie selbst hat ein Verhältnis – mit dem König.

Elisabeth verbannt sie vom Hofe. Die Eboli weiß aber jetzt, woher ihrem geliebten Prinzen Gefahr droht. Ihn wenigstens will sie retten.

Eine recht unheilige Allianz scheint das Kunststück zuwege gebracht zu haben. Posa beschwört im Kerker den Prinzen,

Carlos zwischen Eboli und Posa – Dramatik pur.

Mehr Chor und Prunk sieht man nirgendwo: Volk, Geistlichkeit, zum Tod Verurteilte, der Hofstaat, flandrische Deputierte, zuletzt zum Zeichen der Gewalt (der Kirche und des Staates) ein Autodafé. Mehr kann man nicht haben vor der großen Pause.

Philipp mit seiner großen Arie, mit einem Zwiegespräch mit dem Großinquisitor, mit der empörten Elisabeth. Dann die Eboli, die ihren zweiten, letzten Auftritt hat – so viel Dramatik hat selbst Verdi selten in einem einzigen Bild.

Noch viel geschieht: Uns bleibt Posas Abschied von Carlos und des Carlos Abschied von Elisabeth. Da Ende (nimmt Karl V. seinen Enkel wirklich in Schutz?) ist unerheblich.

nach Flandern zu reisen. Dann wird er auf Befehl der Inquisition erschossen. Um Carlos aus dem Kerker zu holen, steht das von der Eboli angestachelte Volk auf. Es steht schlecht um den König. Es stünde schlecht um ihn. Wäre da nicht der Großinquisitor. Er befiehlt – und Spanien kniet wieder vor dem König, der als das Werkzeug der Inquisition weiter herrschen kann.

So kompliziert oft Vorgeschichten sind, so rasend rasch naht dann das Ende. Elisabeth und Carlos nehmen, wie Posa es wollte, Abschied. Philipp und der Großinquisitor verhindern alle Pläne des Infanten. Sie wissen, was geschehen soll. Aber auch ihre Pläne gehen nicht auf. Karl V. zieht seinen Enkel ins Kloster. Wer wird weiterleben? Wer regieren? Wer leiden?

Die „Vorgeschichte" ist von Verdi komponiert, es ist der so genannte „Fontainebleau-Akt", der wenigstens manchmal auch gesungen wird. Dass auch an großen Opernhäusern auf ihn verzichtet wird, hat sehr pragmatische Gründe. Die populärsten Melodien finden sich erst in der kompakteren Version. Und diese ist lang genug. Aber kürzer als die komplette Oper ...

Aida

Libretto: *Antonio Ghislanzoni*
Uraufführung: *24. 12. 1871 in Kairo*
Personen/Stimmen: *Der König von Ägypten* König (Bass) – *Amneris* seine Tochter (Mezzosopran) – *Aida* äthiopische Sklavin (Sopran) – *Radames* Feldherr (Tenor) – *Ramphis* Oberhaupt der Priester (Bass) – *Amonasro* König von Äthiopien, Aidas Vater (Bariton) – *Bote* (Tenor) – *Priesterin* (Sopran)

Es geht schon einmal aufregend los: Radames sollte auf Wunsch des Komponisten ein hohes G pianissimo singen. Er kann es so gut wie nie.

„Es ist eine alte Geschichte, doch bleibt sie immer neu ..." heißt es bei Heinrich Heine und meint, immer wieder gäbe es Menschen, die andere Menschen lieben, die aber diese Liebe nicht erwidern können, weil sie wieder einen anderen Menschen lieben. So ungefähr. Da es sich um eine alte Geschichte handelt, kann sie sich auch in Ägypten in den Tagen des Pharao abspielen. Der hat eine Tochter, Amneris, die den jungen Feldherrn Radames anbetet. Dieser aber hat nur ein einziges Ziel vor Augen. Sich vor Aida, der Sklavin der Amneris, auszuzeichnen.

Die Äthiopier sind in Ägypten eingefallen, es kann rasch geschehen, dass Radames seine Chance erhält. Und wirklich, er wird von den Priestern zum Feldherren im Kampf gegen die Äthiopier gewählt. „Als Sieger kehre heim" wird ihm zugerufen, und das von vielen Menschen.

Von Amneris, die hoffen kann, dass sie als Königstochter einem siegreichen Helden die Hand geben darf.

Aber auch von Aida, die gegen ihre Herkunft entscheidet und hofft, ihr Held Radames werde auch die Äthiopier – ihr eigenes Volk – schlagen.

Radames ist noch im Kampf, da entdeckt Amneris endlich, dass sie eine Rivalin hat und wer sie ist: Aida. Einfach ist das: Sie muss nur der über die verlorene Schlacht der Äthiopier unglücklichen Aida sagen, Radames sei gefallen. Und schon gesteht sie Amneris ihre Liebe. Aida möchte am liebsten sterben.

Radames lebt, ist heimgekommen, wird durch einen Triumphmarsch geehrt. Vor dem König und seiner Tochter ziehen die siegreichen Truppen, ihre Beute, die Gefangenen vorbei. Aida entdeckt unter diesen ihren Vater, Amonasro, den König selbst. Außer ihr weiß niemand in Ägypten, welche Beute Radames da wirklich heimgebracht hat. Trotzdem, Radames empfängt alle Ehren und das Versprechen des Königs, er habe einen Wunsch frei. Deutlicher kann nicht gesprochen werden. Jetzt müsste er um die Hand der Tochter seines obersten Herren anhalten, und dieser könnte sie ihm nicht verweigern.

Aber Radames hat einen anderen, einen seltsamen Wunsch. Er bittet um die Freilassung der Gefangenen, des Volkes, aus dem auch Aida – seine Geliebte – kommt.

Die Priester warnen rasch und eindringlich. Feinde macht man nieder, man entlässt sie nicht in die Freiheit. Der König aber hat geschworen, und also sind die Äthiopier frei. Amneris ist unglücklich.

Ihr bleiben nur die Priester, bei denen sie Rat suchen kann. In der Dunkelheit schleicht sie in den Tempel am Nil. Unweit davon beschwört Amonasro seine Tochter. Sie hat Macht über Radames, soll diese benützen und mit ihm fliehen. Äthiopien wird siegreich sein, wenn Radames sein Heer anführt. Einwände Aidas werden weggewischt. Will sie noch ein Kind ihres Volkes sein?

Aida verführt Radames bis zu einem gewissen Punkt. Daheim kann er mit einer Sklavin nicht leben. Nach Äthiopien will er mit ihr. Dann aber: Mit ihrem Vater, der der große Feind

Amneris geht strahlend ab, Aida hat zu singen – Angst um ihr Volk, Angst um den Geliebten. Was für eine Rolle!

Man nennt das den Triumphakt, und neuerdings versuchen Regisseure, die privaten Beziehungen „herauszuarbeiten". Aber seit Verdis Zeiten will das Publikum den Triumph sehen. Und Verdis Verlagshaus hat nicht umsonst (in des Wortes mehrfacher Bedeutung) die für diese Szene geforderten, langen scheinbar ägyptischen Trompeten geliefert …

Opernbesucher sind so, sie nennen das den Nil-Akt. Amneris beginnt, Aida und Radames haben ihr hohes C, Amonasro kann orgeln.

Amonasro selbst ist? Das ist unvorstellbar. Das ist mehr, als ein ägyptischer Feldherr über sich bringen könnte.

Amneris hat gelauscht. Sie ruft die Wache. Radames verhilft Amonasro zur Flucht. Es wird seine letzte Liebestat sein. Denn er muss sich jetzt den Richtern stellen.

Die Richter, das sind die Priester, sind schnell mit ihrem Spruch da. Radames wird zum Tod verurteilt.

Amneris, die ihm als letzten denkbaren Ausweg ihre Liebe offenbart, wird von dem erschütterten Soldaten weggestoßen. Er hat sein Vaterland verraten. Er will den Tod, den er verdient hat.

Er bekommt einen anderen, unfassbaren Tod, den er nicht verdienen konnte. Aida hat sich in das Felsengrab geschlichen, in dem man Radames bei lebendigem Leib sterben lassen wird. Das heißt, die beiden Liebenden sind vor und im Tod vereint.

Amneris aber ist, wie Jahrtausende später Heinrich Heine mit anderen Vorzeichen dichtet, die unglückliche Person, die in einen verliebt war, der in eine andere verliebt war. Heute kommt dergleichen nicht mehr vor. Oder?

Kontrabässe haben selten etwas zu sagen in der Oper. Beim Verhör des Radames aber sind sie wichtig.

Die Todesszene ist, als hätte der Komponist nicht einen Moment daran gedacht, dass bei ihm eine Festoper bestellt wurde, das Ergreifendste (und doch auch Populärste), das je in Musik getaucht wurde. Und mit dieser Oper – sagte man einst – hat Verdi sich an Wagner angenähert? Was für ein Unsinn.

Otello

Libretto: *Arrigo Boito*
Uraufführung: *5. 2. 1887 in Mailand*
Personen/Stimmen: *Otello* ein Mohr, Befehlshaber der venezianischen Streitkräfte (Tenor) – *Desdemona* Otellos Gemahlin (Sopran) – *Jago* Fähnrich (Bariton) – *Cassio* Hauptmann (Tenor) – *Rodrigo* ein venezianischer Edelmann (Tenor) – *Lodovico* Gesandter der Republik Venedig (Bass) – *Montano* früherer Statthalter von Cypern (Bass) – *Emilia* Jagos Gemahlin (Mezzosopran)

Das ist die Geschichte eines Taschentuchs. Oder aber die Tragödie eines Helden, der daran stirbt, dass er ein Mohr ist. Oder die traurige Geschichte einer Unschuldigen, der man Mann und Leben stiehlt. Oder das Ende eines abgefeimten Bösewichts.

Man kann auswählen, was man sehen und hören will. Im Grunde erlebt man schaudernd alle diese Tragödien, Geschichten, Tode. Und das Taschentuch ist nur ein Requisit. Eine Kleinigkeit, die allerdings unter keinen Umständen fehlen darf, wenn man „Otello" spielt.

Wieder ein fulminanter Auftakt, Unwetter und der jubelnde Auftritt des geretteten Otello. Spätestens mit dieser Oper hat Verdi alle Komponisten (seiner Zeit) weit hinter sich gelassen.

Noch etwas im Voraus: Ein Mohr ist heutzutage ein Farbiger, der es nicht ertragen kann, dass man ihn einen Neger nennt. Nicht, weil er es zum kommandierenden General gebracht hat und deshalb nicht beleidigt werden darf. Sondern ganz einfach, weil man ihn aus Gründen der Menschenwürde nicht als Neger zu bezeichnen hat.

Otello ist ein Mohr und Feldherr. Im Dienste der Kaufmannsrepublik Venedig ist er der bedeutendste Kriegsherr, den der Senat je engagiert hat. Dass man ihm Desdemona, die blonde Tochter eines Senators, zur Frau gab, war außergewöhnlich. Aber – sie liebten einander, und auch ein Mohr hat Seele und kann unsterblich verliebt sein.

Er ist als Oberkommandierender auf Zypern stationiert. Die Insel hat ihre eigene Geschichte, Eroberer sind ihr nie fremd gewesen.

Zur Besatzungsmacht auf Zypern zählt man den venezianischen Edlen Rodrigo, der als adeliger Venezianer einen Mohren nicht leiden kann. Dann Cassio, den Hauptmann, und Jago, der es nur zum Fähnrich gebracht hat und deshalb Cassio nicht leiden kann.

Desdemona, die blonde Frau des Otello, hat Emilia, Ehefrau des Fähnrichs, als Dienerin mit auf Zypern.

Eine stürmische Nacht: Die Menge sieht im Hafen, wie das Schiff des Otello gegen einen wütenden Sturm kämpft, um anlegen zu können. Es legt aber an, und Otello brüllt vor Freude auf. Er hat die Türken geschlagen und ist heimgekehrt zu Desdemona.

Jago hätte es gern anders gesehen. Wäre er nicht gern nur Hauptmann, sondern vielleicht selbst Oberkommandierender?

Jagos Element ist die Intrige. Er nützt die Siegesfeier, um den sehr nüchternen Hauptmann Cassio betrunken zu einem Streit zu treiben. Der zieht den Degen und verletzt einen gewissen Montano, Otellos Vorgänger.

Eine betrunkene Geschichte? Jago lässt die Glocken läuten, Otello wird geweckt, lässt Cassio zornig den Degen abnehmen und befiehlt Ruhe.

Still soll es sein, der Sturm hat sich gelegt, Desdemona und Otello lieben einander.

Am hellen Tag treibt Jago seine Pläne weiter. Er erklärt Cassio, nur eine Fürsprecherin Desdemona könne ihm helfen. Und er zeigt danach aus der Ferne Otello, wie Cassio sich Desdemona nähert. Unter anderen Umständen eine Kleinigkeit. Wenn

Jagos berühmtes „Credo". Der vom Komponisten ausdrücklich als blonder Schurke bezeichnete Bariton holt sich seinen Triumph – oder er ist falsch besetzt.

Das Lied von der Weide. Ein Ave Maria. Und dann sind wieder die Kontrabässe dran und lassen uns das nahende Ende ahnen.

aber einem Mohren deutlich gemacht wird, dass sich der junge venezianische Hauptmann der Frau des Oberkommandierenden nähert ...

Otello rast rasch. Er kann seiner angebeteten Desdemona nicht sagen, weshalb, aber er nimmt das Taschentuch, das sie – ein Geschenk von ihm – auf seinen Kopf legen will, und wirft es wütend zu Boden. Das Tüchlein wird von der Dienerin Emilia aufgehoben und ihr von ihrem Mann Jago weggenommen. Es soll bald seine Rolle spielen.

Otello nämlich ist nicht aufzuhalten. Er hört, was Jago andeutet, und ergänzt es geistig. Cassio hat im Schlaf nach Desdemona geseufzt? Er soll sterben, schwört Otello, und Jago kann nur zustimmen. Desdemona setzt sich für Cassio ein? Was will man mehr an Beweisen?

Jago liefert sie sofort. Er bringt Otello in die unwürdigste Situation, und der merkt es nicht einmal. Er muss lauschen: Jago spricht mit zwei Stimmen. Er fragt Cassio nach seinen Erfolgen bei einer gewissen Bianca – und Cassios Prahlerei hört Otello als Nachweis, dass es sich um Desdemona handeln muss. Jago zeigt, was er Cassio nicht abgenommen hat; das bewusste Taschentuch.

Was will einer noch mehr an Beweisen? Otello will keine mehr. Er ist überzeugt davon, seine Desdemona betrügt ihn.

Als da noch dienstliches Unglück über ihn hereinbricht, ein Gesandter des Dogen erscheint und verkündet, Cassio sei der neue Statthalter auf Zypern, der tapfere Krieger Otello habe heimzukehren, brüllt dieser wieder auf. Sein erfolgreicher Nebenbuhler nimmt ihm auch seine Position?

Dass Venedig seine Feldherren wechselt und seine Statthalter erst recht, bedenkt er nicht. Dass Jago ihn auf eine nicht existente Spur gelenkt hat, spürt er nicht. Er hat sich als Soldat nur noch so sehr in der Gewalt, dass er nicht um sich sticht. Desdemona aber wird vor allen Noblen einfach zu Boden geschleudert.

Otello weiß nicht mehr, was er tut. Er selbst bricht wie ein gefällter Baum zusammen. Jago kann's riskieren. Er stellt seinen Fuß auf den Ohnmächtigen. Er hat Otello besiegt.

Desdemona lässt sich von Emilia das Haar kämmen. Sie will schlafen. Furchtsam und unschuldig singt sie ein Lied, betet und legt sich zu Bett. Sie erwartet ihren Otello. Ein scheinbar gefasster Mörder erscheint. Otello weckt seine geliebte Desdemona, um sie zu töten. Man hat ihm gesagt, Cassio sei tot – Desdemona will das nicht wahrhaben wie alle anderen Anschuldigungen, Otello nimmt das erneut als Zeichen ihrer Schuld und erwürgt sie.

Ist das das Ende? Nicht ganz, es müssen noch mehr Menschen sterben. Emilia hat Angst, sie kommt mit Cassio – der nicht ermordet wurde – und dem Abgesandten Venedigs an die Tür. Sie erklärt dem Mörder Otello, wie das Taschentuch, das er Desdemona geschenkt hat, in die Hände ihres Mannes, nie in die Cassios gekommen ist.

Otello brüllt nicht mehr. Er gibt seine Degen, das Zeichen seiner Ehre, in die Hände des Gesandten Venedigs. Und ersticht sich mit seinem Dolch.

Die Liebenden sind tot. Derjenige aber, dem eine Intrige gelungen ist, kann nicht triumphieren. Man wird ihm den Prozess machen.

Nur ganz am Rande: Auch für diese Oper der Leidenschaft hat Giuseppe Verdi eine – beinahe nie zu hörende – Ballettmusik geschrieben. Für Aufführungen in Paris war Ballett obligat. Und Verdi wollte seinen „Otello" auch in Paris aufgeführt sehen. Der künstlerisch unbestechliche „Greis von Busseto" machte Konzessionen ...

Falstaff

Libretto: *Arrigo Boito*
Uraufführung: *9. 2. 1893 in Mailand*
Personen/Stimmen: *Sir John Falstaff* (Bariton) – *Ford* Alices Gatte (Bariton) – *Fenton* (Tenor) – *Dottore Cajus* (Tenor) – *Bardolfo* in Falstaffs Diensten (Tenor) – *Pistola* in Falstaffs Diensten (Bass) – *Mrs. Alice Ford* (Sopran) – *Nannetta* Tochter von Alice und Ford (Sopran) – *Mrs. Quickly* (Mezzosopran) – *Mrs. Meg Page* (Mezzosopran)

Sicherlich haben Sie schon von Sir John Falstaff gehört, dem Dickwanst aus Shakespeares Königsdrama. Er war der treue Waffengenosse seines Königs, ein immer heiterer Trinker und Esser, nur ein wenig heruntergekommen. Aber ein Sir, wie man sogar heute noch zu sagen pflegt.

Er ist in schlimmen Geldnöten, kann seine Zeche nicht mehr bezahlen, hat Hunger und Durst. Also schreibt er gleich zwei Ehefrauen verliebte Briefe und erhofft sich von den Rendezvous mit den gar nicht Armen ein wenig Geld.

Für die ganze Oper: Das Alterswerk des Giuseppe Verdi ist unvergleichlich. Man muss ununterbrochen dem Orchester zuhören, das seine Kommentare gibt. Man kann sich nicht auf die Arien des feisten Falstaff oder des aufgeregten Herrn Ford konzentrieren, denn die Ensembles sind alle ebenso wichtig oder sogar wichtiger. Man hat nur eine Andeutung der jungen Liebe Nanetta–Fenton, und deshalb haben es Opernhäuser auch immer schwer, den Tenor ordentlich zu besetzen. Er hat, denkt er, zu wenig zu singen. Ist völlig unwesentlich, denn erstens dominiert Falstaff, und zweitens wartet man nur noch auf die Schlussfuge, das Credo Verdis: Tutto nel mondo e burla. Wir alle sind die Gefoppten, und wer das weiß, der allein ist klug.

Dass seine beiden Diener meinen, dergleichen sei unvereinbar mit ihrer und seiner Ehre, bringt ihn in Rage. Was ist Ehre? Kann man sie essen? Trinken? Er lässt die Briefe von einem Pagen austragen.

Die beiden Frauen heissen Ford und Page, sind gute Nachbarinnen und haben zudem Mrs. Quickly zur Freundin. Alice Ford hat weiters ein süßes Mädchen, das nach dem Willen seines Vaters einen dürren Mann heiraten soll, aber längst in einen jungen Burschen verliebt ist. Aber das wäre ja beinahe eine andere Oper, kämen nicht beide Frauen mit den bewussten Briefen des Sir John Falstaff gelaufen. Sie zeigen sie einander und lachen vom Herzen. Dem allseits bekannten Dicken einen Streich zu spielen, das ist zuerst einmal die Geschichte.

Weshalb Sir John Falstaff Besuch bekommt. Mrs. Quickly stellt sich als Botin ein und erfreut ihn mit der Nachricht: Alice Ford sei begeistert, sie werde ihn in ihrem Haus erwarten. Und: Mrs. Page sei gleichfalls angetan, sie könne ihn allerdings nicht empfangen – ihr Mann sei daheim.

Kaum ist die Kupplerin weg, geht das grausame Spiel weiter. Ein fremder Herr lässt sich anmelden, zeigt sich mit dem Geschenk einer Flasche guten Weins als kluger Mann und bittet Sir John Falstaff um dessen Hilfe bei der Eroberung von Alice Ford. Nichts leichter als das, meint der Dicke, jetzt wieder auf der Höhe seiner guten Laune. Er werde zunächst seinen Besuch absolvieren – und dann sei die Festung ja wohl ein für allemal eingenommen.

Der fremde Herr ist aber Mister Ford, dem die Diener Falstaffs von den Billetts erzählt haben, ein dummer, eifersüchtiger Mann. Dass seine Frau selbst längst einen Plan hat, weiß er nicht. Warum auch?

Im Hause der Fords verläuft dann die Geschichte recht nach Plan. Einerseits haben die jungen Verliebten Zeit, sich miteinander zu beschäftigen, andererseits stellen die nicht mehr ganz so jungen Frauen die Falle für Sir John Falstaff. Als dieser eintrifft und Alice Ford den Hof macht, wird er von Meg Page gestört. Die wiederum muss zugeben, dass Mister Ford im Kommen ist. Während dieser wirklich kommt und Falstaff in einem riesigen Waschkorb untertauchen muss, durchstöbert man – Dienerschaft und der eifersüchtige Mann – das Haus. Und findet wenigstens ein Liebespaar: Nanetta Ford und den jungen Fenton.

Der Waschkorb aber wird in den Wassergraben unter dem

Fenster geleert. Ein grobes Ende des niemals absolvierten Abenteuers Sir Johns.

Dessen vorletzte grausame Stunde hat geschlagen. Er friert und braucht Glühwein, um wieder zu Kräften zu kommen. Er jammert, und begreift noch immer nicht, was mit ihm gespielt wird, als Mrs. Quickly wiederkommt und abermals einen Brief parat hat. Er soll als „Schwarzer Jäger" um Mitternacht in den Park von Windsor kommen. Man erwarte ihn …

Ob sich jetzt alle gegen ihn verschworen haben? Ganz so ist's nicht, die Fronten sind sozusagen aufgeweicht, die heiteren Frauen lassen sich von den nicht ganz so ehrversessenen Dienern helfen: Im Park ist das junge Mädchen eine Elfenkönigin, ihr Liebhaber Fenton erhält eine Mönchskutte – Vater Ford hat seinem Günstling auch eine übergeworfen.

Sir John wartet um Mitternacht. Wieder kommt Alice, wieder stört Meg, Elfen und schlimme Geister martern ihn. Bis er um Gnade fleht.

Aber? Die andere Geschichte muss auch noch beendet werden. Vater Ford will den Spuk mit einer Hochzeit krönen, und weil's zwei Mönche gibt, verheiratet er zwei Paare. Seine Alice mit Fenton und seinen Günstling mit dem Diener.

Sir John Falstaff hat wieder Grund zu lachen. Nicht er allein ist der Gefoppte, es gibt da noch den und jenen. Und im Grund ist ja die ganze Welt nur eine Ansammlung von armen Menschen, denen man manchmal übel mitspielt.

Spielt? Das ist die Moral von der Geschichte. Die ganze Welt ist ein Komödienhaus – und wer es weiß, der allein ist klug. Sind wir das?

Die letzte Oper Giuseppe Verdis ist ganz und gar nicht populär. Aber sie ist genial und das, was man einen Abgesang nennt. Wer Verdi einen Erfinder von Leierkastenmelodien nennt – und solche gibt's – und verächtlich denkt, der wird mit diesem „Falstaff" unweigerlich bekehrt.

RICHARD WAGNER

* 22. 5. 1813 in Leipzig, † 13. 2. 1883 in Venedig

Rienzi, der Letzte der Tribunen

Libretto: *Richard Wagner*
Uraufführung: *20. 20. 1842 in Dresden*
Personen/Stimmen: *Cola Rienzi* päpstlicher Notar (Tenor) – *Irene* seine Schwester (Sopran) – *Steffano Colonna* Haupt der Familie Colonna (Bass) – *Adriano* sein Sohn (Mezzosopran) – *Paolo Orsini* Haupt der Familie Orsini (Bass) – *Raimondo* Päpstlicher Legat (Bass) – *Baroncelli* römischer Bürger (Tenor) – *Cecco del Vecchio* römischer Bürger (Bass) – *Friedensbote* (Sopran) – *Herold* (Tenor)

Dem verehrten Leser: Richard Wagner, der bald nach dieser Oper begann, nicht mehr Opern, sondern Musikdramen zu schreiben, darf man mit mehr oder minder heiteren Randbemerkungen nicht kommen. Ich hätte vor allem angesichts der neueren Inszenierungen von Wagners Werken viel zu viel zu schreiben, denke aber nicht daran, die unendlich vielen Dummheiten in Zusammenhang zu bringen mit einem Lebenswerk, das ungezählte Kommentatoren und mehrere Bibliotheken heraufbeschworen hat. Darum für alle die Werke Richard Wagners: Kein Kommentar.

Dergleichen hat es erstens wirklich gegeben, zweitens geschieht es bis in unsere Tage und endet beinahe immer tragisch. In einer politisch heiklen Situation tritt ein Held auf, ein wahrer Volksheld, der wahren Patriotismus beschwört und entfacht. Und schließlich in den politischen Wirren, die er auf Dauer nicht bannen kann, untergeht. Verschieden bleibt an dieser Situation, die wir alle aus grausamen Fernsehberichten kennen, nur: ob der Held nach Macht strebt oder wirklich an eine „Sache" glaubt. Und wie er schließlich zugrunde geht. In Würde, oder als neuer Nero ...

In Rom herrscht Anarchie. Der Papst ist nach Avignon geflohen, die Adelsfamilien Colonna und Orsini kämpfen um die Macht. Und auch um eine junge Frau. Diese ist Irene, die Schwester des päpstlichen Notars Cola Rienzi, geliebt von Adriano Colonna.

Bei einem Versuch der Orsinis, diese Schwester Rienzis zu entführen, beginnt eine der Straßenschlachten, die es nur in Italien gibt. Ein päpstlicher Legat, der die beiden Parteien besänftigen will, ist machtlos. Rienzi aber nicht. Er ist, was man eine charismatische Persönlichkeit nennt. Sein Auftreten vor dem Volk von Rom bringt eine neue Facette in den Kampf: Er will den Adel seiner Macht berauben, den Papst aus Avignon heimholen. Und vor allem: Er will Rom noch einmal den römischen Bürgern geben, die nie vergessenen Zeiten des einstigen „Imperiums" zurückrufen.

Darauf geht das Volk ein. Warum sollen sie nicht wieder

Römer, die Beherrscher der Welt sein? Brauchen sie eine andere Macht als einen Volkstribun, gewählt nach grossen Vorbildern?

Rienzi wird zum Tribun ausgerufen, er zieht an der Spitze des Volkes in den Kampf. Adriano Colonna vergisst, dass er von Adel ist. Er stellt sich auf die Seite Rienzis. Der vertraut ihm seine Schwester an. Ein großer Mann, der an seine Berufung glaubt und darauf vertraut, dass seine Berufung auch einen jungen Mann von Adel mitreißen kann.

Der Aufstieg des Mannes aus dem Volk scheint unaufhaltsam. Der Adel unterwirft sich – nicht überzeugend und nur für den Augenblick. Der junge Colonna bleibt an der Seite seines neuen Idols und Führers, der immer mehr erreichen will: Rom ist nicht mehr in den Händen des Adels, nicht in den Händen des Papstes, es soll sich auch der Macht des deutschen Kaisers entziehen. Ein großes Reich soll wieder erstehen.

Mitten in einem Festakt wird ein Anschlag der Orsinis auf Rienzi verübt, misslingt, bringt dem Tribun noch größere Popularität: Er bittet das Volk um Gnade für die verräterischen Adeligen, lässt diese noch einmal auf die neue, von ihm entworfene „Verfassung" schwören. Und glaubt, seine Schwester und den jungen Colonna an seiner Seite, an seine Vision, und an sich.

Es hilft ihm wenig, der Adel bildet allmählich eine geschlossene Front gegen Rienzi, der sich die Kirche anschließt. Rienzi beschwört den Heiligen Geist selbst, zieht in eine weitere Schlacht und kehrt noch einmal siegreich heim – diesmal sind die Oberhäupter der beiden großen Geschlechter, Orsini und Colonna, auf dem Feld der Ehre geblieben. Das bedeutet einen schlimmen Sieg für den Volkstribun, denn jetzt ist auch sein einziger adeliger Freund nicht mehr zu halten – der junge Adriano schwört, er werde Rache nehmen.

Unaufhaltsam neigt sich der Aufstieg des sendungsbewussten Mannes, den das Volk geliebt und zu immer neuen Höhen getrieben hat, dem Ende zu: Adriano tritt jetzt als Widersacher auf. Rienzi will zur Laterankirche, wo ein Tedeum zu seinen Ehren gefeiert werden soll. Das Volk jubelt ihm noch einmal zu, er hat immerhin die Gabe eines Redners wie kein anderer in Rom. Aus der Kirche aber tritt der Legat des Papstes. Die Kirche, die letzte Macht, der sich Rienzi auch nicht beugen will, belegt ihn mit ihrem Bann. Rienzi hat niemanden mehr an seiner Seite.

Er tut, was von Gott und der Welt verlassene Herrscher auf die

eine oder andere Art vor und nach ihm getan haben: Er zieht sich auf das Kapitol zurück, die Burg Roms soll weiter ihm gehören. Adriano fleht Rienzis Schwester an, sich im letzten Augenblick retten zu lassen. Sie hört nicht auf ihn. In den Flammen, unter den von vor kurzem noch jubelnden Volk zum Einsturz gebrachten Mauern des Kapitols sterben sie. Adriano, seine Angebetete. Und Rienzi.
Ihm hat seine Vision von Größe, die er nicht für sich, sondern für sein Rom gehabt hat, den Tod gebracht. Rom hat ihn nicht verstanden. Die Welt versteht Herrscher nie. Wer will behaupten, dass dies nicht die einzige Ursache ist, warum wir immer noch existieren?

Wagners höchst italienische Oper wird immer wieder aufgeführt. Zumeist sind es Dirigenten, die mehr als die so populäre Ouvertüre musizieren wollen. Manchmal sind es auch Regisseure, denen Rienzi ein Symbol für den Machtmenschen, den Volkstribun, ist.

Der fliegende Holländer

Libretto: *Richard Wagner*
Uraufführung: *2. 1. 1843 in Dresden*
Personen/Stimmen: *Daland* norwegischer Seefahrer (Bass) – *Senta* seine Tochter (Sopran) – *Erik* ein Jäger (Tenor) – *Mary* Sentas Amme (Mezzosopran) – *Der Steuermann* Dalands (Tenor) – *Der Holländer* (Bariton)

Er ist eine Sagenfigur. Einer, der sich gegen Gott aufgelehnt hat und verdammt wurde – als Seemann hat er mit seinem Schiff und seiner Mannschaft für immer auf dem Meer zu bleiben, darf einmal alle sieben Jahre an Land gehen und versuchen, eine treue Frau zu finden. Weil er die aber nicht findet, muss er zurück auf sein Schiff. Und hinterlässt, erfährt man, jeweils eine Unglückliche.
Eine Sagenfigur wie der berühmte Ewige Jude, der auch in vielerlei Gestalt weiterleben muss und erst am Tag des Jüngsten Gerichtes zur Ruhe – zu welcher aber? – finden wird.
Gibt es Sagen? Gibt es auf ewig verdammte Seeleute?
Es muss sie geben, so lange man einander von ihnen erzählt und irgendwer an sie und ihr Schicksal glaubt.
Daland, ein einfacher, raffgieriger Kapitän, hat daheim sogar

ein Bild dieses berüchtigten „Fliegenden Holländers" an der Wand. Er selbst aber segelt dahin und ärgert sich nur, wenn er eines Sturms wegen knapp vor der Küste, an der sein Haus steht, an einem einsamen Fleck vor Anker gehen muss.
Neben seinem zur Ruhe verdammten Schiff taucht tatsächlich der Holländer auf. Sieben Jahre sind vorüber, er ist „an Land geworfen". Und muss wieder einmal nach Treue suchen.
Vorerst findet er allerdings nur Daland und erfährt von dem, daheim gäbe es eine schöne Tochter, die nach dem Willen ihres Vaters zweifellos auch ihn heiraten werde – immerhin sieht ein Blinder, dass da Geld und Gold und unermessliche Schätze warten, der Familie Daland in den Schoß zu fallen.
Man begreift allerdings auch bald, dass „daheim" wirklich eine schöne Tochter wartet, die den Fliegenden Holländer und sein Schicksal von Bild und Sage her kennt und bereit wäre, ihn von seinem Fluch zu erlösen. Wenn er nur mehr wäre als der Inhalt einer alten Ballade, die sie auswendig kann, aber nicht singen soll, weil es im Hause Daland normal und nicht hysterisch zugeht.
Bis zu dem Augenblick, in dem sich diesmal die Türe öffnet und vor Senta nicht irgendein Hausgast, sondern die große Herausforderung steht. Der bleiche Seemann, der seinem Bild an der Wand zum Verwechseln ähnlich ist.
Daland begreift so gut wie nichts. Er bringt einen reichen potenziellen Bräutigam ins Haus.
Senta glaubt, alles zu begreifen. Sie ist diejenige, die den Fliegenden Holländer erlösen wird.
Der Verfluchte weiß nicht, was geschieht. Ist das endlich die Frau, die ihm für immer treu bleiben wird?
Es geht für jede der drei Personen um einen großen Einsatz. Und weil sich der gesunde Hausverstand immer erst einmal durchsetzt, wird ein Verlobungsfest angesetzt. An dem die Mannschaft Dalands, die Mädchen an Land, zuletzt auf recht gespenstische Art auch die Seeleute vom fremden Schiff teilnehmen.
Nur einer will es nicht wahr haben. Erik, ein Jäger. Er war der jahrelange Anwärter auf Senta und hat sich berechtigte Hoffnungen gemacht – bisher hat sie niemanden angesehen außer ihn. Und ein Bild. Aber ist ein Bild ein Nebenbuhler?
Jetzt ist aus dem Bild ein Mann geworden, Erik redet verzweifelt auf Senta ein und erinnert sie, dass sie ja sein Mädchen ist. Immer gewesen ist. Oder erinnert sie sich daran nicht mehr?

Der unselige Holländer hört das, fühlt sich einmal mehr betrogen und will davon. Diesmal geht es nicht nur um ihn, Senta mag seine Braut sein, ist aber noch nicht seine Frau. Er kann sie retten, indem er rasch zurück aufs Meer verschwindet.
Nur: Senta denkt anders. Sie hat ihm Treue geschworen. Treue bis in den Tod. Den sucht sie jetzt und stürzt sich in das Meer. Was ist geschehen? War da ein Schiff? Ein fremder, reicher Kapitän?
War das der Fliegende Holländer, dem ein junges Mädchen Erlösung gebracht hat? Es scheint so.

Die „Ballade" wird am einprägsamsten, wenn man sie ohne Pause spielen lässt. Und beinahe alle Deutungen, die man dem p.t. Publikum anbietet, sind möglich. Denn der Fliegende Holländer ist ja eine Sagenfigur.

Tannhäuser und der Sängerkrieg auf der Wartburg

Libretto: *Richard Wagner*
Uraufführung: *19. 10. 1845 in Dresden*
Personen/Stimmen: *Hermann Landgraf von Thüringen (Bass) – Tannhäuser (Tenor) – Wolfram von Eschenbach (Bariton) – Walther von der Vogelweide (Tenor) – Biterolf (Bass) – Heinrich der Schreiber (Tenor) – Reinmar von Zweter (Bass) – Elisabeth Nichte des Landgrafen (Sopran) – Venus (Sopran oder Mezzosopran) – Ein junger Hirt (Sopran) – Vier Edelknaben (Sopran und Alt)*

Man sollte es wissen. Minnesänger hat es gegeben, alles adelige Männer, die von Burg zu Burg ritten und ihr Publikum damit erfreuten, entweder uralte Legenden zu erzählen oder von der Liebe zu singen. Und die manchmal auch der Frau oder der Tochter des Hauses zu tief in die Augen schauten.
Ihre Namen kennt man bis auf den heutigen Tag, und vielleicht weiß man auch, dass es die Sänger zum Wettgesang auf die Wartburg zog, wo sie einer nach dem anderen über ein vom Landgrafen vorgegebenes Thema ihre neuen Verse vortrugen.
Heinrich von Ofterdingen war so ein Sänger, den man freilich unter einem anderen Namen kennt. Tannhäuser hieß er, ihm

wurde langweilig dabei, die Liebe zu Frauen immer nur zu singen und in wohlgeformten Strophen zu verfassen. Er wollte die Liebe auf das Äußerste praktizieren.

Wo anders sollte ihm das gelingen als in den Armen der Venus selbst, der verführerischsten aller Frauen, die mit ihrem ganzen lüsternen Gefolge unweit der Wartburg ihres Amtes waltete?

Trotzdem: Selbst die vollkommene Hingabe der Venus war Tannhäuser nach einiger Zeit zu viel, auch langweilig. Er spürte, noch während er ihr Lob sang und ihr Geliebter war, dass dies auf Dauer nicht nur eine unheilige, sondern auch eine sozusagen zeitlich begrenzte Leidenschaft sei.

Und endete sein höchstes Loblied mit der höchst befremdlichen Bitte, Venus möge ihn wieder ziehen lassen. Das allein hätte nicht geholfen, eine stärkere Anrufung war notwendig. Tannhäuser wusste auch die. Als er die Gottesmutter zu seinem Beistand anrief, lag er plötzlich nicht mehr in den Armen der Venus, sondern in einem Tal unweit der Wartburg. Pilger zogen an ihm vorüber, um in Rom für ihr Heil zu beten, und Tannhäuser selbst war tief ergriffen.

Landgraf Heinrich, der mit großem Gefolge durch das Tal ritt und den so lange verschwundenen Heinrich von Ofterdingen wiedersah, war glücklich und lud ihn ein zum Sängerfest. Tannhäuser dankte, er fühlte sich alles andere als aufgelegt, ins einstige Leben zurückzukehren. Aber – da war Elisabeth, die Nichte des Landgrafen. Ihr wollte er wieder begegnen ...

Auf der Wartburg herrschte helle Aufregung: Tannhäuser war wieder da. Elisabeth, die lange keinem Sänger mehr zuhören wollte, lief in den Saal und Tannhäuser entgegen. Und Wolfram von Eschenbach, ein ernsthafter Mann und ernster Konkurrent seines Freundes Tannhäuser, musste begreifen, wie groß die Liebe Elisabeths war.

Beim Sängerfest aber kam es zum großen Eklat.

Der Landgraf, in bester Absicht, gab den versammelten Minnesängern das schönste aller Themen auf. Die Minne selbst.

Einer nach dem anderen sang seine Strophen. Wolfram von Eschenbach nannte sie einen klaren Quell. Walther von der Vogelweide lobte die Tugend, die allein sich diesem Quell nähern dürfe. Biterolf erklärte, Liebe und Frauenehre seien das Ideal, für das zu kämpfen sich lohne.

Und Tannhäuser? Er antwortete jedem und er höhnte alle. Sie seien lahme, unerfahrene Sänger. Sie wüssten nicht, worüber sie ihre Verse zimmerten. Die Liebe, das sei Leidenschaft und Sinnlichkeit in den Armen der Frau Venus. Er wisse, wie die sei.

So etwas hatte noch kein Ritter je gesagt oder gesungen. So etwas war das Bekenntnis zur Todsünde selbst. Nicht nur die Konkurrenten, vor allem die keuschen Rittersfrauen und die angeblich edlen Ritter waren erbost bis zum Äußersten. Sterben sollte der Sünder, der zugegeben hatte, wie schwer er sich vergangen hatte.

Nur Elisabeth konnte das verhindern. Sie warf sich zwischen die Ritter und bat um das Leben des Mannes, der ihr selbst das Schlimmste bereits angetan hatte.

Ihr Onkel suchte Zuflucht zu einem Urteilsspruch, den er nicht fällen wollte. Tannhäuser sollte nach Rom. Der Papst selbst sollte sagen, was mit einem zu geschehen hatte, der Venus „angehört" hatte.

Monate vergingen, man erwartete die Heimkehr des Pilgerzugs aus Rom. Elisabeth betete und wartete auch. Und fand unter den Heimkehrenden nicht den, den sie erwartet hatte: Tannhäuser kam nicht.

Elisabeths Hoffnungen erfüllten sich nicht. Sie ging, um zu sterben.

Wolfram von Eschenbach, weiterhin ein treuer Verehrer, spürte das und konnte nichts weiter tun als trauern.

Er konnte mehr. In der hereingebrochenen Nacht sah er den einsamen Heinrich von Ofterdingen. Weit abgesetzt vom Zug der Pilger kam er, auch er, aus Rom. Begnadigt? Keineswegs. Dem einstigen Freund Wolfram berichtete er: Der Papst habe die Pilger gesegnet und ihnen Buße auferlegt und Hoffnung gegeben. Ihm aber habe er die letzte Hoffnung geraubt. So wenig werde Tannhäuser je vergeben wie der Hirtenstab des Papstes je wieder grüne Blätter haben werde.

In seinem Bericht war nicht mehr Trostlosigkeit, sondern auch wilder Trotz. Wenn er schon verdammt worden sei, dann wolle er den Lohn des Verdammten, wolle zurück zu Venus.

Mit Grauen sah Wolfram, dass durch den Wald die verführerische Frau kam und dabei war, Tannhäuser zurückzuführen. Da blieb ihm nur mehr, Elisabeth anzurufen.

Der Name wirkte Wunder über Wunder. Von der Wartburg trug man den Sarg der im Unglück verstorbenen Nichte des Landgrafen. Tannhäuser brach darüber mit dem Ruf „Heilige Elisabeth, bitte für mich" tot zusammen. Und junge Pilger kamen aus Rom: Sie trugen den Stab des Papstes vor sich her: Er hatte frisches Grün hervorgebracht. Tannhäuser war tot. Aber gerettet.

Das besondere Kunststück Wagners: Er bediente sich historischer Personen und machte aus deren Geschichten eine „Große romantische Oper", in der sie alle gleich selbst mitspielen. Um das Werk in Paris aufführen zu können, machte er ein einziges Mal das Zugeständnis, das sich Giuseppe Verdi immer wieder leistete. Er schrieb eine große Ballettmusik. Die fünfzehn Minuten reiner Tanz allerdings halfen ihm nicht. Zu Beginn einer Oper waren die Herren der Gesellschaft, für die man zu tanzen pflegte, noch nicht in den Logen „auf" der Bühne. Verlorene Liebesmüh' also.

Lohengrin

Libretto: *Richard Wagner*
Uraufführung: *28. 8. 1850 in Weimar*
Personen/Stimmen: *Heinrich der Vogler deutscher König (Bass) – Lohengrin (Tenor) – Elsa von Brabant (Sopran) – Herzog Gottfried ihr unmündiger Bruder (stumme Rolle) – Friedrich von Telramund brabantischer Graf (Bariton) – Ortrud seine Gemahlin (Mezzosopran) – Der Heerrufer des Königs (Bariton) – Vier brabantische Edle (zwei Tenöre, zwei Bässe) – Vier Edelknaben (Sopran und Alt)*

Geschichten über Geschichten sind zweifellos etwas Unheimliches. Wenn man nachdenkt, wie man von einem Menschen zu erzählen beginnt und plötzlich weiß, dass man auch seinen Vater erwähnen müsste ...
Sein Vater heißt Parsifal und hat eine eigene Geschichte. Spät erst, nach langen Zweifeln, wurde er der oberste Hüter eines kostbaren Kelches, den man den Gral nennt. Der oberste Hüter und damit auch der Herr einer Art Rittergemeinde, die sich zu edlen Diensten verpflichtet. Sie rettet Menschen, Seelen. Sie kämpft für Unterdrückte, Alleingelassene.
Wann? Das kann man nur mit einer anderen Geschichte erklären.
Brabant hatte seinen Herzog verloren, der eine Tochter und einen noch kleinen Knaben hinterließ. In Friedenszeiten und unter sozusagen gewöhnlichen Umständen hätte das keine weiteren Folgen gehabt. Aber es stand Krieg bevor, und im

Land gab es ein edles Paar, das selbst an die Macht wollte: Graf Telramund und seine Frau Ortrud, eine rechte Hexe.

Ihr war es zu danken, dass der legitime Erbe des Herzogs eines Tages verschwand und Graf Telramund laut erklärte, seine eigene Schwester Elsa hätte das Kind umgebracht. Ihr war auch zu danken, dass daraufhin Graf Telramund Anspruch erhob, über Brabant zu herrschen.

Heinrich der Vogeler, von den deutschen Fürsten zum König gewählt, war, gleichsam auf einer Art Werbetour, um für einen bevorstehenden Krieg Soldaten „für das Reich" zu holen, mit dieser Situation konfrontiert. Ein edler Mann, der die Tochter eines edlen Mannes anklagte.

Die Bräuche waren dumpf und seltsam, Elsa von Brabant rief nur „Mein armer Bruder", als sie gefragt wurde, ob sie ihn umgebracht hatte. Worauf der König die Suche nach Wahrheit einem „Gottesgericht" überließ: Elsa sollte einen Stellvertreter benennen, der gegen Graf Telramund zum Zweikampf anzutreten hätte.

Wen? Sie phantasierte von einem Ritter, der kommen werde, ihre Ehre zu retten. Und der Ritter kam. Niemand wusste, woher. Niemand begriff, wieso. Aber der Ritter war da und erklärte, er werde für Elsa von Brabant gegen Telramund zum Kampf antreten. Und Elsas Versprechen, ihm zu gehören, annehmen. Freilich unter einer Bedingung – sie sollte ihn nie nach seiner Herkunft befragen. Nie.

Der Zweikampf war rasch vorüber, Telramund lag am Boden, und der Ritter in der silbernen Rüstung war der neue Herzog.

Nach dem Gesetz war Telramund, der nur behauptet hatte, was Ortrud ihm als Wahrheit erzählte, damit ein geächteter Mann und des Landes verwiesen. Allerdings – Ortrud wollte sich nicht geschlagen geben, wies auf den Zauber des Ritters hin und meinte, gegen derlei Unbekannte gäbe es noch Mittel. Ihr fiel es nicht schwer, das Mitleid der glücklichen Elsa zu wecken. Sie schien demütig.

Freilich, am nächsten Tag schon war's mit der Demut vorüber. Beim Gang zur Kirche, in der die Trauung zwischen dem Unbekannten und Elsa von Brabant vollzogen werden sollte, kam es zum Eklat. Ortrud verlangte, vor Elsa zu gehen, und Telramund stellte die heikle Frage, wer ihn denn besiegt hätte. Ein Kämpfer oder ein Blender?

Der weiterhin Geheimnisvolle sagte es deutlich. Er hatte Elsa die Bedingung genannt, unter der er für sie und für „das Land"

leben wollte. Elsa allein hätte ihm mit der Frage nach seiner Herkunft kommen können.
Und Elsa, nach der Trauung und dem anschließenden Fest endlich allein mit ihrem Ritter, stellte die Frage. In großer Liebe wollte sie nur für sich, als ihr großes Geheimnis, wissen, wer derjenige sei, den sie zuerst geträumt und dann leibhaftig gesehen hatte. Allen Warnungen und Bitten ihres Mannes zum Trotz blieb sie bei ihrer Frage. In diesem Augenblick drang Telramund in das Brautgemach und wurde mit einem einzigen Schwerthieb getötet, Elsa wieder vor den König und das Volk von Brabant gerufen.
Die Frage war gestellt. Sie wurde beantwortet. Da gab es also „in fernem Land" den Gral und seine Ritterschaft. Und der Sohn des obersten Hüters des Grals war ausgesandt worden, Elsa von Brabant zu schützen. Und musste vor der neugierigen Liebe dieses Wesens wieder weichen. Lohengrin hieß er, durfte Elsa nicht lieben, Brabant nicht in die Schlacht führen.
Den – zweifellos von Ortrud ertränkten – Bruder konnte er dank seiner überirdischen Kraft zurückbringen. Dann aber war sein Amt vorüber. Und zurück blieb Elsa. Zerstört.

Tristan und Isolde

Libretto: *Richard Wagner*
Uraufführung: *10. 6. 1865 in München*
Personen/Stimmen: *Tristan* (Tenor) – *König Marke* (Bass) – *Isolde* (Sopran) – *Kurwenal* (Bariton) – *Melot* (Bariton oder Tenor) – *Brangäne* (Mezzosopran) – *Ein Hirt* (Tenor) – *Ein Steuermann* (Bariton) – *Stimme eines jungen Seemanns* (Tenor)

Frau Isolde, man muss sie so anreden, denn sie ist kein junges, unerfahrenes Mädchen, sondern eine reife Frau, wird König Marke zugeführt. Sie ist ihm als Braut zugedacht, nach langer Prüfung hat der weise, alte Mann beschlossen, noch einmal eine Frau zu nehmen.
Sein Brautwerber ist sein Neffe Tristan, ein Held, wie man ihn wohl nennen kann. Er hat zahlreiche Kämpfe ausgefochten, ein einziges Mal nur war er dem Tode nahe. Damals, als er von Morold, dem Verlobten Isoldes, beinahe erschlagen worden wäre. Damals freilich gewann er doch, Morold starb, und Isolde, der ihre Mutter beigebracht hatte, wie man mit Tränken

vielerlei Art auch Kranke heilt, pflegte den Tapferen, der sich Tantris nannte und der ihr sehr gefiel.

Es müssen Jahre vergangen sein, als er wiederkam, Tristan hieß und Isolde als Braut seines Oheims Marke auf sein Schiff nahm.

Er und Isolde haben nicht vergessen, was einmal geschehen war. Kein Wunder, dass sich Tristan einzig der Kunst des Segelns hingibt und Isolde mit ihrer Dienerin Brangäne allein an Deck lässt. Er meidet die Frau, die ihn dereinst dem Tod entriss.

Isolde aber will weder vergessen noch an Land gehen, bevor sie die Situation zwischen sich und dem Mann, dem sie das Leben wiedergeschenkt hat, bereinigt. Sie will ihn sehen, ihn sprechen, ihn zur Rede stellen. Anders will sie nicht vor den künftigen Bräutigam treten.

Tristan kann nicht anders, er muss zu ihr, muss sich erinnern lassen, dass er einmal in ihren Händen war und ihr sein Leben schuldet. Und er muss einwilligen, aus ihrer Hand einen Trank zu nehmen, der ihn auslöschen wird – Brangäne hat auf den Befehl Isoldes diesen Todestrank gemischt. Hat ihn nicht gemischt, sondern einen anderen Trank vorbereitet.

Isolde entreißt Tristan den Becher und trinkt mit ihm gemeinsam. Auch sie will mit ihm sterben, nicht Frau eines fremden Mannes werden.

Sie muss es nicht. Denn der Liebestrank, den Brangäne in den Becher getan hat, verzaubert die beiden Menschen. Tristan und Isolde kennen die Welt um sie nicht mehr, wissen von König Marke nichts, sind nicht dem Tod, sondern einer nicht minder unerbittlichen Macht ausgeliefert. Der Liebe zueinander.

Alle die Rituale, alle die Ehrbegriffe ihrer Zeit sind ihnen nicht mehr wichtig, sie kennen sie gar nicht. Die beiden sind einander verfallen.

Man sieht eine vergleichsweise banale Szene, nämlich den Ehebruch, den Isolde mit Tristan vollzieht. Man spürt eine ganz und gar unvergleichliche Nachtliebe entbrennen, die als eine gewaltige Macht über die beiden Menschen hereingebrochen ist. Die Sehnsucht nach Liebe, die Sehnsucht nach dem Tod, das Ende aller Bindungen an die Welt haben Tristan und Isolde gefangen genommen. Brangänes Rufe in der Nacht erinnern nur von Ferne daran, dass es auf dieser Welt noch Menschen gibt außer den beiden Liebenden.

Melot, ein Gefolgsmann König Markes, hat diesen immerhin

so weit vergiftet, dass er vor der Zeit von der Jagd heimkehrt und Tristan und Isolde „überrascht". Die eigene Frau, den Treuesten seiner Männer.
Marke versteht die Welt nicht, Tristan kann sie ihm nicht erklären. Es gibt nichts zu erklären, denn auch angesichts des Königs bleibt der Bann, der über ihm und Isolde liegt.
Nur Melot kann ihn brechen, er zieht sein Schwert, und Tristan sinkt verwundet zu Boden. Selbst als tapferster Krieger ist er nicht mehr er selbst.
Kurwenal, sein treuer Diener, hat ihn auf die Burg Kareol gebracht. Tristan liegt im Fieber, im Todeskampf, in unvergänglicher Sehnsucht nach Isolde – er weiß weder von dem Zweikampf mit Melot noch von dem, was nachher geschehen ist. Er hat keine andere Kraft mehr in sich als die, nach Isolde zu verlangen. Nach der Liebe, die nie mehr enden kann, denn auch im Tod werden sie einander und sonst niemandem gehören.
Und Isolde kommt. Auch sie hat nur noch Kraft, Tristan zu folgen. Kein König Marke, keine „Sitte" hindern sie. Übers Meer kommt sie und vollzieht ein Ritual, das die beiden in Gedanken längst vorweggenommen haben. Tristan weiß, dass Isolde bei ihm ist und stirbt. Er geht ihr in den Tod voraus, denn Isolde kann ohne ihn nicht leben und geht ihm mit großer Geste nach in die Ewigkeit.
Marke, der von Brangäne erfahren hat, dass diese übergroße Liebe vor ihm war und von ihm nicht zu zerstören war, bleibt erschüttert zurück. Er hat seinen Freund, seine Frau verloren. Sie aber sind nicht nur fern von ihm, sondern fern von allen Menschen. Im Tod vereint. Eines zur Unzeit vertauschten Trankes wegen? Das wohl nicht. Die größte Macht der Erde hat sie leben und sterben lassen.

Die Meistersinger von Nürnberg

Libretto: *Richard Wagner*
Uraufführung: *21. 6. 1868 in München*
Personen/Stimmen: *Hans Sachs* Schuster (Bassbariton) – *Veit Pogner* Goldschmied (Bass) – *Kunz Vogelsang* Kürschner (Tenor) – *Konrad Nachtigall* Spengler (Bass) – *Sixtus Beckmesser* Stadtschreiber (Bass) – *Fritz Kothner* Bäcker (Bariton) – *Balthasar Zorn* Zinngießer (Tenor) – *Ulrich Eißlinger* Würzkrämer (Tenor) – *Augustin Moser* Schneider (Tenor) – *Her-

mann Ortel Seifensieder (Bass) – *Hans Schwarz* Strumpfwirker (Bass) – *Hans Foltz* Kupferschmied (Bass) – *Walther von Stolzing* ein junger Ritter aus Franken (Tenor) – *David* Sachsens Lehrbube (Tenor) – *Eva* Pogners Tochter (Sopran) – *Magdalena* Evas Amme (Alt) – *Ein Nachtwächter* (Bass)

Es geschieht nicht oft, dass wir auf der Bühne historische Persönlichkeiten sehen, ein seltsames Regelwerk beobachten können und dass wir dabei die völlig korrekte Darstellung einer lange vergangenen Zeit erleben.
Nur eine kleine Liebesgeschichte, eine Intrige, die uns erheitert, die ist erfunden. Aber: Nürnberg und eine Zunft der Meistersinger hat es gegeben. Und den Schuster Hans Sachs, der sehr populäre Verse schmiedete und vor allem den Reformator Luther hoch lobte, den gab es auch.
Und auch die seltsamen Regeln, nach denen ehrbare Handwerker sich allmählich zu Dichtern und Sängern ausbildeten und selten etwas anderes als stolpernde Lieder erfanden, sind schlicht historische Wahrheit.
Dass in das mittelalterliche Städtchen Nürnberg ein junger Ritter von Stolzing einreitet, bei einem Goldschmied Pogner dessen Tochter Eva kennen lernt und sich Hals über Kopf verliebt, das allerdings ist erfunden.
Dass er am nächsten Morgen Evchen in der Kirche anspricht und seine Liebe gesteht, ist anzunehmen. Und dass er erfahren muss, das junge Mädchen sei von seinem Vater als „Preis" beim kommenden Fest in Nürnberg quasi allen Bewerbern ausgeschrieben, das ist so seltsam wie im Sinne der stolzen Handwerker.
David, der Lehrbub des Hans Sachs, erklärt dem staunenden Stolzing die Regeln, nach denen man erstens Meistersinger wird – und zweitens also in der Lage ist, sich um Eva Pogner zu bewerben.
Eine feierliche Zusammenkunft der dichtenden und singenden Handwerker und anderen Notabeln der Stadt ermöglicht es dem Ritter, sich gleich einmal vorzustellen und zu versuchen, als Meistersinger anerkannt zu werden.
Es gelingt ihm selbstverständlich nicht. Der Goldschmied wäre stolz, seinen jungen Freund in die Zunft aufgenommen zu sehen. Der dichtende Schuster Hans Sachs spürt, dass der junge Mann zwar nichts von überkommenen Regeln hält, aber ein Dichter ist. Der Stadtschreiber Sixtus Beckmesser aber – er will am nächsten Tag zum Wettbewerb antreten – und die

biederen Meister sind verstört. Was der ungebärdige junge Fremde singt, das ist ja Kakophonie ...

Der Abend bricht herein über Nürnberg, und die Stadt aus Fachwerkhäusern und Butzenscheibenfenstern will schlafen gehen.

Aber es tut sich noch viel. Eva will ihren jungen Ritter. Beckmesser will ihr sein Preislied als Ständchen singen.

Hans Sachs will – schließlich ist er der einzige Mann in der Stadt, der viel begreift und also auch die Liebe des jungen Evchen – für Ordnung sorgen. Er bleibt auf, verhindert alle möglichen schlimmen Vorsätze.

Seinetwegen kann der junge Stolzing das Töchterchen des Goldschmieds nicht entführen. Seinetwegen kommt Beckmesser nicht dazu, sein Preislied in Ruhe zu singen. Und seinetwegen bricht in der kleinen Straße der Lärm los. Der Lehrbub David meint, Beckmesser bringe der Dienerin der Pogners ein Ständchen und verprügelt den Stadtschreiber. Sachs holt inmitte des Aufruhrs Stolzing ins Haus und schubst Eva zu ihrem Vater.

Ruhe kehrt ein, der Nachtwächter ruft die zwölfte Stunde aus, und Nürnberg kann schlafen gehen.

Am nächsten Tag, am frühen Morgen schon, muss viel passieren, dass schließlich doch geschieht, was wir uns alle wünschen.

Hans Sachs erklärt seinem Hausgast, nach welchen Regeln in Nürnberg gedichtet wird, und hilft dem Ritter von Stolzing, sein Liebeslied andeutungsweise „nach Meisterart" zu formen. Sixtus Beckmesser entdeckt das frische Manuskript, glaubt, Hans Sachs werde um Eva Pogner werben und darf, von Sachs ertappt, den Text nehmen: Der Schuster verspricht, er werde nie behaupten, er habe ihn gedichtet. Das junge Mädchen kommt und will sich beim väterlichen Freund Sachs ausweinen. Der aber hat den Ritter bei sich und gibt zu, ein neues Meisterlied sei gedichtet und gesungen, und gleich werde alles auf dem richtigen Weg sein – die jungen Leut' werden glücklich werden, sein Lehrbub wird Geselle, und er? Er wird das alles wenigstens in Szene gesetzt haben.

Auf der Festwiese ist ganz Nürnberg versammelt. Man lacht und tanzt und wartet auf den versprochenen Wettbewerb. Sachs erklärt, was sich sein Freund Pogner als Preis ausgedacht hat. Um einmal zu zeigen, wie ernst es ihm mit dem Meistergesang ist, gibt er dem Gewinner diesmal seine Tochter, sein Geschäft, sein Haus.

Beckmesser hat den Text des jungen Stolzing nicht verstanden. Aber weil es seiner Meinung nach ja ein Gedicht des populären Hans Sachs ist, trägt er ihn verstümmelt vor, wird ausgelacht und erklärt in letzter Not, das also sei die Kunst, die ganz Nürnberg so hoch schätzt.

Das ist die Stunde des Hans Sachs. Er lässt vor den Menschen auf der Wiese und den Meistern auf ihrer Balustrade den wahren Dichter das „Preislied" singen. Das bedeutet: Ganz Nürnberg ist der Ansicht, Walther von Stolzing sei ein echter Meistersinger, die biederen Handwerker können dagegen so gut wie nichts tun.

Aber: Der junge Sänger will nur Eva Pogner, keine von Handwerkern vergebene Würde.

Da sieht Hans Sachs noch einmal seine große Stunde gekommen. Er sagt es der ganzen Stadt. Es ist gut und ehrenwert, zu arbeiten und zu dichten. Und es ist wichtig, in der Sprache der Menschen zu dichten. Und einer, der eine Eva Pogner will, der sollte dankbar auch die Würde eines Meistersingers annehmen.

Was bleibt? Jubel und rundum glückliche Menschen. Und ein allseits verehrter Schuster. Den es wirklich gegeben hat. Man kann seine „Schwänke" immer noch nachlesen.

DER RING DES NIBELUNGEN

Vorabend

Das Rheingold

Libretto: *Richard Wagner*
Uraufführung: *22. 9. 1869 in München*
Personen/Stimmen: *Wotan* Gott (Bass) – *Donner* Gott (Bass) – *Froh* Gott (Tenor) – *Loge* Gott (Tenor) – *Fasolt* Riese (Bass) – *Fafner* Riese (Bass) – *Alberich* Nibelung (Bass) – *Mime* Nibelung (Bass) – *Fricka* Göttin (Mezzosopran) – *Freia* Göttin (Sopran) – *Erda* Göttin (Alt) – *Woglinde* Rheintochter (Sopran) – *Wellgunde* Rheintochter (Mezzosopran) – *Floßhilde* Rheintochter (Alt)

Endlich einmal eine „Geschichte", die man von Anbeginn an erzählen kann – sie hat kaum „Vorgeschichte", sondern ist selbst so etwas wie der Anfang aller nur möglichen Geschichten.

Im Rhein tummeln sich Nixen. Heiter, unbeschwert, ihr Element ist das Wasser, ihre Existenz ist ungefährdet.

Alberich, ein neugieriger und gieriger Zwerg, taucht aus der Erde, sein Reich ist Nibelheim, er ist sozusagen aus der untersten der möglichen Klassen.

Den Nixen kann er nichts tun, sie sind rasch und geschmeidig und können ihn zwar harmlos reizen, aber auch immer rechtzeitig entkommen. Arm und dumpf ist Alberich.

Da fällt die Sonne in den Rhein, und auf einer Felsspitze beginnt es, golden zu glänzen. Das Rheingold, ein unerhörter Schatz, lässt sich betrachten. Er ist aber durch eine unfassbar grausame Regel geschützt. Nur derjenige könnte es besitzen, der auf Liebe verzichtet. Niemand unter, auf oder über der Erde kann das. Oder doch?

Alberich schwört, gereizt und habgierig zugleich, nie lieben zu wollen. Und entschwindet, weil er es ernst meint und damit die Regel gültig wird, mit dem Rheingold in die Tiefe. Die Nixen können nur klagen.

Quasi über der Erde, in der obersten Schicht der Wesen, haben die Götter – eine einzige Familie – eine Burg bauen lassen. Wotan hat arbeitsame und starke Riesen engagiert und ihnen als Baulohn die Schwester seiner Frau versprochen. Die schöne Freia soll ihnen gehören, wenn die Burg Walhall erbaut ist.

Freilich, Wotan hat sein aberwitziges Versprechen im Vertrauen auf Gott Loge gegeben – der soll ihm zur rechten Zeit aus der Verlegenheit helfen.

Aber: Vor den Augen Wotans, Frickas – seiner Frau – und dem unbändigen Zorn der Brüder Donner und Froh pochen die Riesen auf Erfüllung des Vertrags und lassen sich nicht erweichen. Freia, die Göttin der Schönheit und Fruchtbarkeit, wird als Lohn beansprucht.

Loge, der bösartige Gott des Feuers, lebt von Ausreden und Verrat. Er hat nicht behauptet, er werde Wotan aus der Verlegenheit helfen. Er hat nur versprochen, mit aller Kraft zu versuchen, das zu tun.

Und er berichtet: Nirgendwo über, auf oder unter der Erde habe er gesehen, was an Wert dieser Göttin gleichkäme. Nichts.

Außer – Alberich habe das Rheingold geraubt, einen Schatz von allergrößtem Wert. Der wäre vergleichbar mit Freia.

Die Riesen überlegen, wollen den Schatz sehen, nehmen Freia als Pfand, geben Wotan eine Frist und ziehen ab.

Und Wotan schwingt sich, immer noch der mächtigste aller Götter, mit Loge hinunter ins Reich des Alberich. Um das Rheingold zu holen.

Unmöglich, an diesen Schatz heranzukommen. Alberich hat nicht nur seinen Bruder Mime, sondern alle Sklaven gezwungen, aus dem Gold einen Ring zu schmieden, der ihn zum Herren der Welt macht. Und einen Tarnhelm, der ihn nicht nur unsichtbar, sondern auch groß oder klein – als mächtigen Drachen oder als furchtsame Kröte – erscheinen lässt.

Das ist sein Verhängnis. Mime bestaunt die Wunder des Tarnhelms, Wotan fängt die Kröte, Alberich ist überlistet. In der Gewalt der Götter.

Sie benehmen sich hässlich. Sie pressen ihm das Gold, den Tarnhelm und schließlich auch den Ring ab. Dann erst lassen sie ihn frei. Alberich aber belegt den Ring, den er nicht haben soll, mit einem Fluch. Sterben soll, wer ihn besitzt. Der Fluch wirkt.

Die Riesen willigen in den Tausch, geben Freia den Göttern zurück, erhalten das Gold, den Helm und – widerwillig – den Ring.

Und schon erschlägt Fafner der Bruder und poltert mit der ganzen Beute davon. Fasolt war der erste, der den Fluch des Rings erfahren hat.

Wotan aber hat seine Burg. Walhall.

Er glaubt, fortan als Herrscher über die Welt gebieten zu können. Er zieht mit Sack und Pack und Familie gen Wahall.

Erster Tag

Die Walküre

Libretto: *Richard Wagner*
Uraufführung: *26. 6. 1870 in München*
Personen/Stimmen: *Siegmund* (Tenor) – *Hunding* (Bass) – *Wotan* (Bass) – *Sieglinde* (Sopran) – *Brünnhilde* (Sopran) – *Fricka* (Mezzosopran) – *Gerhilde* (Sopran) – *Ortlinde* (Sopran) – *Waltraute* (Mezzosopran) – *Schwertleite* (Alt) – *Helmwige*

(Sopran) – *Siegrune* (Mezzosopran) – *Grimgerde* (Alt) – *Rossweiße* (Mezzosopran)

Und auf der Erde? Da hat Wotan nach seinen eigenen Ideen begonnen, den Ring zurückzugewinnen. Er hat – als Göttervater ist er auch einer der fruchtbarsten, die man sich vorstellen kann – Kinder gezeugt. Allüberall.
Mit der Göttin der Weisheit hat er Walküren hervorgebracht, wilde Kriegerinnen, die ihm Walhall festigen helfen sollen.
Mit einer einfachen Frau hat er Menschen gezeugt, sie allein gelassen und gehofft, sie würden das tun, was er selbst nicht darf: das Rheingold erobern.
Denn er, Herr aller Götter, ist an heilige Verträge gebunden, darf offensichtliches Unrecht nicht selbst begehen. Kann also den einmal bezahlten Riesen Fafner nicht um seinen Lohn bringen.
Die Menschen, die er sich selbst überlassen hat, sind ein Zwillingspaar. Sieglinde und Siegmund. Längst voneinander getrennt.
Sieglinde ist an Hunding verkauft und dessen Frau.
Siegmund weiß davon nichts. Er taumelt in Hundings Haus und erkennt seine Schwester nicht. Aber er spürt, dass er sich ihr anvertrauen kann. Wie ein Bruder?
Der heimkehrende Hunding spürt auch, dass der fremde Mann an seinem Herd nicht seiner Sippe angehört. Er lässt sich erzählen, woher und wie er gekommen ist. Und er begreift, dass der Fremde der böse Feind ist, gegen den er zu jagen ausgezogen ist. Der wilde, böse Feind.
Noch aber gelten eherne Gesetze. Er hat den Mann unter sein Dach aufgenommen, er muss ihn ungeschoren schlafen lassen. Am folgenden Tag endet die Gastfreundschaft. Da darf er ihn zum Kampf auffordern und erschlagen – sein Feind hat keine Waffe mehr.
Aber er findet eine. Hundings Frau mischt einen Schlaftrunk, zeigt dem vertrauten Fremdling ein Schwert. Es ist an ihrem Hochzeitstag von einem Unbekannten in den Stamm der Esche getrieben worden, um die Hunding sein Haus gebaut hat. Niemand hat es bisher dem Baum entrissen.
Der Fremde sagt's. Er ist ein Wölfling. Das Schwert ist für ihn. Und die Frau ist seine Schwester und soll seine Geliebte sein.
Er sagt nur, was zu geschehen hat. Er kann das Schwert aus dem Baum reißen. Er kann Sieglinde umarmen. Er will die Welt erobern mit ihr und seinem Schwert.

Wotans Pläne gehen auf. Gehen sie auf?
Es wird einen Zweikampf geben, aber der Sieger steht fest. Siegmund hat das Schwert seines Vaters. Wofür, das erzählt Wotan vertrauensselig auch seiner Lieblings-Walküre Brünnhilde. Ein Sieg ist nahe.
Wäre da nicht Fricka, Wotans Frau. Sie ist die Schutzherrin der ehelichen Treue, sie hat genug von den Seitensprüngen ihres Mannes, sie sucht die Auseinandersetzung. Sie hat weggesehen, als die Walküren gezeugt wurden. Sie hat das Zwillingspaar nicht verhindert.
Jetzt aber will sie den Ehebruch, der gleichzeitig Inzest ist, nicht hinnehmen. Sie fordert den Tod Siegmunds.
Und Wotans Überzeugungskraft schwindet im Gespräch mit seiner Frau. Mag sein, dass er alle die Seitensprünge nur um der Macht willen tat. Mag sein, dass das Zwillingspaar einen festen Platz in seinen Plänen hat. Fricka aber will das nicht mehr wissen. Sie will den Sieg Hundings.
Wotan muss nachgeben, er schickt Brünnhilde in den bevorstehenden Kampf. Sie soll Hunding beistehen.
Der Morgen bricht langsam an, Sieglinde und Siegmund sind aus dem Haus geflohen, das Schwert soll helfen. Eine feige Flucht ist undenkbar, ein Held muss kämpfen.
Brünnhilde erscheint Siegmund – sie erklärt dem Helden, dass dies auch seinen Tod bedeutet. Denn nur jene, die sie als gefallene Helden nach Walhall bringt, können sie sehen.
Siegmund horcht auf. Walhall? Wälse, der Vater? Er will zu ihm. Aber nur mit Sieglinde.
Das ist ihm verwehrt, er überzeugt mit seiner übergroßen Liebe selbst die Walküre – sie will ihm beistehen. Und tritt im Zweikampf Siegmund gegen Hunding rebellisch und gegen den Willen Wotans auf die richtige Seite.
Nur Wotan, der zornig selbst in den Kampf eingreift, kann seinen Willen durchsetzen. Das siegreiche Schwert Siegmunds zerbricht.
Und rasend rasch geschieht, was geschehen muss. Brünnhilde flieht mit den beiden Teilen des Schwertes und Sieglinde. Wotan aber tötet Hunding und reitet, über die Wolken, seiner ungehorsamen Tochter nach.
Auf dem Walküren-Felsen herrscht Aufruhr. Brünnhilde bringt Sieglinde und sucht bei ihren Schwestern Schutz vor dem rasenden Vater. Als sie spürt, dass sie allein sein wird, setzt sie das Drama auf eigene Faust fort. Sieglinde erklärt, sie erwarte ein Kind von Siegmund. In den Wäldern soll sie es

gebären, und das zerbrochene Schwert soll sie als einzige Mitgift für sich und den Knaben bei sich haben.
Wotan, der davon nichts wusste, donnert zum Felsen und brüllt seine Wut heraus. Vorbei ist es mit Brünnhilde, sie ist keine Walküre mehr. Wer mit ihr Kontakt hält, fordert seinen Zorn heraus.
Die Walküren kreischen auf und fliehen. Brünnhilde aber bleibt und macht Wotan zum zweiten Mal schwach. Hat sie nicht seinen wahren Willen gespürt? Hat sie nicht getan, was er nur Fricka zuliebe verboten hatte? Will er das auch vor ihr leugnen? Wotan kann auch vor Brünnhilde seine Schwüre nicht halten. Zwar nimmt er ihre walkürischen Kräfte. Aber: Er versetzt sie auf dem Felsen in Schlaf, lässt Feuer um sie aufsteigen und erklärt triumphal, nur der tapferste Held solle das Feuer überwinden.
Hat er nicht von Anfang an Sehnsucht nach einem Helden, der all das vollbringt, was er selbst nicht darf und nicht kann?

Zweiter Tag

Siegfried

Libretto: *Richard Wagner*
Uraufführung: *16. 8. 1876 in Bayreuth*
Personen/Stimmen: *Siegfried* (Tenor) – *Mime* (Tenor) – *Der Wanderer* (Bass) – *Alberich* (Bass) – *Fafner* (Bass) – *Erda* (Alt) – *Brünnhilde* (Sopran) – *Stimme des Waldvogels* (Sopran)

Der Held ist geboren. Sieglinde ist bei der Geburt Siegfrieds gestorben, das Kind ist von Mime, dem Bruder Alberichs, aufgezogen worden.
Nicht ohne Eigennutz, versteht sich. Der Zwerg musste vor Urzeiten Tarnhelm und Ring schmieden und unter seinem Bruder leiden. Jetzt weiß er, wo der Schatz liegt. Der Riese Fafner hat ihn in eine Höhle getragen und hütet ihn, in Gestalt eines Drachen, vor der Welt.
Siegfried sollte ihn besiegen können ...
Und Wotan weiß und will das auch. Er sucht Mime in seiner Höhle auf und vergewissert sich, dass Jung-Siegfried lebt und ahnungslos ist. Und ein Held wird.
Der furchtlose junge Held tut, was man von ihm erwartet. Er

schmiedet aus den Trümmern, die seine Mutter gerettet hat, das Schwert. Das ein für allemal siegreiche, todbringende Schwert.

Mime führt ihn vor Fafners Höhle – die Zeit ist gekommen, alle die handelnden Personen wieder zu vereinen.

Vor der Höhle wartet Alberich, der betrogene Nibelung. Wotan bereitet ihn darauf vor, dass ein Kampf bevorstehe.

In der Höhle schläft Fafner seinen behütenden Schlaf, gegen den Alberich ebenso wenig an kann wie Mime oder Wotan. Er ist unter dem Tarnhelm unverwundbar und als Besitzer des Ringes – ob er es weiß oder nicht – der Herrscher der Welt.

Siegfried aber, ein unbelehrter „Held", der das Fürchten nicht gelernt hat, kann alles. Er tötet sinnlos und übermütig den Drachen, weil er ja keine Angst kennt. Er nimmt Ring und Tarnhelm. Er ist, ohne es zu wissen, der Held der Helden, jung und blond und unwissend.

Und er tötet auch Mime, der plötzlich gezwungenermaßen laut sagt, was er wirklich wollte: Siegfried als Werkzeug benutzen und ihn wegwerfen.

Siegfried versteht den Gesang der Vögel, die Natur. Er hört von der herrlichen Frau am Felsen. Vom Feuer, das sie beschützt. Siegfried bricht auf, der Felsen ist nahe, und das Feuer stört ihn nicht. Es reizt ihn, wie Fafner ihn gereizt hat.

Und der alte Mann, der sich ihm entgegenstellt? Siegfried kann nur lachen. Einer mit einem Speer, der ihn aufhalten will?

Er schlägt den Speer in Stücke und weiß nicht, dass er Wotan und dessen Symbol der Macht vor sich gehabt hat. Dass er, das Werkzeug, denjenigen geschlagen hat, der das siegreiche Schwert als erster schmieden ließ. Dass er, die frei gewordene Gewalt, sich gegen den gewandt hat, der auf diese freie Gewalt alle seine Hoffnung gesetzt hat. Was soll ihm das alles?

Er geht durch das Feuer, er sieht ein schlafendes Wesen, er hebt den Schild und den Helm, die dieses Wesen verdecken. Und plötzlich weiß er, was ihm niemand bisher sagen konnte. Was Furcht ist.

Das schlafende Wesen ist eine Frau. Die erste Frau, die Siegfried sieht. Endlich ist auch er bezwungen.

Brünnhilde aber ist befreit. Ihr Held ist da. Weiß sie, dass er Siegfried heißt und dass seine Eltern ein wildes Zwillingspaar waren, gezeugt von Wotan, ihrem eigenen Vater? Dass sie selbst ihn und die zerstörten Teile seines Schwertes vor Wotan

gerettet hat? Dass er, der aus einer kurzen Geschwisterliebe entstanden ist, als Enkel des Gottes ihr Neffe ist?
Es scheint, vor Liebe weiß sie es nicht. Oder will es nicht wissen. Er ist der Held, der durch das undurchdringliche Feuer gekommen ist, um sie aus dem Schlaf zu wecken und zu lieben.

Dritter Tag

Götterdämmerung

Libretto: *Richard Wagner*
Uraufführung: *17. 8. 1876 in Bayreuth*
Personen/Stimmen: *Siegfried* (Tenor) – *Gunther* (Bariton) – *Hagen* (Bass) – *Alberich* (Bass) – *Brünnhilde* (Sopran) – *Gutrune* (Sopran) – *Waltraute* (Mezzosopran) – *Erste Norn* (Alt) – *Zweite Norn* (Mezzosopran) – *Dritte Norn* (Sopran) – *Woglinde* Rheintochter (Sopran) – *Wellgunde* Rheintochter (Mezzosopran) – *Floßhilde* Rheintochter (Alt)

Die Nornen, fleißige Geschöpfe, knüpfen an einem Seil, stricken den Lauf der Welt, wie sie das seit Urzeiten getan haben. Dabei singen sie auch von diesem Lauf der Welt, wie sie es seit Urzeiten tun.
Aber: Das Seil reißt. Denn mit Jung-Siegfrieds Tat ist nicht nur Wotans Speer zerbrochen, sondern das Ende der Welt nahe.
Am Rhein lebt Gunther, ein glückloser König. Mit seiner schönen Schwester Gutrune. Mit Hagen, seinem treuen Vasall und Halbbruder.
Weiß er, dass Hagen der Sohn des Nibelungen Alberich ist, das genaue Gegenteil also eines „Kindes der Liebe"?
Gunther weiß beinahe nichts. Er ist Herr der Gibichungen und fühlt sich bedeutungslos, wie er ist.
Hagen hat es nicht schwer, ihn zu verführen: Da gibt es die ideale Frau für den Schwächling Gunther, Brünnhilde. Da gibt es den idealen Mann für die einfache Gutrune, Siegfried.
Hagen verführt auch durch Taten. Siegfried ist auf „Rheinfahrt", er will die Welt sehen, Brünnhilde wartet. Ein Zaubertrank, den Gutrune kredenzt, lässt Siegfried sofort in Liebe zu ihr entbrennen. Ein Vorschlag Hagens, er möge sich doch mit seinem Tarnhelm als Gunther tarnen und so dem künftigen

Schwager das Weib vom Felsen heimführen, irritiert ihn nicht. Er ist vergiftet.

Waltraute, eine Walküre, sucht Brünnhilde auf ihrem Felsen auf. Der Bann ist gebrochen, Wotan ratlos. Die einzige denkbare Lösung aller Sorgen, die auf der Welt sind, liegt jetzt bei Brünnhilde. Sie hat den Ring des Nibelungen, Siegfried hat ihn ihr an den Finger gesteckt. Gibt sie den Ring, das Gold, den Nixen zurück, ist die Welt wieder in ihrem Lot.

Brünnhilde denkt nicht daran, Wotan, die Götter oder die Welt zu retten. Sie ist keine Walküre mehr, sondern Siegfrieds Frau. Sein Ring ist ihr Ring.

Aber nur kurz, denn Siegfried erscheint auf dem Felsen, der Tarnhelm hat Gunther aus ihm gemacht. Er überwältigt, als Gunther, aber nur, weil er Siegfried ist, Brünnhilde.

Hagen wartet. Wird sein Plan gelingen? Vater Alberich erscheint ihm im Schlaf und will Ähnliches. Siegfried muss fallen, der Ring den Nibelungen wieder abgegeben werden. Freilich, man darf annehmen, dass das nicht das Ende sein kann. Hagen und Alberich sind einander zu ähnlich. Beide wollen den Ring.

Aber: Noch ist es nicht so weit.

Siegfried bringt die gefangen genommene Brünnhilde. Gunther führt ihm Gutrune zu. Der Trank Hagens wirkt immer noch, aber nur bei Siegfried.

Brünnhilde sieht den Ring, den ihr scheinbar Gunther vom Finger gezogen hat, an der Hand Siegfrieds und sagt, was geschehen ist, was jedoch niemand sich eingestehen will. Nur Siegfried selbst hat es zuwege gebracht, ihr den Ring wieder zu nehmen.

Aus dieser Situation wächst das Böse. Siegfried ist zur Jagd gezogen, hat sich verirrt, aus dem Rhein tauchen die Nixen auf und bitten ihn um den Ring. Man darf den Atem anhalten, für einen Augenblick denkt Siegfried daran, ihnen den Ring zu geben.

Täte er es, die Welt wäre im letzten Augenblick gerettet.

Aber er behält ihn und ist mit der Welt verloren. Die Jagdgesellschaft erscheint, Gunther und Hagen. Man trinkt.

Hagen hat das nächste Gift zur Hand. Siegfried, aus seiner Verzauberung erlöst, erzählt davon, wie er den Drachen erschlug, wie er das Feuer durchschritt, wie er Brünnhilde aus dem Schlaf erweckt hat. Das ist der Moment, auf den Hagen gewartet hat. Er kann seinen Bruder Gunther rächen, dem Siegfried die Braut geraubt hat. Er kann es. Er tötet Siegfried.

Gutrune, die auf die heimkehrenden Männer wartet, sieht nur noch Siegfrieds Leiche.
Brünnhilde, die begreift, was geschehen ist, erhebt Anspruch auf sie.
Plötzlich ist sie wieder, was sie immer gewesen ist. Die Walküre, die ihres Vaters Wünsche erfüllt. Auch die, die er nie auszusprechen wagte.
Sie lässt ein Feuer entzünden. Siegfried, sie selbst, aber auch Walhall sollen in diesem Feuer für immer untergehen.
Hagens letzter verzweifelter Versuch, den Ring des Nibelungen an sich zu nehmen, scheitert. Der Ring gehört wieder dem Rhein.
Ein Kreis ist geschlossen.
Das Ende kann nur ein Anfang sein. Oder doch nur das Ende?

Bedenkt man die Meilen an Literatur, die Wagner und alle seine Gefolgsleute, schließlich auch seine Enkel, zum „Ring" geschrieben haben, will man allen möglichen Deutungen das Recht auf Existenz verwehren. Die einfache Fabel ist wenig, was man in ihr finden kann, ist unermesslich. Die Zeiten ändern sich. Eine Generation ist herangewachsen, die sich auch andere Gedanken macht. Wird sie aber mit dem „Ring" konfrontiert, beginnt die Auseinandersetzung wieder. Anfang? Ende?

Parsifal

Libretto: *Richard Wagner*
Uraufführung: *26. 7. 1882 in Bayreuth*
Personen/Stimmen: *Amfortas* (Bariton) – *Titurel* (Bass) – *Gurnemanz* (Bass) – *Parsifal* (Tenor) – *Klingsor* (Bass) – *Kundry* (Sopran oder Mezzosopran) – *Zwei Gralsritter* (Tenor und Bass) – *Vier Knappen* (Sopran und Tenor) – *Blumenmädchen* (vier Soprane, vier Alt) – *Stimme aus der Höhle* (Alt)

Man kann's als eine heilige Geschichte sehen oder als ein aufregendes Drama. Ich bin dafür, die Aufregung zu erspüren. Die Bruderschaft vom Heiligen Gral hat, wie jede Gemeinschaft edler Menschen, mit Versuchungen zu kämpfen. Unweit ihrer Burg hat Klingsor, eine Art gefallener Engel, einen Garten angelegt, in dem „Blumenmädchen" keusch lebende Ritter verführen und so ihrer Reinheit berauben.

Sogar Amfortas, das Oberhaupt der Gralsritter, ist diesen Versuchungen erlegen, Klingsor hat ihm das Zeichen seiner Würde entrissen, ihm mit dem heiligen Speer eine Wunde zugefügt, die nicht mehr heilen will.

Gurnemanz, treuer, alter, weiser Freund des Amfortas, sorgt sich um seinen Herren und die Ritter – sie müssen immer wieder einmal die Enthüllung des Heiligen Gral erleben, um Ritter bleiben zu können. Amfortas aber, der an seinem Versagen wie an seiner Wunde leidet, verweigert diesen besonderen Gottesdienst.

Immerhin, eine Weissagung bietet der Ritterschaft Hoffnung. Ein „reiner Tor" könne Amfortas' Wunde heilen.

Als ein junger Bursch, der von sich selbst nichts weiß, in das Gebiet dringt und einen Schwan tötet, herrscht Aufruhr. Nur Gurnemanz meint, dies könne ja genau derjenige sein, den die Ritter erwarten. Er führt den jungen Wilden und lässt ihn miterleben, mit welchen Qualen Amfortas noch einmal den Gral enthüllt. Erst als das scheinbar keinen Eindruck auf den Burschen macht, resigniert auch Gurnemanz und stößt ihn zurück ins Leben.

Ins Leben? Das bedeutet nichts weiter als den Zaubergarten Klingsors, der auf sein edelstes Opfer wartet und, um dieses auch zu erringen, seine edelste Waffe einsetzt.

Kundry. Sie ist unbeschreiblich. Manchmal ist sie nichts als das Geschöpf des Bösen, eine schillernde, verführerische Frau. Dann aber wird sie – wie, kann man nicht beschreiben – auch wieder zu einem mitleidigen Mädchen, das heilende Kräuter für Gralsritter sucht und Buße tun will für das, was man mit ihr getan hat.

Dem jungen Mann, der unbekümmert in Klingsors Welt eindringt, tritt sie als die verführerische Frau entgegen. Jedes Mittel ist ihr recht, um ihn zu verzaubern – weil er der Schönheit allein nicht verfällt, erzählt sie ihm von seiner Mutter, nennt ihm seinen Namen. Parsifal hieße er, sagt sie ihm und versucht, ihn zu küssen.

Im Augenblick aber, in dem Parsifal ihr verfallen müsste, erkennt er mehr als eine wunderbare Frau. Er erkennt die Not des Amfortas, die er gesehen hat. Er begreift, was Mitleid ist. Und er ist für Kundry – und Klingsor, versteht sich – verloren. Der heilige Speer, den der Böse ihm entgegenwirft, fügt ihm kein Unheil zu. Im Gegenteil, er gehört Parsifal.

Karfreitag ist, und Amfortas siecht vor sich hin, die Ritterschaft hat keine Kraft mehr, Gurnemanz findet im Gebüsch die

Büßerin Kundry und kann ihr auch nicht helfen – das Ende aller Herrlichkeit des Grals scheint gekommen.
Da – manchmal lässt es sich nicht anders als heroisch formulieren – naht Parsifal. Er trägt den Speer, er kniet vor ihm. Er wird von Gurnemanz wieder erkannt und als der Retter gepriesen. Bevor er in den Gralstempel zieht, um selbst als neues Oberhaupt der Ritterschaft zu amtieren, tauft er Kundry, die Sünderin.
Und übernimmt sein Amt, enthüllt den Gral, der Christi Blut aufgefangen hat. Eine neue Zeitrechnung beginnt mit ihm. Wie lange die wohl sein wird?

Ursprünglich als Bühnenweihspiel ausschließlich für das Bayreuther Festspielhaus geschrieben und komponiert, wurde auch „Parsifal" sofort von sämtlichen großen Opernhäusern vereinnahmt, als die damals noch kurze „Schutzfrist" zu Ende war. Ganz entgegen den Ideen Richard Wagners kann man zu hohen Festtagen deshalb „Parsifal" auch in Mailand, New York und Wien hören. Vielleicht ist das doch im Sinne Wagners?

CARL MARIA VON WEBER

* 18. 11. 1786 in Eutin, † 5. 6. 1826 in London

Der Freischütz

Libretto: *Friedrich Kind*
Uraufführung: *18. 6. 1821 in Berlin*
Personen/Stimmen: *Ottokar* regierender Fürst (Bariton) – *Kuno* Erbförster (Bass) – *Agathe* seine Tochter (Sopran) – *Ännchen* eine junge Verwandte (Sopran) – *Kaspar* erster Jägerbursche (Bass) – *Max* zweiter Jägerbursche (Tenor) – *Ein Eremit* (Bass) – *Kilian* ein reicher Bauer (Bariton oder Tenor) – *Vier Brautjungfern* (Soprane) – *Samiel* der schwarze Jäger (Sprechrolle)

Es nützt überhaupt nichts, wenn unsereins nicht mehr an Märchen glaubt, vom dunklen Wald nichts wissen will und

Selbstverständlich ist bereits die Ouvertüre ein Inbegriff der deutschen Romantik. Und so dramatisch, wie sie nur Carlos Kleiber dirigieren kann.

nur ganz genau weiß, dass sich zu Urzeiten die Jäger in einem Abhängigkeitsverhältnis von ihrem Dienstherren und dieser wieder in einer Furcht vor seinem Fürsten befunden haben.

Es nützt unsereins aber sehr viel, wenn wir manchmal Aberglauben als eine Möglichkeit sehen, den rechten Glauben hochzuhalten und Bräuche, mögen sie noch so seltsam sein, als allgemein geübte Regeln, nach denen Menschen lebten und leben konnten.

Dass also zum Beispiel bei einem Preisschießen ein Bauer und nicht der Tapferste unter den Jägern gewann, das war eine Sensation und machte den jungen Jäger zornig und die Zuseher verwirrt. Konnte so was überhaupt geschehen?

Der junge Jäger hieß Max und war am Vorabend seiner Verlobung mit Agathe, der Tochter seines Jägermeisters. Ungeschickt? Von einem Fluch verfolgt?

Kaspar, ein anderer Jäger, nannte es fluchbeladen und kannte ein Mittel, um diesen Fluch wieder loszuwerden. Er war bereit, mit Max um Mitternacht in die Wolfsschlucht zu gehen und „Freikugeln" zu gießen. Kugeln, die unter dem Schutz eines schwarzen Jägers standen. Immer trafen. Aber selbstverständlich auch die Sünde selbst bedeuteten.

Max hätte nie im Leben daran gedacht, den verruchten Jäger Samiel um Kugeln zu bitten. Aber: Da zeigte ihm Kaspar, wie man mit einer solchen Kugel beinahe Unmögliches vollbringen konnte. Und da war die große Angst des Max, am nächsten Tag nicht der beste Schütze zu sein, nicht die Hand Agathens begehren zu können.

Agathes erste Arie – so rein, so unschuldig, dass man sie heute nur noch selten singen und noch viel seltener glauben kann.

Agathe wartete schon lange auf Max. Sie war ihm ja „versprochen", wie man so sagte, und sie wollte ihn nur noch einmal sehen vor dem großen Tag, an dem er vor aller Welt um sie werben wollte.

Max kam, zeigte ihr den mächtigen Steinadler, der – von einer Freikugel getroffen – seine stolze Beute war. Und erklärte ihr verstört, er müsse noch einmal fort. Er war unruhig und beunruhigend zugleich.

Er traf tatsächlich um Mitternacht in der Wolfsschlucht ein. Kaspar hatte bereits alles vorbereitet – er war längst die Beute des schwarzen Jägers, aber er wollte sich mit dem neuen Opfer, mit Max, noch einmal freikaufen.

Wer um Mitternacht durch den finsteren Wald geht und in eine Schlucht hinabsieht, dem kann schon viel Unheimliches über den Weg laufen. Geister, die ihn warnen. Die ihn vor Gewagtem abhalten wollen …

Max ließ sich auf das Gefährlichste ein. Unter der Anleitung von Kaspar war er dabei, als die Freikugeln gegossen wurden. Sieben an der Zahl, und bei jeder von ihnen hörte man den Sturm durch den Wald brausen.

Agathe am anderen Morgen: Sie hatte schlecht geschlafen, sie war bleich wie ihr weißes Kleid. Und sie war zu Tod erschrocken, als ihr die Brautjungfern den Kranz brachten, mit dem sie vor Max treten sollte – es war ein Totenkranz, ein Versehen, wollte ihre Freundin das böse Zeichen weglachen. Aber ganz gelang ihr das nicht. Immerhin, sie hatte weiße Blumen vom frommen Einsiedler in einer Vase, und aus dieser wurde rasch ein neuer Kranz geflochten.

Auf der Wiese war alles für den großen Augenblick vorbereitet. Der Fürst war da, der Jägermeister, selbstverständlich auch der mehr als aufgeregte Max. Er hatte die neuen Kugeln erprobt, sie trafen so gut wie alles, worauf er anlegte. Sie waren sicher verhext und er, er war ein Sünder.

Trotzdem musste er seinen Probeschuss abgeben. Und wie in einem Märchen geschahen viele Dinge zugleich. Der Fürst zeigte ihm die Taube, auf die er schießen sollte. Unter einem Baum trat Agathe hervor und rief, Max möge nicht schießen. Der aber hatte schon abgedrückt. Und statt der Taube hatte die Kugel sich den Jäger Kaspar als Ziel gesucht.

Da musste also gebeichtet werden. Max tat es, und selbstverständlich waren seine Hoffnungen, als künftiger Jägermeister an der Seite Agathens zu leben, ein für allemal vorüber.

Wären sie vorüber gewesen, hätte sich da nicht der fromme Einsiedler eingemischt, den jedermann verehrte und auch der Fürst selbst als ein Orakel nahm. Max solle ein Probejahr absolvieren und, wenn es vorbei war, doch Agathe zur Frau bekommen, sagte der Einsiedler. Und der Brauch des Probeschusses, der allein einen frommen Menschen zu einem Teufelspakt verführen konnte, der sollte abgeschafft werden. Agathe, Max, der Fürst waren zufrieden mit diesem Spruch. Und nach einem Jahr war wieder alles, alles gut. Und weil es seither keinen Probeschuss mehr gegeben hat, wurde aus der Begebenheit mit der Zeit ein Märchen. Oder ein Gleichnis. Jedenfalls eine Geschichte, die man sich nur noch mit leisem Schaudern erzählte.

Der „Brautchor"? Auch wieder ein Stück deutscher Naivität. Ich will ihn hören, mir aber nicht ausmalen, was heute mit ihm auf der Bühne getrieben wird.

Nachwort

Mein Verleger Professor Leo Mazakarini, dessen unschätzbare Hilfe die Fertigstellung dieses Buches erst ermöglichte, hat mir bis zum allerletzten Augenblick noch Opern genannt, deren Inhalt samt der einen oder anderen Randbemerkung er *auch* lesen wollte. Und mir ist wohl bewusst, dass es sogar im Repertoire der Wiener Staatsoper den einen oder anderen Titel gibt, den der geneigte Leser in diesem Buch nicht finden wird.
Ich entschuldige mich. Von Vollständigkeit war nie die Rede, die derzeit aktuelle Welt der Barock-Oper fehlt selbstverständlich, die zauberhaften Paisiellos sind alle nicht vertreten, und von den schwülen Opern, die um 1920 geschrieben wurden und die als entartet ins Archiv verwiesen wurden, jetzt allmählich wieder aufgeführt werden, fehlen nahezu alle.
Und selbstverständlich ist nur schwer zu erklären, warum nur zwei Werke von Johann Strauß und Leonard Bernstein vorkommen und keine anderen Meisterwerke zum Beispiel der Operette. Ich kann es nur so erklären und bitte um Pardon: Später einmal, wenn sich die Nebel gelichtet haben und Opernfreunde wieder völlig normal ihre Opern hören und sehen können, wird ein sehr einfacher Opernführer, wie es ihn ja längst gibt, genügen. Jetzt musste ich mich konzentrieren. Und Prokofieff und Kurt Weill vergessen und Henze und Egk nicht mit ins Programm nehmen. Diesmal sind's mehr Opern als vor zwanzig Jahren. Aber immer noch nicht genug. Es tut mir selbst sehr leid.

Franz Endler, Juli 2000 in Baden bei Wien